高齢者福祉の世界
補訂版

直井道子・中野いく子・和気純子［編］

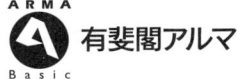

補訂版はしがき

　初版が出てから5年以上が経過した。この間，後期高齢者（75歳以上）が増え続け，高齢者全体の半数に迫ってきている一方で，いわゆる「団塊の世代」が高齢者の仲間入りをし，高学歴で元気な都市型の自立的な高齢者も増えた。また，しだいに子どもとの同居率は低下し，ひとり暮らしの高齢者が急速に増えてきた。このような背景のもと，高齢者の社会的孤立や孤立死の問題がひときわジャーナリズムを賑わすようになった。そして高齢者のサポート源として家族を想定することのリスクがあらわになったのである。今後，団塊の世代がさらに歳をとるうえに，家族がさらにサポート源として期待しにくくなるとすれば，高齢者の多様な福祉ニーズにどう応えていくのか，危機感がもたれている。

　そこで，浮上してきたのが，高齢者が住む「地域」の重要性である。最近，厚生労働省は2025年を目途に，「住み慣れた地域で最期まで過ごせるよう，住まい，医療，介護，予防，生活支援が一体的に提供される地域の包括的な支援サービス提供体制，**地域包括ケアシステムを推進する**」としている。このようなシステムがすでに確立しているわけではない。都道府県や市町村が地域の自主性と主体性に基づき，地域の特性に応じてつくりあげていくものだという（厚生労働省ホームページ）。すなわち，これが具体的にどのようなものになっていくのか，誰が中心になって担っていくのかは，地域の実情によって異なるということになる。これから社会福祉に関連する職種（この範囲は非常に広いことに留意！）に携わりたいと考える方々は，これまで以上に，現状の批判的分析や実践的工夫が必要に

なり，また福祉サービスはもちろん，住まいや医療についての知識が不可欠になってくることが予想される。そのような問題意識をもって，本書を学んでいただければ幸いである。

 2014年2月

編　者

初版はしがき

　ここ10年間の世の中の動きはものすごく速い。高齢者福祉政策についても，政策の根底をなす考え方や，仕組みを根本から変えてしまうような大きな変化があり，制度変更もあいついでいる。大きな変化をもたらした理由の1つは国の財政難であり，さらなる人口高齢化が財政の行く末に大きな影を投げかけている。そのために国家財政負担を抑制して地方に負担と権限を委譲していく分権化，民間活力を利用する民営化，自己責任の強調などが継続している。その結果，従来のいわゆる「高齢者福祉政策」の輪郭はいささかぼやけてきた。厚生労働省の政策だけではなくて，国土交通省の政策も高齢者の福祉に多大な影響をもつ。地方自治体はもとより，NPO，企業の取組みも福祉に大いに貢献するようになってきている。

　ここで，高齢者の側の変化にも目を向けよう。長寿化によって80歳代，90歳代の高齢者がまったく珍しくなくなり，虚弱，認知症などの高齢者も増えている一方，60歳代で壮年層とまったく変わらないようにみえる元気いっぱいの高齢者も多いようだ。また，もともと高齢者の間の経済格差は大きかったのだが，長寿化によってそれがますます目立つようになってきた。また，家族関係に目を向ければ，子どもと同居する高齢者と別居する高齢者はおよそ半々であり，同居の内実，別居の内実もさまざまである。これらをまとめていえば，高齢者は健康面でも，経済面でも，家族関係においても実に多様化してきたといえる。

　さて，このような時代の流れの中で，高齢者が生き生きとした安定した老後を過ごすために何が必要なのかはますます見えにくくな

ってきている。後期高齢者医療制度への批判や「消えた（消された？）年金」現象に見られるように，長年の制度の紆余曲折が制度疲労を見せ始めてもいる。制度のさらなる変更がまだ続くであろう。

　さて，このような状況で私たちはどのように「高齢者福祉」を学べばよいのだろうか。このような時代こそ，まず高齢者とはどういう人々なのかということを，その多様性，個別性とともにしっかり理解してほしい。さらに，高齢者の多様性とそれに応じた多様な政策，ニードに対応した企業やNPOの工夫などに広く目配りしてほしい。また，高齢者や福祉政策についての時代の変化をきちんと理解し，今後の変化をも見通せるような学習をしてもらいたいと考えて，この教科書を企画した。このような意図に応えて，多くの読者に活用され，高齢者福祉に視野の大きい関心をもってもらえるならば幸いである。

　　　2008年11月

　　　　　　　　　　　　　　　　　　　　　　　　　編　者

執筆者紹介 (執筆順, *は編者)

＊直井 道子（なおい みちこ）　　序章, 第2, 3章, コラム②, ③, ⑫
　1944年生まれ。
　現在, 東京学芸大学名誉教授。
　主著　『高齢者と家族――新しいつながりを求めて』サイエンス社, 1993年。『幸福に老いるために――家族と福祉のサポート』勁草書房, 2001年。

渡辺 修一郎（わたなべ しゅういちろう）　　第1章, コラム①
　1961年生まれ。
　現在, 桜美林大学大学院老年学研究科教授。
　主著　『老年学要論――老いを理解する』（共著）建帛社, 2007年。『からだの年齢事典』（共著）朝倉書店, 2008年。

一圓 光彌（いちえん みつや）　　第4章, コラム④
　1943年生まれ。
　現在, 関西大学名誉教授。
　主著　『自ら築く福祉』大蔵省印刷局, 1996年。『社会保障論（第6版）』誠信書房, 2005年。

高野 和良（たかの かずよし）　　第5章, コラム⑤
　1963年生まれ。
　現在, 九州大学大学院人間環境学研究院教授。
　主著　『協働性の福祉社会学――個人化社会の連帯』（共著）東京大学出版会, 2013年。『地方からの社会学――農と古里の再生をもとめて』（共著）学文社, 2008年。

原田 正樹（はらだ まさき）　　第6章, コラム⑥
　1965年生まれ。
　現在, 日本福祉大学社会福祉学部教授。
　主著　『地域福祉の学びをデザインする』（共編）有斐閣, 2016年。『地域福祉援助をつかむ』（共著）有斐閣, 2012年。

*中野いく子（なかの　いくこ）　　第7, 8章，コラム⑦，⑧
　1948年生まれ。
　現在，一般財団法人 社会福祉研究所 理事・研究員。
　主著　『福祉政策の理論と実際』（共著）東信堂，2000年。『老人福祉論』（共編）ミネルヴァ書房，2007年。『よくわかる高齢者福祉』（共編）ミネルヴァ書房，2010年。

椋野美智子（むくの　みちこ）　　第9章，コラム⑨
　1956年生まれ。
　現在，松山大学人文学部教授。
　主著　『世界の保育保障』（編著）法律文化社，2012年。『はじめての社会保障（第13版）──福祉を学ぶ人へ』（共著）有斐閣，2016年。

*和気純子（わけ　じゅんこ）　　第10, 11章，コラム⑩，⑪
　1964年生まれ。
　現在，首都大学東京都市教養学部人文社会系教授。
　主著　『高齢者を介護する家族──エンパワーメント・アプローチの展開にむけて』川島書店，1998年。『高齢者に対する支援と介護保険制度』（共著）中央法規出版，2012年。

堀内ふき（ほりうち　ふき）　　第11章
　1949年生まれ。
　現在，佐久大学学長。
　主著　『高齢者の健康と障害（第4版）』（共編）メディカ出版，2013年。『認知症ケア標準テキスト 認知症ケアの実際Ⅱ・各論（第4版）』（共著）日本認知症ケア学会，2013年。

長田久雄（おさだ　ひさお）　　第12章
　1951年生まれ。
　現在，桜美林大学大学院老年学研究科教授。
　主著　『老年学要論──老いを理解する』（共著）建帛社，2007年。『心ふれあう「傾聴」のすすめ──高齢社会でのコミュニケーション・スキル』河出書房新社，2008年。

平岡公一（ひらおか　こういち）　　第13章
　1955年生まれ。
　現在，お茶の水女子大学基幹研究院人間科学系教授。
　主著　『高齢期と社会的不平等』（編）東京大学出版会，2001年。『イギリスの社会福祉と政策研究──イギリスモデルの持続と変化』ミネルヴァ書房，2003年。

高齢者福祉の世界〔補訂版〕： 目　次

序章　今，高齢者福祉を学ぶ　　1

はじめに：本書の特徴　1

1　高齢者の変化と高齢者層の多様化 ……………………3
2　政策の中の高齢者像の変化 ……………………………6
●高齢者の自立を支える
3　虚弱な高齢者の支援の増大と支援の専門性 …………7
4　これからの高齢者福祉の変化の方向 …………………8

◆ 第1部　高齢者を理解する ◆

第1章　老化と高齢者　　13

老いって何だろう？

1　高齢期の心身の変化 ……………………………………14
身体の構造と機能の変化　14　　精神機能の変化　16
心身の状態のとらえ方　16　　老化の概念と学説　19

2　高齢期に多くみられる傷病 ……………………………20
高齢期の傷病の特徴　20　　生活習慣病　21　　老年症候群　22　　介護保険制度における特定疾病　25　　死　25

3　高齢期のヘルスプロモーション ………………………26
ヘルスプロモーションとは　26　　健康長寿と介護予防　27　　生活の質　30

vii

第2章　高齢者と家族　　33

1　高齢者はどのような家族と暮らしているか……34
世帯構成の推移と現状　34　　家族についてどのような変化が起こってきたのか　35　　世帯・家族状況の地域差,性別・年齢差　36

2　自立期における高齢者と家族関係……39
自立期における高齢者の夫婦関係　39　　子との交流　40　　高齢者から子への援助　41　　ひとり暮らし　42

3　虚弱期・要介護期の高齢者と家族……43
サポート提供者とコーディネーターとしての家族　43　　世帯類型別にみたサポートの留意点　44　　介護　45

4　終　末　期……47
●看取りは誰がするか，高齢者はどこで死ぬか

第3章　少子高齢社会　　51

1　高齢社会はどのように生まれるか……52
高齢化とその指標　52　　人口の高齢化はどうして生じるか：人口転換の理論　53

2　日本の人口高齢化の状況……55
日本の人口高齢化の過程　55　　高齢化の地域差　57　　日本の高齢化過程の特徴とその結果　58

3　人口高齢化の影響と政策課題……61
人口の高齢化と介護サービス需要　61　　高齢化は負担か：従属人口指数の上昇　62　　負担を抑える政策課題　64　　高齢社会の多様な影響　65

◆ 第2部　高齢者の自立を支える ◆

第4章　所得保障　　71

1　就労から引退へ …………………………………………72
高齢期と就労　72　　雇用保険の給付　72　　高齢期の就労と年金　73　　60歳代前半の在職老齢年金　74　　65歳以上の在職老齢年金　75

2　退職と公的年金 …………………………………………75
年金の種類　76　　日本の年金体系　77

3　国民年金 …………………………………………………81
国民年金（基礎年金）の仕組み　81　　国民年金の給付　82

4　厚生年金と共済年金 ……………………………………84
厚生年金の仕組み　84　　厚生年金の給付　85　　共済年金　88

5　生活困難に直面した場合の生活保護 …………………88

第5章　社会参加と生きがい　　93
　　　　　　　　　　　生き生きと暮らすために

1　高齢社会の成熟化 ………………………………………94

2　高齢社会と生きがい ……………………………………95
生きがいとは何か　95　　高齢者の生きがいの状況　96
生きがいに影響する要因　99　　生きがいの対象　100
生きがいと社会との交流　102

3　高齢者の社会参加と生きがい …………………………103

社会参加活動と生きがい　103　　高齢者の就労と生きがい　103　　生きがいの地域性　104　　社会参加活動の実際　105　　老人クラブ活動　106　　ふれあい・いきいきサロン活動　106

4　高齢者の生きがいをめぐる課題 …………………107

第6章　福祉コミュニティの形成　　111

1　福祉コミュニティ …………………112
福祉コミュニティとは何か　112　　地域福祉の推進と福祉コミュニティ　114　　福祉コミュニティと地域の範囲　116

2　福祉コミュニティをつくる人々 …………………118
ボランティア元年の意味すること　118　　民生委員・児童委員の役割　120　　専門職（社会福祉士，介護福祉士）の資格の見直し　121

3　福祉コミュニティをつくる働きかけ …………………122
高齢を理解する福祉教育　123　　高齢者の社会参加や地域での支え合い　124

◆　第3部　高齢者を支援する　◆

第7章　ソーシャルサービス・ニードと現行サービス　131

1　高齢期の生活問題とニード …………………132
ニードとは　132　　サービス・ニードの種類　134

2　サービス・ニードに対応する現行サービス …………136

3 サービス・ニードに対応する法制度 ……………………141
老人福祉法の目的と理念 141　老人福祉法によるサービス 143　新たな高齢者医療制度の創設 145　「高齢者の医療の確保に関する法律」の目的と基本的理念 146

第8章　ソーシャルサービス・ニードのとらえ方　149

1 認定主体によって異なるニード把握方法 ……………150
2 政策策定のためのニード把握方法 ……………………150
統計調査 150　「老人保健福祉計画」における調査 152

3 実践のためのニード把握方法 …………………………158
面接 158　評価票 159

第9章　ケアサービス保障の仕組み　167

1 虚弱期以降の高齢者を支援する仕組み ………………168
自立基盤の保障とケアサービス 168　介護保険創設の経緯 168

2 介護サービス提供の仕組み ……………………………170
誰が利用できる？　要介護認定 170　どんなサービスがある？ 171　ケアプラン 173　サービス提供事業者 174　その地域に必要で十分なサービスとは？ 175　要介護・要支援と認定されなかった人は？ 175

3 費用保障の仕組み ………………………………………177
誰が費用を負担するのか？ 177　保険料の決め方 179　利用者負担 181　サービスの値段と支払い方 183

第10章　相談援助　　　185

ソーシャルワークとケアマネジメント

1　高齢期の「複合喪失」………………186

2　高齢者とのコミュニケーション　………186

感覚器官の老化と障害　186　　儒教思想と年齢差　187
偏見やイメージ　187　　回想と語り　188

3　相談援助のレパートリー　………188

個別援助技術　189　　集団援助技術　191　　地域援助技術　192　　ケアマネジメント　193

4　権利擁護　………197

高齢者の権利擁護（アドボカシー）　197　　成年後見制度と地域福祉権利擁護事業　197

5　事例分析　………198

第11章　高齢者のケア　　　203

理念と方法

1　高齢者ケアの理念　………204

生活機能と自立支援：人と環境の相互作用　204　　生活の質（QOL）　204　　生活とケアの連続性：地域包括ケアシステムの必要性　205

2　認知症高齢者のケア　………208

病気の理解とケアの基本　208　　認知症の方の自己決定　209　　日常生活へのケアと健康管理　211　　認知症の行動・心理症状へのケア　211

3　ターミナルケア　………212

高齢者のターミナルケアの現状　212　　在宅での看取り　213　　施設における看取り　214　　残された家族へのケア　214

***4* 高齢者の心理的ケア** ………………………215
  心理的ケアの必要性 215　回想法 215　リアリティ・オリエンテーション 216　多様な心理的ケア 217

***5* 高齢者ケアにおける連携と協働** ………………………218

◆ 第4部　これからの高齢者福祉 ◆

第12章　新しい高齢者像　　225

***1* エイジズム** ………………………226
  エイジズムとは何か 226　エイジズムの例 227　エイジズムの評価 228　エイジズムへの対策 229

***2* 老化と生涯発達** ………………………231
  老化と精神的成熟 231　生涯発達の考え方 232　ポジティブな高齢者像 233

***3* サクセスフル・エイジング** ………………………234
  ●サクセスフル・エイジングの考え方

***4* あなたは，どのような老いを迎えるか** ………………………236
  ●新しい老人像

第13章　介護ガバナンスと福祉レジーム　　241

　　　　　　　　　　　　　　　　超高齢社会に向けて

***1* 介護ガバナンスと福祉レジームへの着目** ………………242

***2* 介護ガバナンスの構造とその変化** ………………………243
  介護保険の導入とガバナンス構造の再編 243　集権と分権 244　サービスの利用決定 245　福祉ミックスの編成 245　サービスの質の確保 246　利用者の権

利　248　　介護ガバナンスの構造の特徴　249

3　社会保障制度の動揺から福祉レジームの構造的変化へ？ ……251

　　　相次ぐ制度改革と生活保障機能の低下　251　　高齢者の負担増による問題解決　252　　持続可能性を低める要因　253　　構造的改革への取組みの遅れ　253　　福祉レジームの構造的変化の可能性　254

4　高齢者福祉の将来 ……255

　　　社会保障制度の安定と制度一元化に向けての改革　255　　サービスの質の確保の仕組みの確立　256　　地方自治体の計画調整機能の強化と当事者参加　257　　「対等なパートナーシップ」に基づく福祉ミックス　257

索　　引 ……259

Column

①保健・医療・福祉活動とインフォームド・コンセント　32
②コ・ハウジング　49
③少子化はなぜ進んだか　67
④公的年金の損得　91
⑤高齢社会で求められる生涯現役社会づくり　110
⑥福祉コミュニティをつくる　127
⑦地域包括ケア　128
⑧ゴールドプランと老人保健福祉計画　165
⑨介護保険の利用　184
⑩高齢者虐待の現状と対応　201
⑪『私は私になっていく』：語り出した認知症をもつ人たち　221
⑫コミュニティビジネス　239

Information

●**本書の特徴**　今,日本にはさまざまな「高齢者」がいます。高齢者やその家族は,生活の中で,どのような援助を必要としているのでしょうか。本書は,自立期,虚弱期,要介護期,ターミナル期に分けて,高齢者を支える仕組みを丁寧に解説します。

●**本書の構成**　第1部「高齢者を理解する」では,高齢者の生活を理解するために,老い,家族と少子高齢社会について学びます。第2部「高齢者の自立を支える」では,高齢者が経済的,精神的に自立して,地域の中で生活していけるよう支援する政策について学びます。第3部「高齢者を支援する」では,老化や疾病により生じる生活問題に対応するために,ニードとケアについて学びます。第4部「これからの高齢者福祉」では,改めて「老い」をとらえなおし,超高齢社会に向けて福祉政策の改革の方向性を探ります。

●**イントロダクション**　各章の冒頭ページには,本文に導くリード文と図版をおき,章で扱うテーマの位置づけ,問題意識を示し,見取り図を与えるイントロダクションとしました。

●**キーワード**　本文中で重要なキーワードはゴチックで表示しています。

●**コラム（*Column*）**　本文は文章の流れを重視し,本文の理解を助けるトピックスはコラムとして別に抜き出しました。

●**参考文献**　本文中の参考文献の出所は,章末に「参考文献」として掲載しました。本文中には,基本的に（著者名［出版年］）で表示しています。

●**索　引**　巻末に,基本的な用語が検索できるよう,索引を付けました。同じ用語の現れ方をみると,理解の幅が広がります。

本書のコピー，スキャン，デジタル化等の無断複製は著作権法上での例外を除き禁じられています。本書を代行業者等の第三者に依頼してスキャンやデジタル化することは，たとえ個人や家庭内での利用でも著作権法違反です。

序章 **今，高齢者福祉を学ぶ**

はじめに：本書の特徴

高齢者と高齢者福祉をめぐる状況はここのところ，非常なスピードで変化している。このような激しい変化の中にあって，高齢者福祉の制度的な仕組みを学んだだけでは，その知識はすぐに古くなってしまうだろう。むしろ，老いるとはどういうことか，高齢者の生きる世界，それらの変化の方向，高齢者を支える制度の基本的な考え方などの基礎をしっかりと学ぶ必要がある。そうすれば制度の細かい変化は自分で学びながらすぐに吸収できるだろう。このような問題意識に立って，本書はとくに次のことを念頭において編集された。

第1に，まず老いについて理解し，高齢者をとりまく環境やその変化の方向を理解することが学びの前提になる。高齢者をとりまく家族や日本社会はどのような変化の中にあるのか，今，私たちが見ている高齢者たちはどういう特徴をもっているか，その特徴の中で時代を超えてあまり変化しないものと，変化しつつある，あるいは今後も変化していく特徴は何か，ということを見定める必要がある。これらは主として第1部において扱われる。

　第2に，高齢者をめぐる変化は，国の財政難や人口減少とあいまって，政策の前提となる高齢者像を変化させてきていることに留意する必要がある。その結果として，高齢者福祉の射程は従来の「弱者としての高齢者を支援する」ことだけでなく，「自立した高齢者がより生き生きと暮らす」「高齢者が社会に貢献する」ことにまで広がってきている。そのために，高齢者福祉の視点は街づくりや生涯学習にまで及ぶ必要がある。このような側面は主に第2部で扱われる。

　第3に，しかし，忘れてはならないのは現在の高齢者は自分の親の代とはまったく異なった，いわば想定外の老後を生きている，ということである。若いときに想定したよりはるかに長い老後を，しかも子どもに依存しないで生きようとする高齢者には，多様な社会的支援が必要である。そのためにいろいろな制度があるが，その制度の基本的な枠組みをきちんと理解すると同時に，高齢者1人ひとりのニーズを把握して，制度と結びつけていくための相談やケアの基本を学ぶ必要がある。これらは主として第3部で扱われる。

　これらを通して，今後の高齢者福祉への見通しをもっておくことも大切である。今ある制度の前提は今後どう変化するのか，制度の目標はどういう条件のもとで達成されるのか，などを理解しておくことは，今後の変化を選び取り，また応用していく際に役に立つに

違いない。これらは第4部で扱われる。

　本書はこのような視点で編集されたが，その前提となる「変化」について以下でさらに詳しく各章との関連を含めて述べておきたい。変化の内実は，①高齢者自体が変化し多様化してきていること，②政策の前提が自立的な高齢者を含むように変化したこと，③高齢者がますます長寿になって虚弱者，認知症などへの支援が増大したことの3つに分けられるだろう。これらについてやや詳しく述べたあとに，それでは今後，財政難を前提として政策自体が財政支出を抑える方向にある中，何が求められているのかを展望してみたい。

1 高齢者の変化と高齢者層の多様化

　まず，現在の高齢者たちのたどってきた**ライフコース**を歴史の中に位置づけてみよう。図序-1では，簡単な年表の下に2015年頃90歳となる1925年生まれと，65歳になる1950年生まれの人々のライフコースを線で示した。近年大量に高齢者の仲間入りをしたいわゆる「団塊の世代」より少し若い人々である。1925年生まれの高齢者をみると，戦前の**家制度**を学校教育で叩き込まれ，義務教育以上の進学は困難で農村居住が多かった人々である。これに対して1950年生まれの人々は戦後教育を受け，日本の高度経済成長とともに高校進学率や大学進学率が急速に延びた世代で高学歴者が増えている。学校卒業後は被雇用者になる者が多く，就職口の多かった都市に移住しているなどの特徴がある。このように世代の違いは居住環境，職業，学歴の差を生み，それによって生活様式も価値観もかなり異なってきている。

　日本人の**平均寿命**はますます延びて女は世界一，男は第5位

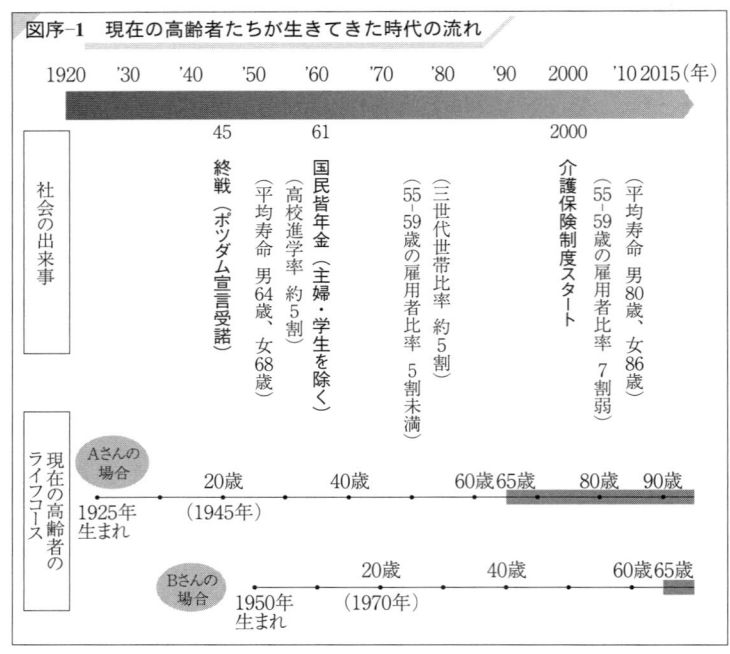

図序-1 現在の高齢者たちが生きてきた時代の流れ

（2012年，男性79.94歳，女性86.41歳）といわれ，**健康寿命**（健康で自立して暮らすことができる期間）の平均も男女とも70歳を超えた。すなわち，高齢者は以前より元気に若々しくなってきているということであり，高齢者といわれる人の中にほとんど壮年層と変わらない元気いっぱいの人々が含まれるようになったのである。一方で，当然のことながら，高齢者の中にはかなり虚弱な，病気の，あるいは寝たきりなどで介護が必要な高齢者もおり，医療技術の発達とともにそういう人々もまた長く生きられるようになってきている。すなわち一言でいえば高齢者層の健康状態，身体状態が多様化してきている，と特徴づけられる。

このような高齢者層の多様化の中でも，家族の違いにはとくに目

を向けておきたい。戦前は，高齢者は老後に子どもと同居し，子どもに経済的にも精神的にも依存するものとされてきたため，年齢の高い高齢者では子どもとの**同居率**が高い。また現実に**国民皆年金**になったときには40歳近かったので年金額も低いことが多く，子どもに依存しないとやっていけないケースも多い。しかし，より若い高齢者たちは雇用者としてより高い厚生年金などを受給し，都市の狭い家に暮らし，家制度も否定してきたから，老後も夫婦やひとり暮らしが多く，何とか子どもに頼らずに暮らそうとしている。上の世代も時代の風潮を感じて社会変化に対応しようと努力はしているのだが。

さらに，本書では十分に扱っていないが，社会の変化は容赦なく高齢者を襲っていく。たとえばIT革命。いろいろな情報をインターネットで得ることが求められる社会になってきている。また**性別役割分業**の見直しはすでに1970年代から唱えられているが，それが現実化してきたのは最近である。家事技術をもたない男性が，妻の病気やひとり暮らしに対応できないという問題も出てきている。

高齢者についての福祉制度を学ぶ前にまず高齢者や高齢者層のこのような状態を把握する必要がある。本書の第1部「高齢者を理解する」はこれを「老い」という生理学的，医学的側面からとらえた第1章，家族状況からみた第2章，そして少子高齢社会という社会全体からとらえた第3章からなる。章によって多少の違いはあるが，各章の中でも高齢者層の中での違い，多様性がみえるような配慮がされている。

2 政策の中の高齢者像の変化
●高齢者の自立を支える

　このような高齢者自体の変化を受けてのことであるが，政策の中での高齢者像もかなり変化を遂げつつあるように思われる。高齢者福祉といえば，「弱者としての高齢者像」を前提としているように思われた時代から，高齢者の中にもかなり豊かな人も存在することや，健康な人が多いことが強調されるようになってきたのである。そして国の財政難から福祉の財源を縮小しようとする政府の意向や，**人口減少**から高齢者も労働力として必要であることから，**自立した高齢者像**が強調され，高齢者にも働いてもらうこと，高齢者どうしが助け合うこと，高齢者もサービスに対して対価を支払うようにすること，などが政策の前提になりつつある。

　このような前提からは，高齢者が自立できるような環境を整えることが重要になる。本書の第2部「高齢者の自立を支える」は高齢者が経済的（第4章），精神的（第5章），身体的（第6章）に自立して生きていけることを支援する政策を扱っている。第4章では生活の基盤となる就労や引退後の年金だけではなくて，経済的自立が困難な場合のための公的扶助などについても学ぶ。現在の「年とった高齢者」たちはまだ日本が貧しい時代に農業や自営業者を長く続けた者も多く，年金は低額の国民年金，貯蓄も不十分だという人が多いことに留意しなくてはならない。高齢者が「豊かだ」というデータも，一握りの高額所得者が年間所得や貯蓄額の平均を押し上げていること，これらは決して正規分布をしていない（平均付近のものがもっとも多いのではない）ことに気がつかなくてはならない。数多くの高齢者が年収も低く，貯蓄もない。いつでもアルバイトができる

学生諸君とは違って,すでに勤労所得を得ることが困難になっている高齢者が「貯蓄ゼロ」であることの心細さにぜひ思いをいたしてほしいと思う。

ただし,人はパンのみにて生きるにあらず,単に生活の経済的基盤を保障するだけでは不十分である。職業生活から引退した高齢者が地域で孤立し,日々家に閉じこもっているのでは身体的にも衰えてしまう。そこで第5章では高齢者の生きがいの状況や,生き生きと暮らすためにはどういう政策があるのかを扱っている。高齢者が地域で生き生きと暮らすためには,地域での人々の支えが必要である。近年取り組まれている高齢者や障害者が安心して地域に住み続け,また地域で活動できるための施策や地域での人々のつながり(ネットワークづくり)や人々の支えについては第6章で学ぶ。このように高齢者の自立を支えるためには,社会教育,社会保障などの広い学問分野との協同が必要なのである。

3 虚弱な高齢者の支援の増大と支援の専門性

とはいえ,高齢者の福祉を学ぼうとする者は,高齢者のすべてが「豊かな」「健康な」「自立的な」高齢者ではない,ということに常に細心の注意を払う必要がある。個人差はあるものの,高齢期には何らかの**心身機能の低下**は避けられない。そこで第3部では心身機能が低下した人々の支援について学ぶ。まず支援への必要性(ニード)をどのようにとらえたらよいのか(第7,8章)という社会福祉の根本について学び,より具体的には身体的支援の中心となる介護保険制度(第9章)の仕組みについて詳しく学ぶ。だがそれだけでは十分とはいえない。現在の高齢者の中には公的な施策を利用する

こと，家族以外の人に相談することにためらいを覚える人もたくさんいる。戦前の教育のために自分の思いや要求をはっきり口にすることなく，我慢に美徳を見出している人も少なくない。こういう高齢者が何を必要としているか，そのニーズを把握し，相談に応じ，必要なニーズを適切な制度と結びつけるにはどうしたらよいのだろうか？　そのことについて本書ではとくに第10章で相談援助の考え方を学ぶ。また高齢者の長寿化に伴って発展してきた，認知症のケアやターミナルケアなどケアについての今日的考え方を第11章で学ぶ。

4　これからの高齢者福祉の変化の方向

　このように高齢者の生きる世界も高齢者層自体も多様化していることを前提にして，これからの高齢者福祉がどのように変化していくのかの見通しをつけたいと考えて，本書では第4部をもうけた。少子化対策は少ししか功を奏しておらず，今後も少子化は続きそうである一方，医療はますます進歩し，寿命は伸びていきそうである。高齢期を65歳からとするのなら，平均的にみて20年以上の長い高齢期が待っていることになる。すでに高齢期を70歳からと考えようというような発言も散見されており，今後とも高齢者がなるべく長く自立し，社会的にも貢献していくことが政策の前提となっていくものと思われる。そして，少なくともこれまでの日本の高齢者は，むしろ社会貢献することを歓迎しているかのようにみえる。

　ただし，他方で，日本社会はいろいろな意味で「年齢」を重視する社会であり，定年退職制度（一定年齢における強制退職制度）が確立していて，アメリカのように**年齢差別禁止法**が制定される気配は

ない。崩れつつあるとはいえ，年功序列型賃金・地位体系もまだ残っているといえよう。その中で若い高齢者がどのような老いを迎えようとするのかはなかなかの難問ともいえる。第12章は，そのような新しい高齢者像をとらえる概念を紹介し，また他方でまだまだ残る高齢者への偏見を自覚化しようとするものである。そして今ある年金や介護の政策が今後の超高齢社会でうまく機能するには何が必要か，望ましい改革は何かを第13章で展望する。

第1部

高齢者を理解する

日本には今,さまざまな「高齢者」がいる。豊かな高齢者,元気いっぱいの高齢者もいれば,寝たきりで介護サービスを必要とする高齢者,認知症などの高齢者もいる。「老いる」とはどういうことか。高齢者はどのような生活をしているのか。

　第1部では,まず老いについて考え,高齢者をとりまく環境やその変化の方向を理解しよう。高齢者をとりまく家族や日本社会はどのような変化の中にあるのか,今,私たちが見ている高齢者たちはどういう特徴をもっているのか。その特徴の中で,時代を超えてあまり変化しないものと,変化しつつある,あるいは今後も変化していく特徴は何か,ということを見定める必要がある。

　「老い」という生理学的,医学的側面からとらえた第1章,家族状況からみた第2章,そして少子高齢社会という社会全体からとらえた第3章を通して,高齢者層の中の多様性と個別性が見えてくるだろう。

第1章　老化と高齢者

老いって何だろう？

　本章では，老いを理解することを目的として，まず，高齢期の心身の変化を理解する。老化の過程は一様ではなく個人差も大きいため，個人の状態を正しく評価する見方も必要となる。高齢期には，中年期から問題となり死因となりやすい生活習慣病と，老化に伴い生活機能を低下させる老年病症候群と呼ばれる一連の病態がとくに問題となる。また，万人にとって不可避の「死」の学習も避けるわけにはいかない。

　高齢期の健康指標としては，疾病の有無よりも生活機能の自立が重視される。このため予防活動では生活機能の水準に応じた取組みが重要となる。健康はそれ自身が目的なのではなく，生活の質（QOL）を維持・向上させる資源の1つともいえる。

1 高齢期の心身の変化

身体の構造と機能の変化

人の発生から死に至る時間とともに生じる変化を，加齢変化といい，加齢に伴う身体機能の低下を，**老化**という。身体は，約50兆個ある**細胞**を基本単位として，細胞の集団がある特定の機能を行う**組織**，複数の組織が集まり形成される**器官**，同様の働きをする器官をまとめた**系**の統合により形づくられている。一般的には，出生時頃に組織の機能単位数がほぼ規定される，神経，骨格筋，腎臓，心臓，肺などの機能は低下しやすく，出生後も増殖が続く，肝臓，血液系，内分泌器官などの機能低下はおきにくい。

外観では，しわ，しみ（老人斑），白髪の増加，脱毛，歩幅の減少，上体の前屈などがみられやすい。身長は，70歳から85歳にかけて男性で約2％，女性で約4％短縮する。体重は60歳代までは増加傾向にあるが，高齢期には減少傾向に転ずる。体重に占める水の割合は20歳頃は60％程度あるが，60歳以降は約50％程度に低下する。

神経系は，大脳，脳幹（間脳，中脳，橋，延髄），小脳，脊髄からなる中枢神経系と，自律神経系（交感神経，副交感神経）と体性神経からなる末梢神経系に分けられる。自律神経系は内部環境の維持を担っており**概日**リズム（約1日周期のリズム。サーカディアンリズムともいう）をもつ。安静時の働きは老化によりあまり低下しないが，概日リズムの振幅が減り体温の低下などがみられる。運動神経と感覚神経からなる体性神経系では，神経繊維数の減少，刺激伝導速度の低下により運動が遅延しやすい。

感覚器系では，視覚において，水晶体を厚くする働きが低下し近点距離が延長する**老視**が生じる。老眼鏡により矯正する。水晶体の混濁が進む**白内障**により日常生活に支障が生じる場合には手術が行われる。老化による聴力低下は左右同程度で高音域ほど強い。人間関係の悪化や閉じこもりの原因となるため補聴器などによる矯正が重要である。味覚や嗅覚の低下も生じやすい。嗅覚は順応しやすいため行動範囲が狭まった高齢者は臭いに気づきにくい。また，温痛覚や触覚などの低下により環境の変化に気づきにくくなる。このため臭いや室温などの環境管理は本人まかせにするのではなく介護者が厳重に行う必要がある。

　内分泌系ではとくに女性ホルモンのエストロゲンが閉経後に著減し，更年期障害や骨粗鬆症などの原因となる。

　血液系では骨髄細胞が減り貧血を生じやすくなる。また，白血球が主体となる細胞性免疫能が低下しやすい。

　肺活量や1秒量（最初の1秒間で思い切り吐き出せる量）は加齢に伴う筋力の低下により減り，痰が出しにくくなる。また，誤嚥しやすくなる。

　循環器系では，加齢に伴い動脈硬化が進み血圧が上がる。また，心弁膜症や不整脈が生じやすくなる。

　骨密度や持久力は30歳頃から徐々に低下する。関節可動域も徐々に縮小し，生活機能を低下させる要因となる。

　咀嚼力や消化管の運動，肝臓の合成能などが低下し，低栄養を生じやすくなる。また，便秘しやすくなる。

　加齢に伴い腎血流量は徐々に低下する。男性では前立腺が肥大し，排尿が障害されやすくなる。女性では尿道括約筋の機能低下による尿失禁が起こりやすくなる。男性の尿道は約17 cmあるが，女性では約3 cmと短く，径も太いため尿路感染症を起こしやすい。

生殖機能は男性では高齢期まで続くが女性では閉経以後著しく低下する。男性では完全勃起と射精が起こりにくくなり，女性では膣分泌が生じにくくなる。しかし，異性を求める心理は最後まで存在する。

精神機能の変化　高齢者の精神機能は個人差が非常に大きい。これは，遺伝やストレス，体調，精神状態などに加え，教育や職業，趣味，運動などの社会文化的な多くの要因が複雑に影響を与えているためと考えられる。知能は横断的研究では20歳頃にピークを示すが，縦断的研究では50歳頃がピークでそれ以降漸減する。記銘や計算などの**流動性知能**は老化が現れやすく30歳以降低下する。しかし，ゆっくりと時間をかけさえすれば課題は正しく遂行できる場合が多い。経験や学習の蓄積が有利に作用する**結晶性知能**（知識や判断など）あるいは知恵は，脳が健康な状態を保ち続けられさえすれば，生涯にわたって向上し続ける。

感情の起伏は少なくなる傾向があるが，一方では，些細なことで涙ぐんだり怒ったりすることもある。自分の身体や身近なものへの関心や執着が強くなる。意志や欲求は一般に減弱する。高齢者に多い性格として，保守的，自己中心的，怒りやすい，短気，引っ込み思案，義理堅い，頑固，融通性がない，ひがみやすい，などがいわれているが，加齢による性格変化は，もともとの性格が先鋭化するものと，性格の偏りがとれて丸くなるものがある。また，高齢期には，疾病や薬剤の影響あるいはさまざまな喪失体験を受けることが多く，うつ状態が現れやすい。

心身の状態のとらえ方　高齢者の心身の状態をとらえる際には，さまざまな医学的問題だけでなく，生活機能を正しく評価する必要がある。また，生活機能の障害は社会基盤との相対的関係から生じることが多いため，社会経済的問題や環境状

態なども同時に把握する必要がある。高齢者を生活機能，精神機能，社会・環境の3つの面から多職種の協働によりとらえるのが**高齢者総合的機能評価**（comprehensive geriatric assessment：**CGA**）である。

CGAで評価すべき項目としては，バイタルサイン（生命徴候）や身体所見，疾病の状態に加え，**基本的日常生活活動動作**（basic activities of daily living：**BADL**），**手段的日常生活活動動作**（instrumental ADL：**IADL**），認知機能，気分，情緒，幸福度，コミュニケーション能力，社会的環境などがある。

まず，**バイタルサイン**の把握は常に欠かせない。声かけや痛み刺激による意識の把握，呼吸数など呼吸状態の把握，脈拍や血圧などの循環の把握，体温測定が基本である。身体所見の観察では，清拭(せいしき)や入浴を行う際に全身をくまなく観察することも大切である。

BADLは，自立した生活に必要な基本的で毎日繰り返される一連のセルフケア能力で，食事，整容，更衣，トイレ動作，入浴，排尿排便コントロール，移動能力などを含む。BADLの指標としては，バーセル・インデックス（Barthel index）やカッツ・インデックス（Katz index），FIM（functional independence measure）などが用いられる。IADLは，より広い生活空間である地域における自立生活に必要な最低限度の複雑な判断を要する日常活動で，電話応対や食事の準備，洗濯などの家事，買物や公共交通機関の利用，財産管理能力，服薬管理能力などのセルフケア能力などが含まれる。IADLの指標としては，ロートンとブロディのIADL尺度や，老研式活動能力指標の下位尺度である手段的自立得点などがある。

認知機能の評価には，改訂長谷川式簡易知能評価スケール（HDS-R）（表1-1）やMMSE（mini-mental state examination）が用いられる。うつについては精神症状を重視した，高齢者抑うつ尺度（geriatric depression scale：GDS），ツングの自己評価うつ尺度（self-rating

表 1-1　改訂 長谷川式簡易知能評価スケール（HDS-R）

1	お歳はいくつですか？（2年までの誤差は正解）		0 1
2	今日は何年の何月何日ですか？ 何曜日ですか？ （年月日，曜日が正解でそれぞれ1点ずつ）	年 月 日 曜日	0 1 0 1 0 1 0 1
3	私たちがいまいるところはどこですか？ （自発的にでれば2点，5秒おいて家ですか？ 病院ですか？ 施設ですか？ のなかから正しい選択をすれば1点）		0 1 2
4	これから言う3つの言葉を言ってみてください。あとでまた聞きますのでよく覚えておいてください。 （以下の系列のいずれか1つで，採用した系列に〇印をつけておく） 1：a) 桜　b) 猫　c) 電車　　2：a) 梅　b) 犬　c) 自動車		0 1 0 1 0 1
5	100から7を順番に引いてください。（100－7は？，それからまた7を引くと？ と質問する。最初の答えが不正解の場合，打ち切る）	(93) (86)	0 1 0 1
6	私がこれから言う数字を逆から言ってください。 （6-8-2，3-5-2-9を逆に言ってもらう，3桁逆唱に失敗したら，打ち切る）	2-8-6 9-2-5-3	0 1 0 1
7	先ほど覚えてもらった言葉をもう一度言ってみてください。 （自発的に回答があれば各2点，もし回答がない場合以下のヒントを与え正解であれば1点）a) 植物　b) 動物　c) 乗り物		a：0 1 2 b：0 1 2 c：0 1 2
8	これから5つの品物を見せます。それを隠しますのでなにがあったか言ってください。 （時計，鍵，タバコ，ペン，硬貨など必ず相互に無関係なもの）		0 1 2 3 4 5
9	知っている野菜の名前をできるだけ多く言ってください。（答えた野菜の名前を右欄に記入する。途中で詰まり，約10秒間待ってもでない場合にはそこで打ち切る）　0～5＝0点，6＝1点，7＝2点，8＝3点，9＝4点，10＝5点		0 1 2 3 4 5
		合計得点	

depression scale：SDS）などがよく用いられる。

　社会的側面では，世帯や家族の構成，キーパーソン，経済状態，住居環境，地域社会との交流状況，介護保険の利用の有無，介護負担度などを把握する。

老化の概念と学説

　大きな傷病に罹患せず天寿を全うする過程でみられる老化を生理的老化という。ストレーラーは生理的老化を，**普遍性**，**内在性**，**進行性**，**有害性**という4つの原則で表現している。一方，傷病や環境要因などにより生理的老化以上に老化が進むことを病的老化というが，この両者を厳密に分けるのは困難である。

　老化の機序については，遺伝的因子により規定されるとするプログラム説と，生体の障害や老化物質の蓄積により規定されるとするエラー蓄積説に大別される。プログラム説を支持する事実としては，種により最大寿命が異なること，ヒトの培養線維芽細胞には約50世代までの寿命があること（ヘイフリックの限界），ウェルナー症候群などの遺伝的早老症が存在すること，分裂によるテロメア（染色体の末端にある特殊な粒子）の短縮やプログラムされた細胞の死（アポトーシス）など老化を制御していると思われる事象があることなどがあげられる。エラー蓄積説には，放射線や紫外線，化学物質などが損傷したDNAの蓄積によるとする磨耗説，活性酸素説，たんぱく分子間に化学的結合が生じ細胞機能が障害されるとする架橋結合説，DNAの複製や転写，翻訳の際に生じたエラーが蓄積されるとするエラー破滅説，リポフスチンやアミロイドなどの蓄積によるとする老廃物蓄積説，胸腺の萎縮や免疫機能の破綻によるとする自己免疫説などがある。さらに，プログラム説およびエラー蓄積説の統一を試みる考え方として，体細胞のエラー修復を犠牲にし，生殖細胞のエラー修復を行うことで次世代構築による全体としてのエラ

ー蓄積を避けているとする，体細胞廃棄説が提唱されている。いずれにしても老化は1つの原因だけで生じているものではないことが明らかになっている。

2 高齢期に多くみられる傷病

高齢期の傷病の特徴　高齢期に多くみられる傷病としては，中年期以降問題となりやすく死因となることが多い生活習慣病と，高齢期の重要な健康指標である生活機能を低下させやすい老化を基盤とする老年病症候群がとくに問題となる。高齢期の傷病には，留意すべき共通した特徴がある。

①個人差が大きいので，個人の機能や病態の把握と評価を正確に行い，状態に応じて対応する必要がある。

②複数の疾病や障害を有することが多いため，常に全身的な観察と管理が必要である。

③潜在的に老化による病変があることが多く急変しやすい。また，回復力や予備能力の低下から重篤化しやすい。

④症状や所見，経過が典型的でないことが多い。薬や他の疾患により症状が変容していることも少なくない。

⑤薬の効果に変動があり，副作用が出やすいこともあれば，反応性が低下し効果が少ないこともある。

⑥慢性疾患が多く，予後が，治療，ケアやリハビリテーションの状況や生活環境などにより大きく影響される。

⑦うつ症状や認知症様症状，幻覚症状などの精神症状がみられやすい。

⑧救急疾患（脳・心発作，転倒・骨折，感染症など）も生じやすい。

生活習慣病

人口の高齢化が進んできた1956年に国は，脳血管疾患やがん，心疾患など中年期から問題となり死因の上位を占める疾患群を「成人病」と呼ぶことを提唱し，その予防と管理をめざしてきた。これらの多くは原因に，ブレスローが提唱した7つの健康習慣（適正な睡眠，禁煙，適正体重，適正飲酒，運動，毎日の朝食，間食をしない〔1972年〕）などの生活習慣が関与することが判明し，その是正である程度の予防が可能になることがわかってきた。このような背景から，公衆衛生審議会は1996年に，生活習慣が発症や進行に強く関わる疾病を**生活習慣病**と呼ぶことを提唱した。具体的には，2型糖尿病，肥満，非家族性高脂血症，高尿酸血症，非先天性循環器疾患，非家族性大腸癌，高血圧症，肺扁平上皮癌，慢性気管支炎，肺気腫，アルコール性肝障害，歯周病などが含まれる。今日，生活習慣病は主要な死因となっており，がん（約29%），心疾患（約16%），脳血管疾患（約10%）の3つの疾病のみで死因の半数以上を占めている。

生活習慣病に共通する特徴として，自覚症状が少ないこと，危険因子や予防法がほぼ確立されていること，寿命だけでなく健康寿命も縮めること，経済的打撃も甚大であること，などがあげられる。また，問題となる主な生活習慣としては，運動不足，過食，喫煙，ストレス，栄養の偏り，飲酒，睡眠不足，塩分過剰，過労，食物繊維不足，カルシウム不足，脱水，などがあげられる。

①悪性新生物　部位別年齢調整死亡率をみると男性は，肺，胃，大腸，肝臓の順に多く，女性は，大腸，乳房，肺の順に多い。胃や肝臓のがんは減少傾向にあるが，膵臓，前立腺，乳房のがんは増加傾向にある。

②高血圧症　最大血圧が140 mmHg以上または最小血圧が90 mmHg以上をいう。高齢者の6割以上が該当する。

③脂質異常症（高脂血症）　血中のLDLコレステロールや中性脂肪が異常に増える，またはHDLコレステロールが減る状態。動脈硬化の危険因子であるが，食事量が減りやすい後期高齢期にはあまり問題にならない。

④肥満　体脂肪が過剰に蓄積した状態をいう。**体格指数**（body mass index：BMI：**体重／身長（m）^{2}**）が正常範囲の18.5〜25を超えた状態あるいは体脂肪率が男性10〜25％，女性15〜30％の正常範囲を超えた状態が該当する。高齢期ではやせ群の死亡率が高い一方，肥満は外出頻度の減少などの要因になることもある。

⑤糖尿病　膵臓が分泌するインスリンの作用不足による。空腹時血糖が110〜125 mg/dLが境界型，126 mg/dL以上が糖尿病型である。患者数は推計約950万人（2012年）と多く，管理の不徹底から糖尿病のため毎年新たに約1万7000人が腎透析（じんとうせき）が必要となり，毎年約3000人が失明している。

⑥メタボリック症候群　内臓脂肪型肥満に高血糖，高血圧，高脂血症のうち2つ以上を合併した状態をいう。動脈硬化性疾患の発生頻度が相乗的に高くなることが知られている。

老年症候群

　心身の老化に伴い高齢期に生じることの多い，低栄養，認知症やうつ，尿失禁，視力・聴力障害，転倒・骨折，閉じこもり，寝たきり，脱水，睡眠障害などの一群の徴候や症状からなる病態を**老年症候群**という。老年症候群は直ちに生命を脅かすことは少ないが，長期にわたり日常の生活機能を低下させ，自立を障害する原因になりやすく，生活の質（QOL）を著しく損ない，本人だけでなく介護者にとっても大きな負担となることが多い。

①低栄養　高齢期には，各種の疾病，歯の問題，食欲不振，

消化吸収能や合成能の低下などから低栄養を生じやすい。月1kg以上の体重減少が続く場合や血清アルブミンが低下する場合は原因を精査する必要がある。う歯（虫歯）の治療，義歯，運動，栄養学習，摂取食品数の増加，食材選択および調理法の工夫，環境改善などが予防に重要である。食品摂取の多様性を保つため，肉，魚，卵，牛乳，大豆製品，緑黄色野菜，いも類，海藻類，果物類，油脂類の10の食品群を毎日何らかの形で食べることが望まれる。

② **認知症**　正常に発達した知的機能が持続的に低下し日常生活に支障を来す状態をいう。記憶障害や見当識障害，抽象思考の障害や判断の障害などの中核症状と，抑うつや意欲の低下，幻覚や妄想，徘徊や異食，不潔，暴力などの問題行動や人格変化などの周辺症状がみられる。原因としては，神経変性性認知症の代表である**アルツハイマー病**と，脳梗塞や脳出血などの脳血管障害により起こる**血管性認知症**が多い。高齢者人口の約15%を占め，加齢とともに増加し85歳以上では40%以上になる。

③ うつ状態　抑うつ気分（落ち込んだ気分）と意欲の障害，思考の障害を主症状とし，睡眠障害や食欲不振，自責の念などが出現しやすい病態である。年間約3万人におよぶ自殺の背景にもなっている。高齢期にうつ状態をきたす原因としては，①症候性うつ（脳梗塞など他の疾病によるもの），②薬剤副作用，③心因性うつ（疾病罹患や配偶者との死別などの喪失体験などによる），④内因性気分障害（狭義のうつ病，躁うつ病など）などがあり，早期診断・早期治療が重要である。治療には，十分な休養と薬物治療や音楽療法が重要である。また，周りの者の対応として**叱咤激励は禁忌**である。

④ 尿失禁　無意識または不随意に排尿が起こる状態をいう。

出産を経験した女性に多い，骨盤底筋群の機能低下による**腹圧性尿失禁**と，ADLや精神機能の低下による**機能性尿失禁**が多い。腹圧性尿失禁には骨盤底筋体操が，機能性尿失禁には排尿誘導や時間排尿が予防・治療に有効である。

⑤転倒・骨折　骨折は寝たきりの原因の約15%を占める。**脊柱椎体**，**大腿骨近位部**，**橈骨遠位端**，上腕骨近位端，肋骨の骨折が多い。わが国では年間約19万人（2012年）が大腿骨近位部骨折を生じており，うち約9割が転倒による。転倒の危険因子としては，運動機能の低下，身体的疾患，薬剤などの内的要因のほか，段差や履物，床の状態などの外的要因が問題となる。

⑥医原病　医療行為により生じる障害や病的状態をいう。予防のためには，不要な治療の防止，適正な薬物使用，治療内容と副作用の理解，適切な医療機関・主治医の選択，継続的な治療効果評価などが欠かせない。

⑦感染症　生体防御能の低下や各種疾患の合併により感染症にかかりやすくなる。インフルエンザや肺炎などの呼吸器感染症や尿路感染症の頻度が高い。また，病原体の再活性化による，結核症や帯状疱疹などもしばしば問題となる。さらに，弱毒病原体による**日和見感染**と呼ばれる感染症がしばしば成立する。感染症成立の3大要因，感染源，感染経路，宿主（病原体の感染先：ヒト）の感受性に対する適切な対策が必要である。

⑧要介護状態・寝たきり　国民生活基礎調査（2010年）による要介護の原因では，脳血管疾患が約24%ともっとも多く，次いで，認知症が約21%，衰弱が約13%，転倒・骨折が約9%となっている。一方，要支援の原因では関節疾患が約19%ともっとも多く，次いで，衰弱が約15%，脳血管疾患が約15%，転倒・骨折が約13%となっている。このように生活機能を低

下させる原因の構造は，寿命を短縮する主要死因の疾病構造とは大幅に異なる。

介護保険制度における特定疾病

介護保険による給付は，65歳以上の場合は要介護または要支援と判断された場合であるが，40歳以上65歳未満の第2号被保険者については，老化に起因する特定疾病が原因で要支援・要介護となった場合には，介護サービスの利用が可能となる。筋萎縮性側索硬化症，後縦じん帯骨化症，骨折を伴う骨粗鬆症，シャイ・ドレーガー症候群，初老期における認知症，脊髄小脳変性症，脊柱管狭窄症，早老症，糖尿病性神経障害，糖尿病性腎症および糖尿病性網膜症，脳血管疾患，パーキンソン病，閉塞性動脈硬化症，慢性関節リウマチ，慢性閉塞性肺疾患，両側の膝関節または股関節に著しい変形を伴う変形関節症，および2006年に追加された，がん末期の病態の16種類の病態が特定疾病に指定されている。

死

生命維持装置が開発されていない時代では，生存にもっとも重要な，心臓（循環）または肺（呼吸），脳機能（中枢）のいずれか1つの機能の不可逆的停止は，連続的に他の2機能の不可逆的停止を引き起こしていた。このため，3臓器のいずれかの機能停止が起こった時点を死とする単独臓器死説が死の定義として用いられた。わが国ではとくに心停止が重視されていた。その後わが国においては延命医療技術が発展し，死とは，生存にもっとも重要な心臓，肺，脳機能のすべての不可逆的機能停止と定義する**3臓器死説**を採用し，慣習上，心停止，自発呼吸停止，瞳孔の散大と対光反射の消失により判定されてきた。しかし，生命維持装置の発達により心臓や肺機能が不可逆的に停止しても生きられる事例が出現してきた。1997年には臓器の移植に関する法律が施行され，臓器提供する場合のみ，**脳死**が個体死とされ

ることになっている。このような背景から現在では代用となる人工臓器がない脳の死を人の死とする考えが一般化しつつある。しかし，脳死後も心臓の鼓動が続いている状態を，死とは認めがたい心理も多くの人々が有している。さらに老年期には，終末期の定義が困難であり，自分の最期についての本人の意志や希望を表現する機会がなく，また重要な決断を迫られる場面では十分に意思疎通できない状況になっていることが少なくないなど，終末期の対応をめぐる特有の問題も生じることが多い。人の死は，国の法律や通達によって決まるものではなく，医学・医療界における共通認識と社会の合意の上に成り立つものといえる。

　生と死に対する考えを死生観といい，死を多角的に検討し，人生における生と死の意義を探究する実践的な学問を**死生学**（thanatology）という。わが国では死を忌み嫌い考えることを避けることが多く，死の準備学習が欠如している。人生で遭遇する，3人称の死（無関係の人の死），2人称の死（身内や親友など，ごく身近な人の死），そして1人称の死（自己の死），あるいは文学や絵画などの芸術，墓参りや法事などの宗教行事などの際に死生観を養っていく必要がある。

3 高齢期のヘルスプロモーション

ヘルスプロモーションとは

1986年に開催された第1回ヘルスプロモーション国際会議でのオタワ憲章において，ヘルスプロモーション（Health Promotion）とは，人々が自らの健康をコントロールし，改善することができるようにするプロセスであると定義された。ヘルスプロモーションが

意味するのは包括的な社会・政治的プロセスであり,単に個人的スキルや能力の強化のための行動だけでなく,公衆衛生や個人の保健への悪影響を緩和するように,社会・環境,経済的状況を変化させる行動を含む。ヘルスプロモーション行動の維持には,参加が欠かせない。ヘルスプロモーションの具体化には,1つの前提条件(平和,住居,教育,食物,収入,安定した生態系,生存のための諸資源,社会的正義と公正),3つのプロセス(①唱道〔advocate〕,②能力の付与〔enable〕,③調停〔mediate〕),5つの活動(①健康的な公共政策の確立,②健康支援環境の創造,③地域活動の強化,④個人技術の開発,⑤ヘルスサービスの方向転換),が有機的に行われることが必要とされる。受動喫煙の防止施策などを定め,健康日本21の法的基盤となっている健康増進法(2003年5月1日施行)などは,健康的な公共政策の確立の具体例の1つといえる。ヘルスサービスの方向転換の背景には,主要な健康問題と健康指標の変遷が大きく関係している。わが国においては1960年頃までは乳幼児から成人にかけての若死の防止が最重要課題であった。1960年代以降生活習慣病の予防と管理に重点が移行し,20世紀末以降世界最長寿を維持している今日では,健康寿命の延伸と生活の質の向上が大きな課題となってきている。過去のヘルスサービスにおいては,ともすれば健康が目標や目的となっていたが,今日では,健康は,生活の質を維持向上させるための資源ととらえるパラダイムシフトが起こっている。

健康長寿と介護予防

わが国の2012年の男性の平均寿命は79.94年,女性の平均寿命は86.41年と世界最高水準を維持している。かなりの長寿を達成した今日,**健康寿命**という言葉がよく用いられるようになった。もともとは1983年にカッツらが,ADLが自立している期間を活動的平均余命(active life expectancy)として提唱したのに始まる。平均寿命の考え方を用いて,

健康で自立した生活を送れる平均期間を推定したものである。2010年のわが国の健康寿命は，男性70.42年，女性73.62年であり，平均寿命との差は男性で9.13年，女性で12.68年となっている。

　健康長寿をめざす取組みの1つとして介護予防が注目されている。その背景には要介護者の増加があげられるが，要介護者の増加の原因を見誤ってはならない。人口に占める要介護者の割合（**有病率**）は，要介護状態の発生率（**罹患率**）と要介護期間（有病期間）の積で規定される。要介護者の増加は，高齢者が虚弱になったからではなく，後期高齢者の増加に加え，ケアの質が向上し要介護状態となっても長生きできるようになったからなのである。ただ，いずれにしても要介護者は増えており，介護予防が重要な取組みであることには間違いない。

　高齢期の健康指標としては，疾病の有病率や罹患率よりも生活機能の自立が重視される。このため高齢期では生活機能の水準に応じた予防活動の枠組みが重要となる。生活機能の水準は，自立，要支援，要介護に大別され，それぞれに応じた予防活動の水準としては，第1次予防（自立した生活，より高次の生活機能の維持・増進をはかり，要介護状態発生を防ぐための取組み），第2次予防（生活機能の低下，あるいは生活機能の低下をきたしやすい対象の早期発見，早期対策），第3次予防（障害による生活機能低下を最小限に抑え，また，社会環境の整備により社会的不利に陥ることを予防し，生活の質と尊厳を保ち，社会参加や自己実現がはかれるようケアし，また，リハビリテーションを行うこと）が重要となる。

　第1次予防の具体例として，東京都老人総合研究所が地域住民を対象とした長期縦断研究結果から提唱した，元気で長生きの10カ条をあげる。

　①血清アルブミン（老化と栄養の指標）が高いこと――4 g/dL以

上が望ましい。肉や魚，卵や牛乳などの動物性食品を十分とることが大切。
② 血清総コレステロール値は高すぎず低すぎず——160 mg/dL 未満は問題。75歳以上では，男性ではコレステロールと余命の関係はなく，女性では230 mg/dL以上のほうが余命が長い。
③ 足が丈夫である。
④ 主観的健康感がよい。
⑤ 短期の記憶力がよい。
⑥ 太り方は中ぐらい——体格指数（BMI）は20〜24程度が理想的。
⑦ タバコを吸わない——75歳以上の男性喫煙者の死亡率は非喫煙者の3.3倍！
⑧ お酒は飲みすぎない。
⑨ 血圧は高すぎず低すぎず——収縮期血圧は100〜140 mmHg 程度がよい。月に一度は測ってみること。
⑩ 社会参加が活発である——情けは人のためならず。社会貢献を果たすことは自分のためにもなる。

第2次予防としては，現在各地で介護予防事業として行われている，早期発見のための介護予防健診（高齢者健診），虚弱高齢者を主な対象とした，筋力トレーニングなどの運動器の機能向上訓練，口腔機能向上，栄養改善などがあげられる。これまでにBADL低下の介入可能な危険因子として，筋力低下，閉じこもり，運動不足，転倒既往，低栄養，やせ，視力低下，聴力低下，認知機能低下，うつ状態，最近の入院歴，脳血管障害既往などが報告されている。要介護あるいは要支援の原因として多い，脳血管疾患や衰弱，認知症，転倒・骨折，関節疾患などの予防と管理はとくに重視すべきである。

高齢期の疾病や障害は慢性的な病態が多いため，第3次予防（ケ

アとリハビリテーション）のあり方が予後を大きく左右する。疾病や障害に罹患した場合には、早期からの適切な診断と治療が必要となる。インフルエンザや大腿骨頸部骨折の治療に代表されるように、積極的に治療をする時代になってきている。また、各種の障害は環境との相対的な関係で生じるため、人的・物的な環境面の整備も重要な課題である。

生活の質　QOL（Quality of Life）という用語は、社会政策や医学・医療の場面、社会心理学や老年学などさまざまな分野で広く用いられている。平均寿命が著しく延伸してきた今日、長期にわたる高齢期をいかに自立して、心理的、社会的に充実してよりよく過ごすかということが重大な関心事となり、QOL概念はさらに深く浸透しつつある。ただし、QOLには多くの要素が含まれ、使用する場面や研究者により概念が異なることも多い。高齢者のQOLの概念については、ロートンが提唱した枠組みが代表的である。これは、①生活機能や行為・行動の健全性（生活機能の自立度に相当）、②生活の質への認知（主観的健康感など本人が主観的に認知する生活の質）、③居住環境（人的・社会的な支援と物的環境など）、④主観的幸福感（生活満足度や幸福感など）の4つの領域から構成されるものである。

　QOLの測定尺度としては、SF-36（Short-Form-36 Health Survey）やWHOのQOL指標（WHOQOL）などがある。WHOQOLは、身体的健康、心理学的側面、自立の水準、社会的関係、環境、精神性／宗教／信念、の6つの領域からなる尺度である。また、QOLの重要な要素である主観的幸福感の尺度としては、ロートンによる改訂版PGCモラール・スケール（PGC-L）や古谷野による生活満足度尺度（LSI-K）などが用いられている。

　高齢期のQOLを高めるための視点として、1991年の国連総会で

採択された「高齢者のための国連原則」が参考となる。「高齢者のための国連原則」とは，①自立，②参加，③ケア，④自己実現，⑤尊厳である。高齢期において脅かされやすいことの多いこれらの原則は，一方では，高齢者のQOLの向上に向けての要点ともいえる。

参考文献

小澤利男・江藤文夫・高橋龍太郎編 [1999]，『高齢者の生活機能評価ガイド』医歯薬出版

キューブラー-ロス，E. [2001]，『死ぬ瞬間——死とその過程について』鈴木晶訳，中央公論新社（原著1969年，リプリント版1997年）

グリーン，L. W./クロイター，M. W. [2005]，『実践ヘルスプロモーション——PRECEDE-PROCEEDモデルによる企画と評価』神馬征峰訳，医学書院（原著2005年）

シェパード，R. J. [2005]，『シェパード老年学——加齢・身体活動・健康』柴田博・新開省二・青柳幸利監訳，大修館書店（原著1997年）

柴田博・長田久雄編 [2003]，『老いのこころを知る』ぎょうせい

柴田博・長田久雄・杉澤秀博編 [2007]，『老年学要論——老いを理解する』建帛社

白澤卓二 [2002]，『老化時計——寿命遺伝子の発見』中央公論新社

東京都老人総合研究所編 [1998]，『サクセスフル・エイジング——老化を理解するために』ワールドプランニング

フェリィニ，A. F./フェリィニ，R. L. [2001]，『高齢期の健康科学』今本喜久子・新穂千賀子監訳，メディカ出版（原著2000年）

ヘイフリック，L. [1996]，『人はなぜ老いるのか——老化の生物学』今西二郎・穂北久美子訳，三田出版会（原著1994年）

McDowell, I. and Newell, C. [1996], *Measuring Health: A Guide to Rating Scales and Questionnaires*, 2nd ed., Oxford University Press.

Column ① 保健・医療・福祉活動とインフォームド・コンセント

インフォームド・コンセント（informed consent: IC）とは，ケア（医療，看護，介護，予防など広義のケア行為）や研究の対象者（患者や被験者など）が，ケア行為や研究の内容に関する正しい情報を与えられ，よく理解したうえで（informed），施行を承諾する（consent）ことである。「説明と同意」と訳されることが多い。ICは，ケア提供者側の絶対的で一方的な論理思考に基づくのではなく，ケアの受け手の選択権・自由意志を最大限尊重するという前提に基づく。したがって，介入の内容や効能だけでなく副作用，他の選択肢の情報提供も重要である。また，同意を随時撤回できることも条件となる。1997年の医療法改正でICの努力義務が明記され医療の場で浸透が進み，介護保険法の施行に伴い，予防接種や介護予防などの予防活動あるいは福祉活動においても徹底されるようになってきた。しかし，半ば説得して「同意」を無理強いしたり，「全部お任せします」といって説明を受けない場面もしばしばみられる。また，保健・医療・福祉活動の対象には，意識が不明あるいは認知症や統合失調症などの精神病などのためにICが十分に行えない人も少なくない。ICが不十分であると，ケア提供者とケアの受け手やその家族の間で疑心暗鬼が生じたり，また，障害者が保健・医療・福祉活動へ参加できないという不利益を被ることもある。

本人がどうしてもICが行えない場合には，本人の意思を推し量ることができる家族など代理の人がICを行い，障害者がさらなる社会的不利を被ることのないようにしなければならない。ICを，患者の権利の主張とケア提供者の責任回避という対立的側面でとらえず，ケア提供者の知識と技能を最大限に発揮できるよりよいケア環境を築き，患者のQOLの向上を目的とするケア行為の基本的な要素であり，態度であることを認識する必要がある。

第2章 高齢者と家族

　この章では高齢者と家族の関係について，高齢者が元気な時期（自立期），支援や介護を必要とする時期（虚弱期）（要介護期），終末期に分けて学ぶ。戦後，老親と子との同居率は一貫して低下し，一方で寿命が延びたため夫婦だけで暮らす期間が長期化し，またひとり暮らし高齢者が増えてきている。それでもおおむね配偶者，子ども（夫婦）は今なお高齢者にとって重要なサポートの源である。しかし，どのような状況，どのような人々にとって，家族のサポートだけでは不十分なのか，という問題意識をもって家族について学んでほしい。そこから福祉制度と家族のサポートはどのように連携（支援，補完，代替）できるのかを考えていくことが，福祉制度を学ぶよい動機づけとなるだろう。

1 高齢者はどのような家族と暮らしているか

　　世帯構成の推移と現状　　**家族の定義**を調べると，社会学では「家族とは夫婦関係を基礎として，親子，きょうだいなど少数の近親者を主要な構成員とする第一次的な福祉追求の集団である」というのがよく用いられている（森岡［1972］，3-4頁）。ところが法律には家族の定義はなく，法律で定義されているのは夫婦，親子，親族である。**親族**とは6親等内の血族，3親等内の姻族とする規定（725条）がある。たとえば生活保護の適用など福祉との関係で重要なのは，直系血族と兄弟姉妹は互いに扶養の義務があるという条項である。さらに行政上重要なのは**世帯**という概念である。世帯とは住居および生計を共にする集団であると定義される。福祉サービスの適用や費用負担などについてはしばしば世帯を単位にして判断されることが多い。また多くの社会統計は世帯を単位としており，家族に関する全国規模の統計を示そうとすると，図2-1のようにほとんど世帯に関するデータ（ひとり暮らしを含む）になる。

　図2-1は高齢者がどのような構成の世帯の中に暮らしているのか，それがこれまでどう変化してきたのかを示している。1980年は1割ほどだったひとり暮らし世帯は2010年には2割を超え，比率にして約2倍，世帯数では91万世帯から501万世帯と5倍以上になっている。夫婦世帯も比率は2倍弱，数にして4倍以上に増えている。未婚の子との同居世帯も子の晩婚化を反映してかなり増えてきている。反対に明らかに減ったのは3世代世帯であり，1980年の50％から16％へ，実数も減ってきている。

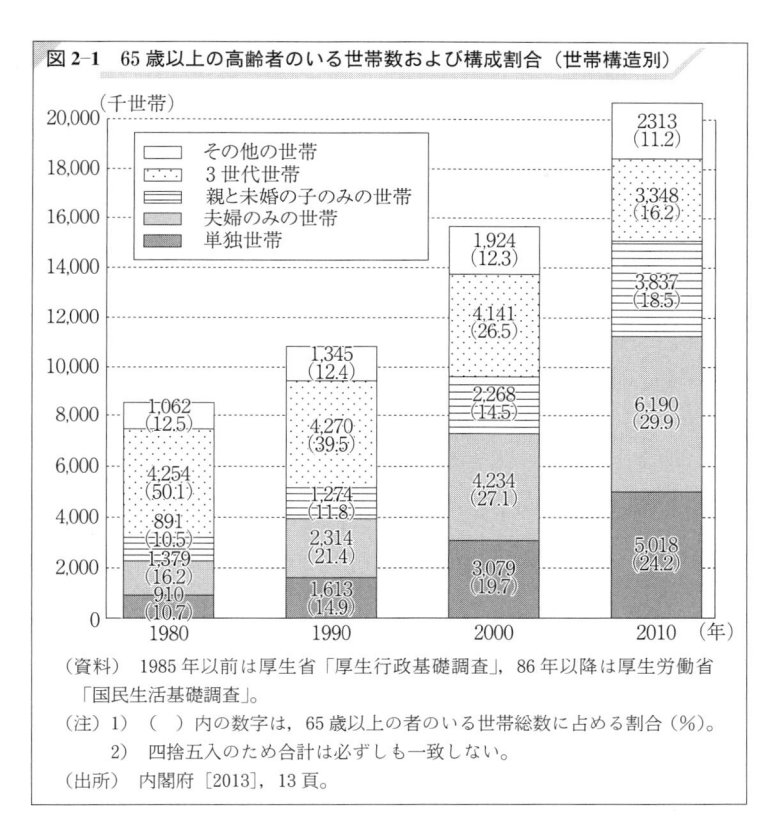

図 2-1　65 歳以上の高齢者のいる世帯数および構成割合（世帯構造別）

（千世帯）

凡例：
- その他の世帯
- 3世代世帯
- 親と未婚の子のみの世帯
- 夫婦のみの世帯
- 単独世帯

1980年:
- その他の世帯: 1,062 (12.5)
- 3世代世帯: 4,254 (50.1)
- 親と未婚の子のみの世帯: 891 (10.5)
- 夫婦のみの世帯: 1,379 (16.2)
- 単独世帯: 910 (10.7)

1990年:
- その他の世帯: 1,345 (12.4)
- 3世代世帯: 4,270 (39.5)
- 親と未婚の子のみの世帯: 1,274 (11.8)
- 夫婦のみの世帯: 2,314 (21.4)
- 単独世帯: 1,613 (14.9)

2000年:
- その他の世帯: 1,924 (12.3)
- 3世代世帯: 4,141 (26.5)
- 親と未婚の子のみの世帯: 2,268 (14.5)
- 夫婦のみの世帯: 4,234 (27.1)
- 単独世帯: 3,079 (19.7)

2010年:
- その他の世帯: 2,313 (11.2)
- 3世代世帯: 3,348 (16.2)
- 親と未婚の子のみの世帯: 3,837 (18.5)
- 夫婦のみの世帯: 6,190 (29.9)
- 単独世帯: 5,018 (24.2)

（資料）　1985 年以前は厚生省「厚生行政基礎調査」，86 年以降は厚生労働省「国民生活基礎調査」。
（注）　1）　（　）内の数字は，65 歳以上の者のいる世帯総数に占める割合（％）。
　　　2）　四捨五入のため合計は必ずしも一致しない。
（出所）　内閣府［2013］，13 頁。

家族についてどのような変化が起こってきたのか

では，どのような要因によって**世帯構成**はこのように変化してきたのか？　またその要因が，世帯構成の変化だけでなく，いろいろな側面で家族を変化させてきたことも考察してみたい。そのような要因としては，①高齢者の平均寿命の伸びなどの人口学的変化，②**家制度**の廃止などの規範的変化，③経済成長に伴う社会経済的変化の3つをあげることができよう。

第1の人口学的変化については（第3章参照），**平均寿命**の伸長と

第2章　高齢者と家族

子ども数の減少の影響が大きい。平均寿命が30年前後延びた結果として、高齢者の有配偶率は上昇してきた。また、「高齢者家族」の高齢化が進み、たとえば95歳と90歳の**高齢者夫婦世帯**、95歳の親と70歳の娘の親子世帯などは今やそれほど珍しくなくなった。子ども数の減少の影響については、現在80歳以上の高齢者では子ども4人以上も珍しくなく、しだいに子ども2人が半数以上を占めるようになった。このことは男の子のいない高齢者が増えたことを意味し、**家規範**の衰退とあいまって子との同居を減らす方向に作用したと思われる。

また、**ライフコース**的視点からみると、人口学的変化は非常に長い高齢期をもたらし、しかも夫婦そろっている期間も長期化した。子の結婚後20年前後生きることが当たり前になってきている（図2-2）。

第2の規範的変化の影響については、第二次世界大戦後の家制度の廃止が、その後の経済成長による農家世帯の減少と**雇用者家族**の増大とあいまって、核家族化を引き起こし、高齢者と既婚子との**同居率**を低下させたことを指摘したい。

ライフコースという点からみると、今の高齢者の多くはその親の老後とは違って、長い高齢期を子どもとは別居して過ごすことになった。老後の夫婦関係の重要性が増し、また老後に配偶者と死別した高齢者（多くは女性）は**ひとり暮らし**の可能性が高まった。この点はのちに述べるように、高齢者の福祉の面でとくに留意されるべきである。

世帯・家族状況の地域差、性別・年齢差

このような世帯や家族の状況は、高齢者の性別・年齢、居住地域によって異なっている。年齢が高いほど、男女別では女性のほうが子ども夫婦との同居率が高い。具体的にみると、80歳以上の

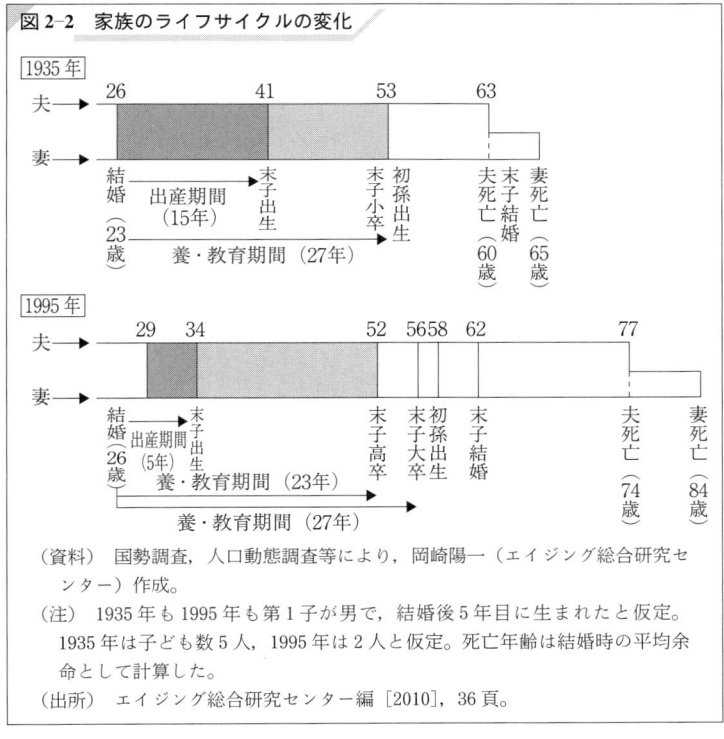

図 2-2　家族のライフサイクルの変化

1935年
夫 → 26　41　53　63
妻 →
結婚（23歳）／出産期間（15年）／末子出生／末子小卒／初孫出生／夫死亡（60歳）／末子結婚／妻死亡（65歳）
養・教育期間（27年）

1995年
夫 → 29　34　52　55　58　62　77
妻 →
結婚（26歳）／出産期間（5年）／末子出生／末子高卒／末子大卒／初孫出生／末子結婚／夫死亡（74歳）／妻死亡（84歳）
養・教育期間（23年）
養・教育期間（27年）

（資料）　国勢調査，人口動態調査等により，岡崎陽一（エイジング総合研究センター）作成。
（注）　1935年も1995年も第1子が男で，結婚後5年目に生まれたと仮定。1935年は子ども数5人，1995年は2人と仮定。死亡年齢は結婚時の平均余命として計算した。
（出所）　エイジング総合研究センター編［2010］，36頁。

女性では39％が子夫婦と同居であるが，65-69歳の男性では7％ほどしか子夫婦とは同居していない（厚生労働省［2009］）。年齢が高くなると同居率が高いのは，昔に生まれた人ほど家規範を内面化して同居しているという**コーホート**（出生などの時期を同じくする一群の人々）の影響と，一度子と別居した人も年を取って身体が弱くなったり配偶者と死別すると子夫婦と同居するという加齢の影響と2つの要素がある（厚生省［2000］，21頁）。また，子や孫との付き合い方を継続的に聞いた調査でも（内閣府［2011］，18頁）「子や孫といつも一緒に生活できるのがよい」の比率はしだいに減少し「ときどき会

って食事や会話をするのがよい」の比率より少なくなった。したがって，古いコーホートの退場とともに今後は子との同居世帯は減少していくものと予測される。

　また，農家では長男夫婦と高齢者が1つの家族として家業に取り組んだが，農村から都市に移動した若者は都市の狭い住宅で核家族を形成した。老親との同居は困難になったが，同居した場合にも収入源，生活時間，生活習慣が異なることで，「同居の中の**核分離**」（核家族の間に境界がある）がみられるようになった。具体的には家計や食事の部分的分離，専用テレビ，電話，洗濯機，表札などである。さらに「2世帯住宅」「**準同居**」といわれる同別居の中間の形も存在する。すぐ近くに住む**隣居，近居**でも孫を預けて夕食は毎日一緒という例もあり，親と既婚子夫婦の住まい方，生活の仕方は単純な同別居の二分法では表現できないほど多様化した。さらに，同居の仕方も多様化し，戦前の日本では長男夫婦が，結婚時から（長男は生まれてからずっと）親の家に住むのが普通のパタンであり，それは戦後も長く続いてきたが，しだいに「長男以外の子」が「途中から（結婚後一時別居してから）」「必ずしも親の家でではなく」同居する比率が高まってきている。

　また地域による差異としては，東北や北陸地方では子との同居率が高く，鹿児島県などでは同居率は非常に低い（図2-3参照）。また東京都区部，とくに山の手地区では子と別居している高齢者が多いが，準同居や近居の割合は高い。このような家族の差異のほかに，雪国での雪下ろし，過疎地の買い物の不便など地域によって高齢者のニーズも多様であるから，福祉施策を分権化し，地域の実情に応じたものにしていく必要があるといえる。

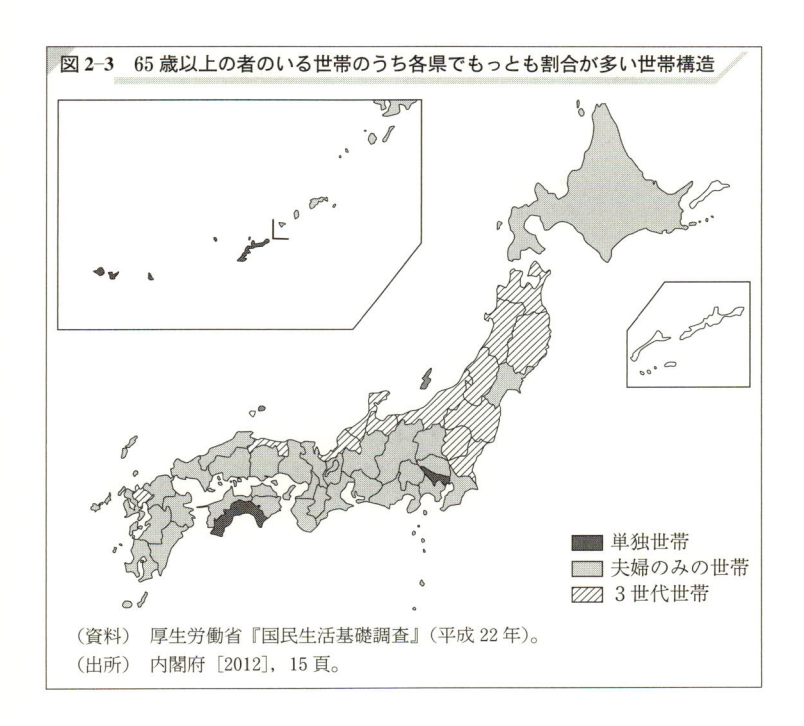

図 2-3　65 歳以上の者のいる世帯のうち各県でもっとも割合が多い世帯構造

■ 単独世帯
▨ 夫婦のみの世帯
▨ 3世代世帯

（資料）　厚生労働省『国民生活基礎調査』（平成22年）。
（出所）　内閣府［2012］，15頁。

2　自立期における高齢者と家族関係

自立期における高齢者の夫婦関係

　これまで自立期の高齢者の夫婦の問題としては，仕事中心に生きてきた夫が退職したあとに妻の行動の自由を制限して生じる夫婦の葛藤，これに伴う結婚満足度の減少，妻が働きに出て夫が家事をする旧来の意味からみた「役割逆転」などが指摘されてきた。これらの問題はあるものの，おおむね高齢期の夫婦の情緒的満足感は高く，とくに夫婦の共通の趣味や同伴行動，夫婦のコミュニケーシ

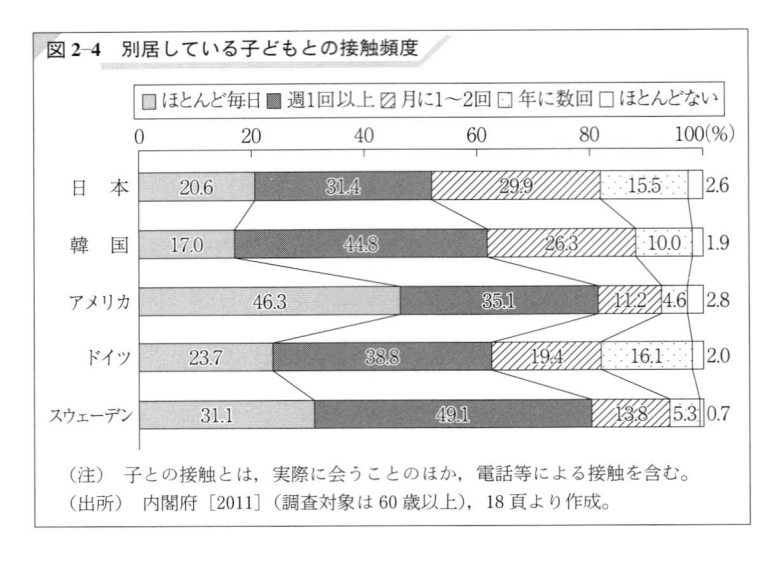

図 2-4　別居している子どもとの接触頻度

	ほとんど毎日	週1回以上	月に1～2回	年に数回	ほとんどない
日　本	20.6	31.4	29.9	15.5	2.6
韓　国	17.0	44.8	26.3	10.0	1.9
アメリカ	46.3	35.1	11.2	4.6	2.8
ドイツ	23.7	38.8	19.4	16.1	2.0
スウェーデン	31.1	49.1	13.8	5.3	0.7

（注）　子との接触とは，実際に会うことのほか，電話等による接触を含む。
（出所）　内閣府［2011］（調査対象は60歳以上），18頁より作成。

ョンが多い者にはその傾向が強かった。自立期の高齢者の多くは自らの仕事，趣味や学習，友人関係などを生きがいとしており，子どもを生きがいにしてはいない（直井［2001］，68-80頁）。したがって，この時期の高齢者の多くに必要な施策は，外出しやすい街づくりや就労，ボランティア支援，生涯学習施策などである。

　しかし，このような状況の中でも留意すべき点は，平均的にみると男性よりも女性の幸福感が低いことである。その理由の1つとして家規範のもとでは妻が劣位におかれ，命令や暴力を受けてきたことがあるだろう。虐待などにつながらぬよう留意する必要がある。

子との交流　　従来から日本の高齢者の子との**交流頻度**については「同居子との密接な交渉と別居子との疎遠な関係」と特徴づけられていて，別居子だけを対象にすると欧米の親子より**接触頻度**が少ない。この傾向は1970年代に指摘されたことだが，最近の国際比較調査（内閣府［2010］）でも日本で

はその傾向がみられる（内閣府［2011］）（図 2-4）。自立期における高齢者の，子との同居率が減少してきている中で，しだいに「欧米並み」に別居子との頻繁な接触をするようになるのか，そのような規範や慣行がつくられないままに推移するのか，今後の動向が注目される。同居子を除いても，子との接触にもっとも影響を与えるのは時間的距離であることは，多くの国の調査で一致している。子ども数の減少や，海外を含む子の転勤などによって交流頻度がきわめて低い親子が出てきていることに注意したい。

高齢者から子への援助

すでに図 2-1 でみたように，高齢者と子との同居世帯は減少してきたとはいえ，未婚子と既婚子を合わせるといまだに 3 分の 1 ほどに上る。未婚子の場合も既婚子の場合も，高齢者が自立している間は，高齢者から子どもへの援助提供が目立つ。未婚子についてはいわゆる「パラサイトシングル」研究に詳しいが（宮本・岩上・山田［1997］），中には経済的，家事などで老親への依存が過度な例も多い。既婚子との同居についても，子の側の利益（家賃の節約，共働きの場合の孫の面倒など）のために同居することも多い。

さらに同別居にかかわらず，母親は娘に**世話的な援助**を提供している。娘の出産や育児の相談相手はその夫ではなく母親であることがむしろ増えてきているという（白波瀬［2005］，151 頁）。また共働き継続のための親からの育児援助が保育所利用以上に高率である（白波瀬［2005］，154 頁）。子どもの数が多いと高齢者からの援助は少ない（保田［2004］）というが，今後子ども数が減少していく中で，さらにこの傾向は増していく可能性が高い。

さすがに 70 歳代前半では，子に援助する高齢者の比率より，子が援助する比率が高くなっている（直井［2001］，147 頁，ただし，横断的データである）。保田の分析ではもう少し前に援助する親の比率

は低下しているが、それでも63–67歳で再び上昇する傾向がみられる。このような援助が親子の交流継続に貢献し、親の加齢に伴って親が援助される側に移行する場合はよいとしても、子の側の甘えが継続してしまい、親の年金をあてにして暮らす子の話も聞くようになった。このあたりは高齢者福祉の点からも留意すべき点であろう。

ひとり暮らし 高齢者の夫婦世帯が増え、配偶者と死別後も子とは同居せずにひとり暮らしをする高齢者が増えてきた。2010年で男性11.1%、女性20.3%であるが、今後もこの比率は増大し続けて2020年には男性13.9%、217万人、女性21.9%、450万人に達するといわれている（内閣府［2013］、15頁）。ひとり暮らしの約7割には子どもがいる。

配偶者との死別は大きなストレスをもたらす出来事である。精神的なショックや孤独感ばかりでなく、「性別役割分業相手がいない」苦労が始まることが多い。女性は収入の減少、男性は日々の家事や近隣からの孤立などである。そして男女共通に犯罪被害や、住宅を借りにくいなどの問題がある。また急に心身の不調を覚えても連絡ができず大事に至ってしまう可能性があり、ふだんから**孤独死**の不安に脅かされる例も多い。社会参加を促進して閉じこもりを防ぎ、自殺などの兆候を早めに見つけて防止できるようにする、近隣のネットワークによって犯罪被害、とくに詐欺被害を減らす、などの対策が必要である。

ひとり暮らし女性の経済問題は、若い頃から就労が困難で、就労した場合も低賃金、短期間であることが年金額や貯蓄額に反映している。性別役割分業の結果であり、まさにジェンダー問題であって、男女共同参画社会を実現する総合的な施策が必要である。

3 虚弱期・要介護期の高齢者と家族

> サポート提供者とコーディネーターとしての家族

高齢者が虚弱期や要介護期になると，**サポートの源**として家族が重要になる。家族は「個人を中心としたサポートを提供する人々の網の目」である**サポート・ネットワーク**の一部であり，またその中で**インフォーマル・サポート**の直接の提供者であると同時に，医者，ヘルパーなどの専門家からの**フォーマル・サポート**と連携させるコーディネーターとして重要である。サポートは**手段的サポート**（実際に経済的援助をしたり，家事や介護をする）と**情緒的サポート**（心の支えになる，相談にのる）に分けられる。家族は情緒的サポートの提供者として，とくに重要であるとされる。またサポートに関する多くの調査が**サポートの実績**ではなく「きっとサポートしてくれるだろう」という**サポートの期待**を扱っている。サポートの期待は実行されるとは限らないものの，そのような期待を抱けることそのものが高齢者の安心感に寄与しているとされる。

　誰がどういうサポートをするのかについては，続き柄による優先順位と，サポートの種類別の機能分担の両方の原理が働いている。サポート提供者の優先順位は，元気な配偶者がいる場合にはまず配偶者，いない場合には同居の子，それもいなければ別居子という順がみられる。このような補完原理が働くことを**階層補完モデル**といっている。一方，主な介護者だけを調べる量的調査ではわからないが，ケーススタディからは子どもたちの間の機能別の分担もみられる。たとえば「息子が経済的サポート，娘が情緒的サポートや介護」とか，「有職の娘が経済的援助，専業主婦の娘が介護」などで

ある。課題ごとに異なった支援源があるという意味でこれは**課題特定モデル**と呼ばれる（Cantor and Little［1985］）。

> 世帯類型別にみたサポートの留意点

以下では世帯構成ごとに、この時期のサポートの留意点をみておこう。子どもとの同居世帯においては、配偶者（元気な場合）と同居子（夫婦）がサポート源になるのが一般的だ。豊富なサポート源があるとみられがちであるが、実は子（夫婦）には仕事があって、昼間はサポートがない状態であることも多い。また他人から家族の状況がわかりにくいため、虐待などもかえって見過ごされやすいことは注意する必要がある。また未婚子同居については、親をサポートするために子が結婚や離家しにくいなど、子の福祉の面から問題を内包している場合もある。

夫婦世帯においては、多くの高齢者が日々の家事を負担と感じる虚弱期まで夫婦だけで過ごすようになり、サポートの担い手として配偶者が非常に重要になってきている。家事については圧倒的に女性が多くを負担しているが、いずれの家事も高齢期になると70歳代後半までは夫がより参加するようになり（岩井［2004］、300頁）、夫の家事参加は重要なサポートになる。現実には従来の教育を受けた夫が妻の負担感に気がつかないとか、気がついても技術を伴わないことも多く、料理講習も重要な福祉政策といえるかもしれない。また夫が虚弱な場合には、妻がサポートすることが性別役割分業で当然視されるため、妻が無理をして体を壊すこともあり、この時期の夫婦世帯にはお互いが負担にならないような外部からのサポートが必要になる。

ひとり暮らし高齢者については、自立期から虚弱期への移行が突然であったり、周囲に認知されないままであったりする点に留意する必要がある。したがってひとり暮らし高齢者については、元気に

見える場合でもふだんからそれとなく見守る体制は欠かせない。

> 介　護

要介護高齢者のうちどの程度が家庭で介護されているのだろうか？　この答えを明確に出せるデータは存在しない。介護保険制度施行前に寝たきり高齢者のデータから概算したところでは，**在宅介護率**は1978年の約7割から95年の約3割まで低下してきていた（直井［1998］，122-23頁）。最近では介護保険制度利用者のうち要介護度5の場合の8割が在宅サービスを利用しつつ在宅介護をしている。いずれにせよ，在宅での介護は減ったとはいえ，今なお重要な役割を果たしていると結論できるだろう。

それでは在宅で誰が介護しているのだろうか？　これまでの調査の多くが**主な介護者**についてのみ聞いている。まず，一時点での在宅の主介護者の分布をみると（内閣府［2013］，27頁），図2-5のとおりである。同居者が主な介護者である場合が64％と多くなっている。同居の介護者64％の続き柄別・男女別内訳をみると，主な介護者の多くは女性で，妻，娘，嫁に3分している。ただし，介護者が配偶者の場合の3分の1は夫，子のうちの約半分は息子で，しだいに男性介護者が増えてきた。また高齢者が子と同居していれば嫁が主介護者であることも多いが，子と別居している場合は子の配偶者はほとんど介護せず，主に娘が通ってきて介護する傾向がある（厚生労働省［2010］）。

すなわち，家族のうち誰が介護をするかということについては，まだ定まった規範がない。①家規範による場合：長男の妻（嫁），②親子の情愛による場合：息子や娘，という2つの原理がせめぎあっているようだ。さらに，③とくに面倒を見てもらった子が介護，④気の合う子が介護というような原理も考えられるだろう。③については，これまでの研究で，若い頃とくに親が援助をした

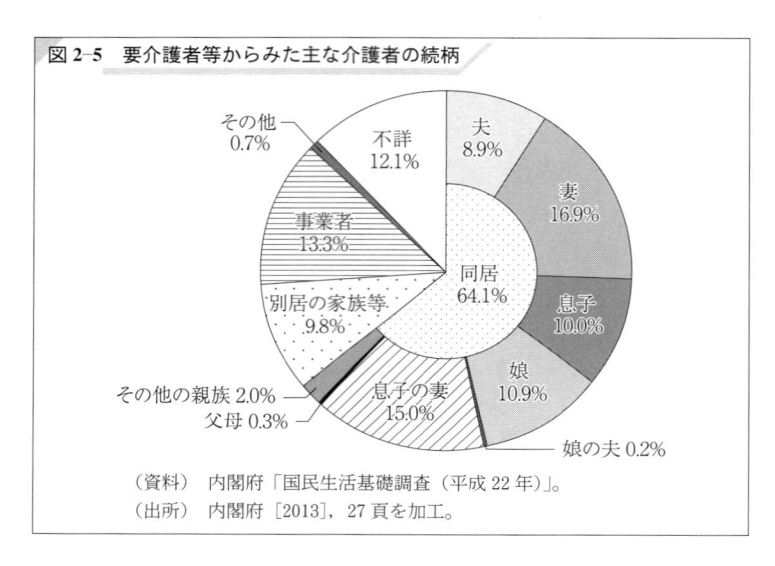

図2-5　要介護者等からみた主な介護者の続柄

- その他 0.7%
- 不詳 12.1%
- 夫 8.9%
- 妻 16.9%
- 事業者 13.3%
- 同居 64.1%
- 息子 10.0%
- 別居の家族等 9.8%
- 娘 10.9%
- その他の親族 2.0%
- 父母 0.3%
- 息子の妻 15.0%
- 娘の夫 0.2%

（資料）　内閣府「国民生活基礎調査（平成22年）」。
（出所）　内閣府［2013］，27頁を加工。

子がお返しとして介護をする傾向も見られたが（白波瀬［2005］），先に亡くなった親の遺産を相続した子が介護をするという関連は否定された（直井ほか［2006］）。ただし，同居をしている子（多くは長男）がこれまでに親から多くの援助を受けている，という関連は残っているようだ。

　そして配偶者については元気な妻が夫を介護するのは当然視されているが，夫も妻を介護すべきだという規範もジェンダー平等の視点から強くなっているのではないか？　しかし，夫の中には嫁か娘がやるものと思っている人もいて葛藤になっている可能性もある。このような状況のため，とくに都市部では，①要介護者の性別や年齢（元気な配偶者の有無，家意識が内面化されている程度），②子夫婦との距離（同居か，別居か），③子の性別構成，などによって主な介護者が決まる原理は多様化している。

　また，介護の期間が長くなってきたために，介護者の途中交代な

ども少なくない。ケーススタディからは介護者の健康状態の悪化に伴って妻から子世代へと介護が引き継がれるケースや，子の転勤や病気などで別な子に介護が引き継がれるケースもあった。データはないが，子ども，子の配偶者の間での分担も進んでいるのではないかと思われる。

4 終末期
●看取りは誰がするか，高齢者はどこで死ぬか

　高齢者の**死に場所**はどんどん家庭から病院に移りつつある。人口動態統計からみると，1970年には6割近くが自宅で死亡していたものが，その比率は急速に減少し，80年頃には病院死のほうが多くなり，今や8割ほどが病院死となった。死亡前5年間の調査によると（厚生省［1995］），死亡の半年前くらいから介護が必要になる高齢者は急増し，入退院を繰り返すようである。この調査はやや古いものであり，おそらく近年ではこれに介護保険施設が加わって入所退所を繰り返し，また老人ホームでの死亡も増えていくと思われる。これまでは家庭でも施設でも死の直前に病院に運び込む傾向があったが，近年ではむしろ家庭や施設で最後まで看取ることをめざす考え方もでてきている。

参考文献
岩井紀子［2004］,「高齢期の夫婦における夫の家事参加」渡辺秀樹・稲葉昭英・嶋﨑尚子編『現代家族の構造と変容――全国家族調査「NFRJ98」による計量分析』東京大学出版会

エイジング総合研究センター編［2010］,『改訂版 新図表でわかる少子高齢社会の基礎知識』中央法規出版

厚生省［2000］,『厚生白書（平成12年版）――新しい高齢者像を求めて』

厚生省大臣官房統計情報部編 [1995],『平成7年度人口動態社会経済面調査報告 高齢者死亡』厚生統計協会
厚生労働省 [2009],『平成21年国民生活基礎調査』
厚生労働省 [2010],『平成22年国民生活基礎調査』
小谷部育子編 [2004],『コレクティブハウジングで暮らそう——成熟社会のライフスタイルと住まいの選択』丸善
白波瀬佐和子 [2005],『少子高齢社会のみえない格差——ジェンダー・世代・階層のゆくえ』東京大学出版会
内閣府 [2010],『第7回高齢者の生活と意識に関する国際比較調査』
内閣府 [2011],『高齢社会白書（平成23年版）』
内閣府 [2012],『高齢社会白書（平成24年版）』
内閣府 [2013],『高齢社会白書（平成25年版）』
直井道子 [1998],「福祉社会の家族と高齢者介護」青井和夫・高橋徹・庄司興吉編『福祉社会の家族と共同意識——21世紀の市民社会と共同性：実践への指針』梓出版社
直井道子 [2001],『幸福に老いるために——家族と福祉のサポート』勁草書房
直井道子・小林江里香・J. Liang [2006],「子どもからのサポートと遺産相続」『老年社会科学』, vol. 28 No. 1, 21–28頁
三浦文夫編 [2006],『図説高齢者白書』全国社会福祉協議会
宮本みち子・岩上真珠・山田昌弘 [1997],『未婚化社会の親子関係——お金と愛情にみる家族のゆくえ』有斐閣
森岡清美 [1972],『社会学講座3 家族社会学』東京大学出版会
保田時男 [2004],「親子のライフステージと世代間の援助関係」渡辺秀樹・稲葉昭英・嶋﨑尚子編, 前掲書
Cantor, M and Little, V. [1985], "Aging and Social Care," Binstock, R. H. and Shanas, E. (eds.), *Handbook of Aging and the Social Sciences*, 2nd ed., Van Nostrand.

Column② コ・ハウジング

コレクティブ・ハウジング，**グループ・ハウジング**，**グループ・リビング**，**コーポラティブ・ハウス**などは定義もまだ曖昧ながら，少しずつニュアンスの異なる類似した概念で，おおむねこれらの総称として**コ・ハウジング**という言葉が使われている。いずれも生活協同型住居のことで，個人または個々の家族の空間のほかに共用スペースを設けて住民どうしのふれあいの場とするほか，共に食事をつくったり，食べたりする（こともある）住宅と住まい方をさす。ニュアンスの違いは，個人用の部分が個室か住戸か，賃貸か持家か，公営か自主運営かなどの違いからきている。コーポラティブ・ハウスはほとんど協同の持家集合住宅づくりの場合に使われ，コレクティブ・ハウジングはほとんど賃貸の場合に使われる用語のようだ。もともとは北欧などで画一的な住宅計画への疑問からオルターナティブな居住運動として始まり，1980年代から自立した個人の参画と協同，共食を核とした公営住宅の1つのタイプである。

日本では仲のよい個人が老後に集まって住む形は散発的に見られ，住居費と健康の不安を解消して安心して住める場所を確保し，「気の合う仲間と自分らしく暮らす」ことをめざした。単身の高齢者（夫婦が含まれる場合もある）が集まって住むことによって，孤独を和らげ，福祉サービスの共同利用などの効用があった。その後，阪神淡路大震災後の復旧住宅にこの考え方が取り入れられ，公営の「ふれあい住宅コレクティブ・ハウジング」が実現した。その後，多様な形で普及しつつあるが，おおむね集合住宅の中に，それぞれの独立した住戸（台所，浴室，便所あり）のほかに，共用スペース（協同の食堂，台所，談話室）をもつ。また同じ建物に高齢者だけでなく一般世帯も入居したり，診療所やレストラン，保育園を設けたりして，多世代共生のまちづくりにつながっている。これからの高齢者の住まい方への新しい提案だといえるだろう（小谷部編 [2004]）。

第3章 少子高齢社会

　この章では高齢社会とは何か，どうして少子高齢社会が生まれてくるのか，ということについて一般理論と日本の高齢化過程の実態の両方を学ぶ。高齢化の過程の世界との比較や，日本の中での地域差にも目を配りたい。さらに日本の急速な高齢化が，日本社会や高齢者にもたらす影響について考えてみたい。また，今後さらなる高齢化や人口減少が進むことで生じてくる問題について考察し，政策の基本的方向を考える。

　このような学びとともに，自分が住む地域の高齢化についても自ら学び，また自分の周囲の高齢者たちと触れ合って，これまでどのように人生を送ってきて，今，老後を迎えているのか実感をもつことを勧めたい。

1 高齢社会はどのように生まれるか

高齢化とその指標　　高齢化という言葉は個人についても社会についても用いられる。社会の高齢化（しばしば**人口高齢化**と表現される）について用いる場合，その指標は住民の平均年齢や中位数年齢（メディアン：人口全体を年齢順に並べてその真ん中に当たる人の年齢）などいろいろ考えられる。中でもよく用いられるのは**高齢化率**（**老年人口係数**，老年人口割合，高齢人口割合ともいう）で，社会全体に占める高齢者の割合を％で示したものである。

　　高齢化率 ＝ 高齢者人口数／社会全体の人口×100

　高齢者人口数としては高齢化の進んだ国の場合には65歳以上人口数が使われているが，まだ人口が若い国では60歳以上が使われることも多い。日本でも1960年までの国勢調査報告書では60歳以上を高齢者としていたが，その後は「65歳以上」が使用されている。

　これまでのいろいろな社会の高齢化率の変化をみると，大体5％台くらいまでは安定的に推移し，6, 7％を超えると高齢化率が急に上昇していった。国連がある文書（United Nations [1956]）で7％を高齢化社会の目安としたのも，そのあたりに根拠があったのであろう。その後，とくに日本国内では高齢化率7％以上を高齢化社会，14％以上を高齢社会と呼ぶという使い分けがなされたが，14％になっても高齢化はさらに進んでいったのであり，あまり適切な区別とは思えない。最近では1995年の高齢社会対策基本法ではじめて高齢社会という用語が用いられたことから，高齢社会という用語が一般的になっている。

高齢化率と紛らわしいのが**平均寿命，平均余命**という概念である。平均余命とはある一定年齢の人があと平均何年生きるかを表し，平均寿命とは 0 歳児の平均余命であり，いずれも年齢別死亡率を基にして生命表から計算される。これらは平均とはいえ，個人に関する指標で，社会の指標ではないことに注意を要する。戦前の平均寿命は 50 歳に達しておらず，第二次世界大戦後の 1947 年に男女とも 50 歳を超えた。その後の平均寿命の伸びは大きく，男女とも 55 年に 60 歳を，71 年には 70 歳を超えた。女性は 80 年に 80 歳を超し，2012 年の平均寿命は女性が 86.41 歳，男性が 79.94 歳と計算された。これは前年より女性が 0.51 歳，男性が 0.50 歳上回った。2011 年の東日本大震災によって平均寿命は縮小したため，2012 年の伸びは例年より大きい。ここ数年，寿命の伸び率は鈍ってきていて，災害や病気の流行などでわずかながらマイナスになったこともあるが，それでもまだ平均寿命は伸びていくと予測されている。

| 人口の高齢化はどうして生じるか：人口転換の理論 |

それでは，どうして人口の高齢化が生じるのであろうか。人口の高齢化はおおむね（その社会への流入と流出を無視すれば）**出生率**と**死亡率**の変化によってもたらされると考えてよい。出生率，死亡率はここでは簡単に人口 1000 人あたりの出生数，死亡数（普通出生率，普通死亡率という）として話を進めたい。その過程は歴史的にみると近代化と関連しており，**人口転換の理論**によって次のように説明される。

近代化以前の社会は**多産多死**（出生率，死亡率共に高い）の社会である。人々は多くの子どもを出産するが，育つ途中に感染症などで多くが死ぬ。近代化が進むと栄養水準の向上，公衆衛生の進展，医療水準の向上などにより，乳幼児死亡率が低下し，**多産少死**（高い出生率と低い死亡率）の時代となる。死亡率の低下が先行するため人

口は爆発的に増え，これを**人口爆発**と呼ぶ。人口爆発のあと，避妊技術の向上などもあって人々は多くの子どもを産まなくなり，**少産少死**（出生率，死亡率共に低い）の時代がやってくる。これを**人口転換**という。これに伴って，高齢化率は上昇し，高齢社会が到来する。簡単に図式化すると

　　　多産多死 → 多産少死（人口爆発）→ 少産少死（高齢社会）

となる。このような人口転換理論は実はすべての社会に同じように当てはまるわけではなく，フランスなどの例外もあるという（阿藤［2000］，41頁）。また，この図式から，平均寿命の伸びは人口の高齢化に貢献するものの，高齢社会の出現にとっては出生率の低下が非常に重要であることがわかる。社会の高齢化における出生率低下の重要性を強調するため，最近の日本では**少子高齢化**という言葉が好んで用いられている。

　少子高齢化の最終段階については少産少死で安定して低い人口増加率で推移すると考えられてきたが，最近になって「第2の人口転換」という現象が指摘され始めた。これは少産少死が続くうちに出生率の低下が死亡率の低下を上回り，**人口減少**が続く段階がくるとする。のちに述べるように日本ではすでに人口減少が始まった。しかし，今後の出生率の推移には国ごとの違いが現れる可能性もあり，この現象が普遍的であるかどうかは，今後の推移を見ていく必要がある（阿藤［2002］，49-50頁）。

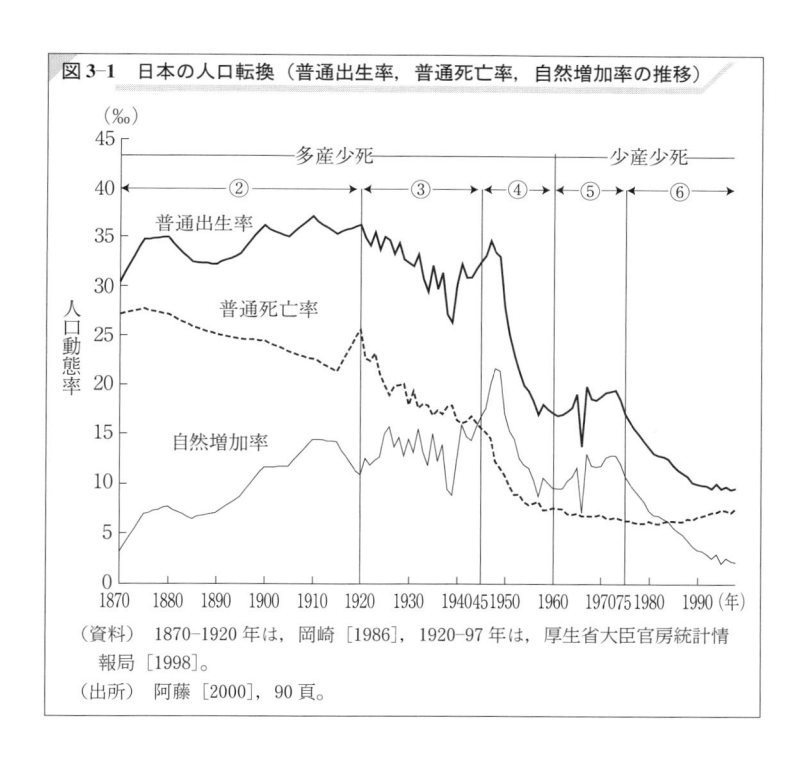

図 3-1 日本の人口転換（普通出生率，普通死亡率，自然増加率の推移）

（資料） 1870-1920 年は，岡崎 [1986]，1920-97 年は，厚生省大臣官房統計情報局 [1998]。
（出所） 阿藤 [2000]，90 頁。

2 日本の人口高齢化の状況

日本の人口高齢化の過程

次に，日本の**人口高齢化**の過程がどのようなものであったのかを見ていこう。日本全体の高齢化について考える場合は，登録外国人比率は 1% ほどでその影響はほとんど無視できるので出生率と死亡率の変化に着目していく。

日本の人口転換は①多産多死の時代（1870 年まで），②多産少死

第 3 章 少子高齢社会 55

図 3-2 高齢化の推移と将来推計

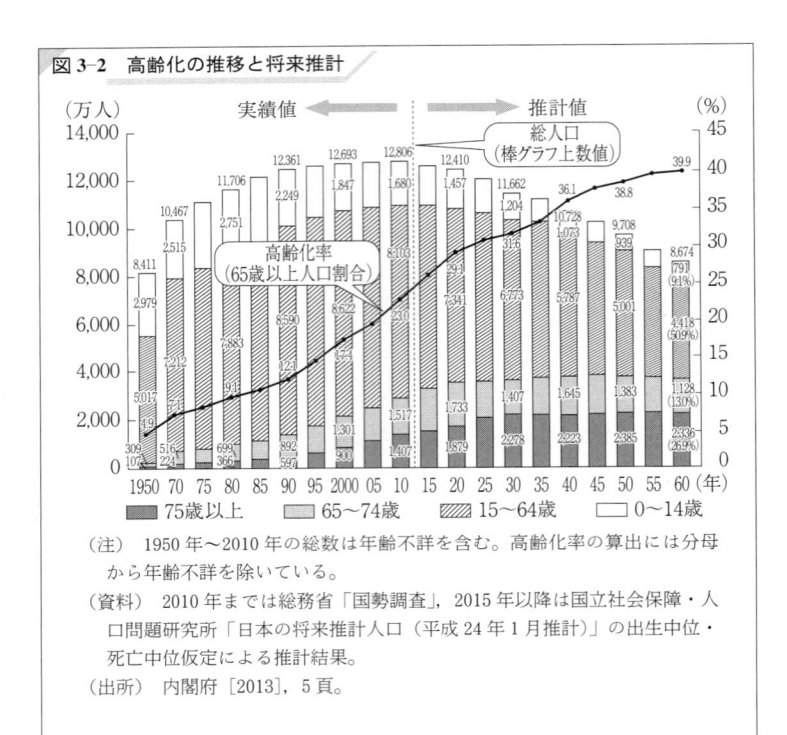

実績値 ← → 推計値

総人口（棒グラフ上数値）
高齢化率（65歳以上人口割合）

凡例：75歳以上／65～74歳／15～64歳／0～14歳

（注）1950年～2010年の総数は年齢不詳を含む。高齢化率の算出には分母から年齢不詳を除いている。
（資料）2010年までは総務省「国勢調査」、2015年以降は国立社会保障・人口問題研究所「日本の将来推計人口（平成24年1月推計）」の出生中位・死亡中位仮定による推計結果。
（出所）内閣府［2013］、5頁。

の時代（1870-1960年）、③少産少死の時代（1960年以後）に大きく分けられる（阿藤［2000］、89頁）。図3-1は②からの出生率、死亡率の変化を示したものである。死亡率に着目すると、明治維新の頃緩やかに始まった死亡率の低下はそのまま続き（③）、とくに第二次世界大戦後に急激に低下した（④）。高度経済成長期からは低下は止まり、最近では高齢化に伴って緩やかに上昇気味でさえある（⑥）。出生率のほうは第一次世界大戦頃から低下を始め、第二次世界大戦後1947年から49年までのベビーブームによる出生率上昇のあと、急速に低下していく。第二次ベビーブームで低下が止まった

かに見えるのも数年間でその後も低下が続いている。

とくに1980年代に入って83年には**合計特殊出生率**（大体において1人の女性の平均出生児数を表現するとされ，この数値が2.08以上でないと人口規模は再生産されないという）が1.57となって「1.57ショック」といわれたが，その後もさらに合計特殊出生率は低下し，2005年には1.26を記録した。「少子化」という言葉が定着し，出生率の低下を問題視して，少子化対策などが打ち出されるようになってきている。

このような過程で，多産少死時代に生まれた人々は生存し続けて高齢者となり，最近生まれた若い人々の数は減少しているから，全人口に占める高齢者の割合は当然上昇する。その様子を図3-2に示した。1970年にやっと7％に達して高齢化社会の仲間入りをしたといわれた日本の高齢化率はその後も上昇を続け，2012年には24％，3000万人を超えた。そして2005年には人口減少が始まった。図3-2の右半分には今後の高齢化の予測が示してある。第二次世界大戦後のベビーブーム世代，いわゆる団塊の世代が65歳となって高齢者の仲間入りをした2010年頃から高齢化はさらに進み，とくに75歳以上の高齢者が増えていくことがわかる。

なお，高齢者を年齢層別にみると年齢層が高くなるほど女性の比率が高い（2010年，65-69歳では52％が女性，70歳代では55％，85歳以上では72％）ことにも注目しておきたい。人口の高齢化は**女性比**（人口全体の中でも高齢者の中でも）を高めるのである。

| 高齢化の地域差 |

以上述べたのは日本全体の高齢化の過程であったが，実は日本の中での地域差は大きい。その地域差は産業化に伴う農村から都市への地域移動によって引き起こされた面が大きい。農村には高齢者が残され，都市に勤務する小さな子どもをもつ人々は都市周辺の郊外住宅地に集中するド

ーナツ化現象が起こった。それぞれの地域の年齢構成は農村の過疎化が進んだ時期，郊外住宅地が開発された時期などによって微妙に異なっている。

　地域差を都道府県別にみると，沖縄県の高齢化率が特別に低いほか，いわゆる大都市周辺の近県，東京についていえば埼玉県，千葉県，神奈川県などの高齢化率が比較的低い（2012年で21-22%）。反対に高齢化率が高いのは島根県，秋田県などで30%以上である。

　これを市町村別にみれば差異はもっと開く。2010年に高齢化率1位の市町村は群馬県の南牧村で，ここでは65歳以上が57%である。一方，高齢化率がもっとも低い市は，東京ディズニーランドがある千葉県浦安市で11%台である。このように同じ日本の中でも地域の高齢化率には大きな開きがある。このためもあって，高齢化対策は身近な地方の実情に応じて市町村中心に行われるのが望ましいといわれる。

日本の高齢化過程の特徴とその結果

　このような日本の人口高齢化を世界各国と比較してみよう。日本の特徴として2点を指摘できる。1つは高齢化率の高さであり，イタリアなどとともに世界のトップグループの中にある。今後しばらくは日本の高齢化率が1位になり，その後は再びイタリアなどと1,2位を争うのではないかと予測されている。もう1つは高齢化の速度が速いことである。高齢化の速度は高齢化率が2倍になるのにかかる年数（**倍加年数**）で表すことができる。たとえば高齢化率7%から14%になるまでに何年かかったか（かかる予定か）を表したのが表3-1である。日本は高齢化率が7%に達した1970年から14%になった94年まで24年間であるが，フランスでは100年以上もかかっている。

　このことの結果について2つ述べる。1つは日本の高齢者は年齢

表 3-1 主要国の 65 歳以上人口割合別の到達年次とその倍加年数

国	65 歳以上人口割合（到達年次）							倍加期間（年数）	
	7%	10%	14%	15%	20%	21%	25%	30%	7% → 14%	10% → 20%
韓国	1999	2007	2017	2019	2026	2027	2033	2041	18	19
シンガポール	1999	2013	2019	2020	2026	2027	2033	2043	20	13
日本	1970	1985	1994	1996	2005	2007	2013	2024	24	20
中国	2000	2017	2025	2028	2035	2037	2049	2063	25	18
フィンランド	1958	1973	1994	2001	2015	2017	2029	—	36	42
ドイツ	1932	1952	1972	1976	2009	2013	2025	2034	40	57
オーストリア	1929	1945	1970	1976	2020	2023	2030	2051	41	75
ブルガリア	1952	1972	1993	1995	2020	2024	2040	—	41	48
ギリシャ	1951	1968	1992	1995	2018	2023	2035	2050	41	50
スペイン	1947	1973	1991	1994	2024	2026	2034	2043	44	51
イギリス	1929	1946	1975	1982	2027	2030	2060	—	46	81
ロシア	1968	1979	2017	2020	2040	2045	2055	—	49	61
デンマーク	1925	1957	1978	1985	2021	2026	2062	—	53	64
スイス	1931	1958	1986	1998	2020	2023	2031	2044	55	62
イタリア	1927	1964	1988	1991	2008	2013	2027	2037	61	44
オランダ	1940	1969	2005	2010	2021	2023	2032	—	65	52
アメリカ	1942	1972	2014	2017	2031	2048	2093	—	72	59
オーストラリア	1939	1983	2013	2016	2033	2037	2064	—	74	50
スウェーデン	1887	1948	1972	1975	2015	2021	2054	—	85	67
ノルウェー	1885	1954	1977	1982	2027	2031	2078	—	92	73
フランス	1864	1943	1990	1995	2020	2023	2053	—	126	77

（注）1950 年以前は UN, *The Aging of Population and Its Economic and Social Implications*（Population Studies, No. 26, 1956）および *Demographic Yearbook*，1950 年以降は UN, *World Population Prospects: The 2010 Revision*（中位推計）による。ただし，日本は総務省統計局『国勢調査報告』および国立社会保障・人口問題研究所『日本の将来推計人口』（平成 24 年 1 月推計）［出生中位（死亡中位）］推計値による。1950 年以前は既知年次のデータを基に補間推計したものによる。それぞれの人口割合を超えた最初の年次を示す。"—" は 2050 年までその割合に到達しないことを示す。倍加年数は，7% から 14% へ，あるいは 10% から 20% へそれぞれ要した期間。国の配列は，倍加年数 7% → 14% の短い順。

（出所）国立社会保障・人口問題研究所［2012b］。

幅が非常に広く，その結果きわめて多様な人々で構成されていることを指摘したい。多様性は加齢（aging）による差異と**コーホート**（cohort：出生などの時期を同じくする一群の人々をさす）による差異からきている。加齢による差異とは個人の年齢や心身機能の衰退の度合いが違うことを意味する。加齢による心身機能の衰退の度合いには個人差が大きいが，一般的には心身共に元気な**前期高齢者**（75歳未満，英語では young old）と弱い人も多くなる**後期高齢者**（75歳以上，英語では old old）に分け，あるいは高齢前期と高齢後期を区別することも多い。コーホートの差異については2015年時点の高齢者は1910年前後生まれのコーホートから50年生まれまでを含む。日本社会は急速に変化したためコーホート差は大きい。戦前の教育を受け，農業に従事し，義務教育終了の比較的年とった高齢者と，高学歴，ホワイトカラーであった者，都市居住の比較的若い高齢者の双方を含む。その結果として，経済的にも貧しい高齢者と比較的豊かな高齢者の格差は大きく，とくに古いコーホートの未婚や早くに夫と離死別した女性高齢者の老後は貧しい。また価値観もそれだけ多様化し，3世代家族の中で孫を生きがいとする高齢者もいれば，自立を望み，子どもに依存しない老後のために準備する者も増えている。

　急速な高齢化のもう1つの結果として，現在の高齢者は若い頃には想像もできなかった長い高齢期を生きている。このことを現在90歳の高齢者を例にとって考えると，20歳の頃には人生50年と考えて生きてきたのに，自分が50歳になった1970年代には平均寿命は男女とも70歳になっており，自分が70歳になったときには，平均寿命は女性なら80歳を超え，男性でも77歳くらいになっていた。また，出生した者が65歳まで生存する確率は男性で87％，女性で94％にまで達し，65歳時の平均余命は男性で18年以上，女性で

24年位もある。すなわち，ほとんどの人々が予想外に長い高齢期を経験するようになり，想定外の長寿への適応を自分なりの判断で成し遂げることが要請されている。

3 人口高齢化の影響と政策課題

人口の高齢化と介護サービス需要

人口高齢化は社会にどのような影響を与えるのであろうか。その影響は多岐にわたり，とても限られた紙数で十分な議論はできない。この章では，高齢者の増大が大きな負担になるかどうか，それを避けるためにどのような政策が必要かを中心に述べる。

まず，高齢者の増大は**要介護高齢者**の増大を引き起こすと予測できる。これまでの寝たきり等の発生割合を調べ，将来の予測された高齢者人口に乗じれば将来の寝たきり等の数値を予測できる。厚生労働省がこれまでの調査から推計したところでは，要介護高齢者の発生割合は65-69歳では1.5％ほどだが，70-74歳では3％，75-79歳では5.5％，80-84歳では10％と増大し，85歳以上になると20％を超えると見込まれている。また**認知症高齢者**（寝たきりを除く）も60歳代では無視できるほどだが，75歳あたりから比率が増大し，85歳を超えると3.5％ほどになるという。このように年齢が高くなるほど要介護者の発生比率が増大するのに，図3-2の右側の将来推計値からあきらかなように，今後は後期高齢者が増大していくのだから，認知症やその他の要介護高齢者は数として飛躍的に増えていくと予測できる。図3-3にはその予測を示した。介護を要する高齢者は2000年には270万人，10年には390万人，25年には530万人と増大していくと見込まれている。当然ながらこれに対応

図 3-3 要介護の高齢者数

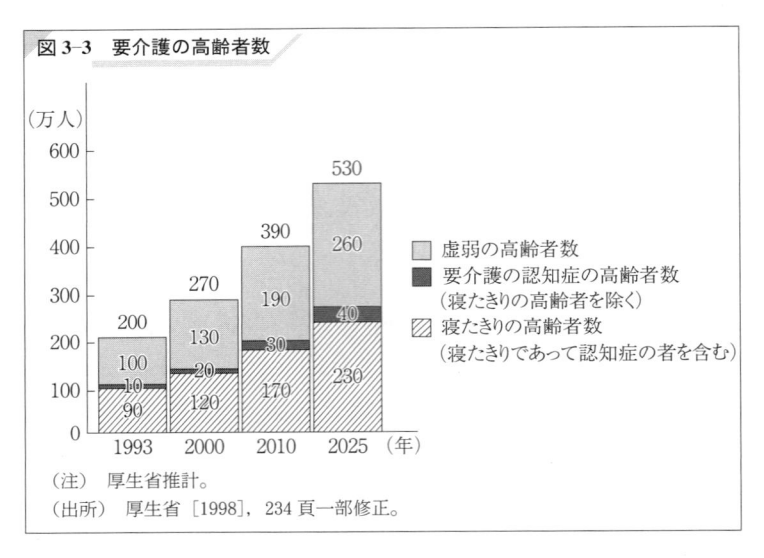

(万人)
- 1993年：200（寝たきり90、認知症10、虚弱100）
- 2000年：270（寝たきり120、認知症20、虚弱130）
- 2010年：390（寝たきり170、認知症30、虚弱190）
- 2025年：530（寝たきり230、認知症40、虚弱260）

凡例：
- 虚弱の高齢者数
- 要介護の認知症の高齢者数（寝たきりの高齢者を除く）
- 寝たきりの高齢者数（寝たきりであって認知症の者を含む）

(注) 厚生省推計。
(出所) 厚生省 [1998], 234 頁一部修正。

する介護者，施設なども増えていく必要がある。

この予測はやや古いが，その後公的には更新されていないのはこの発生比率が変更不可能なものとはいえないからだろう。発生比率そのものを低く抑える研究や政策が進みつつある。

高齢化は負担か：従属人口指数の上昇

そこで高齢化の影響をもう少し広く考えるために**従属人口指数**という概念を示したい。これはある社会の年齢別人口を**年少人口**（0-14歳），**生産年齢人口**（15-64歳），老年人口（65歳以上）に3区分し，年少人口と老年人口をともに従属人口と位置づけ，社会が養わなければならない人口だと考える。そして社会の中心的な働き手となりうる生産年齢人口と従属人口の比，従属人口指数を求めることによって，扶養しなくてはならない人1人を何人の働く人が支えているかを表現しようとする。すなわち，

  従属人口指数 ＝ 従属人口/生産年齢人口×100

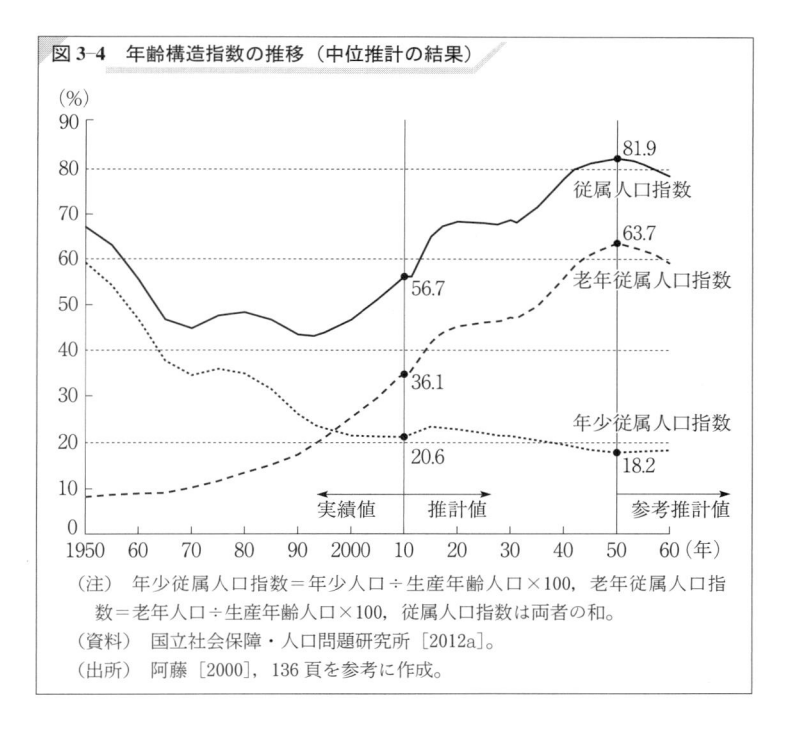

図 3-4　年齢構造指数の推移（中位推計の結果）

従属人口指数　81.9
老年従属人口指数　63.7
56.7
36.1
年少従属人口指数
20.6
18.2

実績値　推計値　参考推計値

(注)　年少従属人口指数＝年少人口÷生産年齢人口×100，老年従属人口指数＝老年人口÷生産年齢人口×100，従属人口指数は両者の和。
(資料)　国立社会保障・人口問題研究所［2012a］。
(出所)　阿藤［2000］，136頁を参考に作成。

　　＝（年少従属人口＋老年従属人口）/生産年齢人口×100
　　＝（年少人口指数＋老年人口指数）×100
　　＝（15歳未満人口＋65歳以上人口）/15-64歳人口×100

である。

　日本の従属人口指数の年次推移を図 3-4 に示した。この図から，人口高齢化によって老年従属人口が増える一方で，従属人口を支える労働力が足りなくなることが予想される。また，日本は子どもを養うことが負担であった時代から高齢者を養うことが負担である時代へと向かっていることもわかる。そして，現在の後期高齢者たちはまだ多産多死の時代の人々で比較的子どもを多数もっており，従

属人口指数がもっとも低かったのは1990年代であったこともわかるだろう。今後従属人口指数は増大の一途をたどるのであり，そのために社会システムを変更するのなら，あまり状況が深刻化しない今から行ったほうがよい，ということもわかる。

負担を抑える政策課題 　従属人口指数の概念は人口を年齢で区切っているが，今や15歳で働く子は少なく，65歳以上で働く人も少なくないなど，この年齢区分は実態とはかなりずれている。そこでこの概念の年齢区分は無視し，分母にあたる**労働力人口**が減り，分子にあたる「扶養される人口」が大きくなることが負担の増大につながる，という考え方だけを借用しつつ今後の政策課題を考察していく。そうすると，高齢社会の主要な政策課題は，大きくは次の2つとなる。第1に現在ならびに将来の労働力を増やすこと，また労働生産性を上げること。第2に扶養や介護をされる人を減らすことである。より具体的には医療費，介護費用，年金費用の増大に制度変更や税制改正を含めてどう対処するか，という問題もあるが，これらには深く立ち入らないことにする。

　第1の労働力と労働生産性の上昇については次のような政策が考えられる。①将来の労働力を確保するため，少子化対策によって今後生まれてくる人口を増やす，あるいは少なくともこれ以上減らないようにする，②これまで扶養されるほうに回っていた女性労働力を活性化する，③外国人労働者を増やす，④扶養される側であった高齢者に働く側に回ってもらう，⑤ロボットなどによる労働の代替，などが考えられる。

　第2の扶養や介護される人を減らす政策は，①高齢者の疾病や老化を予防または深刻化しないようにする，②元気な高齢者が働きやすい条件を整える，の2つの方向に大別される。①は介護予防や健康知識の普及などの政策で，介護需要の項で述べたように発

生比率そのものを抑える政策である。②は定年延長や勤務延長の推奨，**ワークシェアリング**などによる柔軟な勤務の実現，高齢者の心身機能に合わせた労働環境の整備，新しい技術のための職業訓練などが考えられる。これらのほかに，必ずしも労働力としてでなくてもボランティアなどで社会に貢献する働き方をしてもらうことも考えられる。このことについては**プロダクティブ・エイジング**，**アクティブ・エイジング**などの標語とともに，NPOなどによって積極的に進められているが，それを支援する政策も重要である。

| 高齢社会の多様な影響 |

人口の高齢化の影響，さらに人口減少の影響は負担の問題だけではなく，多岐にわたる。思いつくままにあげても（直井［2004］，44-52頁），①**シルバーマーケット**が形成され，高齢者に適した商品が多くなる。前期高齢者向けには旅行など余暇活用，後期高齢者向けには医療，福祉サービスの需要が増え，商品自体も高齢者向けの工夫がされるだろう。②高齢者の政治力，**シルバーパワー**が増大する。票田としての高齢者は無視できず，高齢者の利益に反する政策は行いにくくなるかもしれない。また，より積極的に高齢者を中心とした社会運動が盛んになる可能性もある。これらは高齢者の数と力を感じさせる影響である。ただし，すでに述べたように現在の高齢者はきわめて多様であって，1つの利益集団としてまとまりうるのかは何ともいえない。

高齢者の比率が上昇することは，他の年齢層のあり方にも影響を与える。たとえば，③若者の価値は貴重な労働力として上昇するかもしれないが，少数派として低くみられる分野もあるだろう。一般に変化が急速な社会では若者が発言権をもつといわれ，日本では新しい価値観や技術の導入が急速で若者は高く評価されてきた面もある（直井［1999］，27頁）が，これからの社会でもそれが続くのか，もう少し停滞した印象の社会になって，案外高齢者の経験に基づい

た発言力が高まるのかは予断を許さない。このようなことから，④一定の資源を配分することをめぐっては**世代間闘争**が起こる可能性もある。ただし，⑤文化的には多数を占める高齢者の価値観が社会全体に広まるという作用のほうが大きいのではないだろうか。たとえば若・中年層も含めて社会全体で健康，余暇などへの関心が高まるとか，学習，ボランティアなどに熱心になる，なども考えられる。そのような雰囲気の中で産業社会の基本的価値である競争，効率，発展などを疑問視する価値観も社会に広がっていく可能性もある。

参考文献

阿藤誠［2000］,『現代人口学——少子高齢社会の基礎知識』日本評論社
阿藤誠［2002］,「グローバル・エイジング——成熟の証か衰退の始まりか」金子勇編『高齢化と少子社会』（講座・社会変動8）ミネルヴァ書房
岡崎陽一［1986］,『人口統計学（改訂版）』古今書院
厚生省［1998］,『厚生白書（平成10年版）』
厚生省大臣官房統計情報局［1998］,『平成9年人口動態統計』（上・中・下）
国立社会保障・人口問題研究所［1997］,「日本の将来推計人口（平成9年1月推計）」
国立社会保障・人口問題研究所［2012a］,『日本の将来推計人口（平成24年1月推計）』
国立社会保障・人口問題研究所［2012b］,『人口統計資料集』
内閣府［2013］,『高齢社会白書（平成25年版）』。
直井道子［1999］,「歴史の中の老い」直井道子・山田知子編『高齢者福祉——豊かな高齢期を築くために』放送大学教育振興会
直井道子［2004］,「高齢社会の進展」古城利明・矢澤修次郎編『現代社会論（新版）』有斐閣
United Nations [1956], "The Aging of Populations and Its Economic and Social Implications."

Column③ 少子化はなぜ進んだか

　人口の高齢化には少子化の影響が大きいが，どのように少子化が進んだのか？ その経過をみると，多くの女性が20歳代の「適齢期」に結婚し続いて2人の子を出産するというパタンが1970年半ばに崩れ始め，結婚年齢と出産年齢の上昇が進み，出生率が急激に低下した。それでも，80年代までは晩婚化は進んでも結婚した夫婦がもうける子どもの数はあまり減らなかった。しかし，90年代からは結婚した夫婦における少子化も進んだ。

　なぜこのような変化が進行したのか。この問いに正確な答えを出すことは難しいが，結婚観・結婚行動の中で変化した部分と変化していない部分があって，その両者の矛盾のためであるという視点で説明してみたい。まず結婚を困難にしている状況として，①若者は恋愛結婚を望み見合い結婚は人気がないが，10歳代から男女交際を奨励する文化はない。②若者が正規従業者として就職しにくくなったが，「男が養うもの」という風潮は残っているため，結婚が難しい。③少子化が進んで若いほうが人口数は減っているのに，「妻は夫より年下」の風潮は残り，男性が余る。④女性も高学歴化したのに，「夫は妻より学歴，収入とも上」の風潮があるため高学歴女性，低学歴男性が結婚難になる，などと説明できる。結婚後については，①若い妻も就業している場合が多いのに，男性の家事・育児時間は極端に少なく，これでは結婚しても子どもを産む気になれない。②妻の収入は若い夫婦にとって重要で退職は困難なのに，「3歳までは母親の手で」育児すべきだという3歳児神話が根強く，共働きで子どもが産みにくい，などと説明できる。さらに，これらの根本には，現代は子どもが家を継承し親の老後を養う時代ではなく，「子どもをもつこと」に誰もがメリットを感じるわけではないこと，むしろこれらが自分の自由な人生に「制約」をもち込むという意識が強くなってきたという変化があるのではないだろうか。

第**2**部

高齢者の自立を支える

第2部では，高齢者が経済的，精神的に自立して生きていけるよう支援する政策を扱っている。高齢期は，職業生活から引退する時期である。働けなくなっても安定した収入が得られるよう，日本では20歳から年金保険料を払ってそれに備えることになっている。それで不十分なときは生活保護で補うこともあり，これらの所得保障について第4章で学ぶ。しかし，単に生活の経済的基盤を保障するだけでは不十分で，高齢者が生きがいをもって生活していくことが大切である。第5章では，生きがいを支える社会参加活動やそれに関する政策について考えよう。さらに，高齢者が安心して居宅生活を継続していくためには，地域福祉が推進されていくことが必要である。第6章では，高齢者が地域で生きていくことを認め合う，福祉コミュニティの形成について考える。

第4章　所得保障

　私たちは通常は仕事をして所得を稼ぎ，それで生活を維持するとともに，働けなくなった場合にも安定した収入が得られるよう，また病気や要介護状態になっても困らないよう，社会保険の保険料を支払い，税金を払い，また貯蓄をして備えている。これに対して高齢期は，そうした職業生活から引退する時期で，減少していく勤労収入を年金などの社会保障給付に置き換えていく時期である。就労から退職への切り替え時には，雇用保険の給付を受けることもあるし，パートタイム収入を年金で補うこともある。完全に引退すれば年金が主な生活維持手段になる。年金が十分でなければ生活保護で補うこともある。ここでは，これら高齢期に関係する所得保障について学ぶ。

1 就労から引退へ

> 高齢期と就労

人口のうち働いている人と失業中の人を合わせた比率のことを労働力率というが、労働力率は男女とも60歳で大幅に低下する。2012年では50歳代後半は男子92.2%、女子64.6%であるが、60歳代前半は男子75.6%、女子45.8%、65歳以上は男子28.7%、女子13.4%となる。それでも先進諸国と比べて、日本人の高齢者の労働力率は高水準である。高齢期になっても働く理由で多いのは経済的理由であるが、年齢がさらに上がると、健康上の理由や生きがい・社会参加のためが増える傾向が認められる。さまざまな理由で働ける間は働きたいと思っている人が多いことがわかる（総務省統計局編［2013］、Ⅰ-A第2表）。寿命が延びたわけであるから、より長く働けるように条件を整えることは、年金の財政を安定化するうえでも望ましい。

> 雇用保険の給付

働きたいと思っている人は多いが、高齢期に入ると仕事を得るのは難しくなる。企業が求める求人年齢が高齢者には低すぎることが多いからである。このように、働きたいと思っていても働けない場合に生活に困らないように設けられているのが**雇用保険**（一般には**失業保険**ともいう）である。失業者の生活の安定をはかりその求職活動を援助する目的で支払われる雇用保険の求職者給付は、失業する以前2年間に12カ月以上被保険者であったこと（雇用保険が適用されている事業所に雇用されて保険料を払っていたこと）を条件に支給される。被保険者期間の長さで**求職者給付**の支給期間が決められている。たとえば20年以上会社に勤め（被保険者期間が20年以上）、定年で退職したり自己

表 4-1　基本手当の所定給付日数と被保険者期間

被保険者であった期間	10 年未満	10 年以上 20 年未満	20 年以上
一般の離職者の所定給付日数	90 日	120 日	150 日

（注）　一般の離職者とは，定年退職者や自己の意思で離職した者である。ほかに，①障害者など就職が困難な者，②倒産や解雇等で離職を余儀なくされた者には，年齢別により長期の所定給付日数が定められている。

の意思で離職した場合，基本手当は 150 日まで支払われる。基本手当の額は過去のボーナスを除く賃金の 80-45％（60-65 歳の場合）で，賃金が低い人ほど給付率が高くなるように定められている。また所得の低い人でも最低限の給付が受給できるよう，1 日 1846 円（2013 年）の最低額が定められている。ただし，年金の支給開始年齢である 65 歳以上の高齢者（高年齢継続被保険者）の場合には，被保険者期間に応じて基本手当の 30 日分か 50 日分の一時金が支給される。

雇用保険では，60 歳以降で賃金が下がっても仕事が続けやすいように**高年齢雇用継続給付**も設けられている。これは，60 歳時点と比べて賃金が 75％ 未満になった 65 歳未満の被保険者に対して 60 歳以後の賃金の 15％ 相当額を支払う給付である。ただし，賃金が 60 歳時点と比べて 61-75％ の場合は 15％ 未満に引き下げられる（厚生労働統計協会編［2013］，168-69 頁）。

<u>高齢期の就労と年金</u>　高齢期の就労で特徴的なことは，パート・アルバイトが多いことである。役員を除いた雇用者（会社などに雇われて働く人のことで被用者ともいう）のうち，パート・アルバイト，派遣・契約社員等の割合は，55-64 歳男性で 31.4％，女性で 65.4％，65 歳以上では男性 66.9％，女性 71.4％ となっている（総務省統計局［2013］，Ⅱ-A 第 2 表）。非正規雇用の場合，当然賃金は低くなるが，賃金が低くなっても時間的ゆとりのある過

ごし方を望む高齢者が多いことがこの数字に反映している。

　パート・アルバイトといっても，会社が厚生年金の適用事業所で，その勤務時間・日数が一般従業員の4分の3未満でなければ，70歳までは厚生年金制度の被保険者であり，保険料を支払い続けることになる。このような場合，年金がまったく支払われないと，多くの人は就労を断念するかもしれない。そこで，厚生年金の被保険者であっても賃金が低い場合，年金を一部支給するのが在職老齢年金の制度である。ここでは厚生年金で例示するが，共済組合の年金にも同様の在職退職年金の制度がある。

60歳代前半の在職老齢年金

　日本の公的年金制度のうち，サラリーマンや公務員が加入する被用者年金制度の老齢・退職年金の支給開始年齢は長らく男性60歳，女性55歳とされていたが，これを65歳に引き上げる改正がなされ，受給開始年齢は計画的に（男性は2001年から13年にかけて，女性は5年遅れで）60歳から65歳に引き上げられている。老齢基礎年金（国民年金）の支給開始年齢はもともと65歳なので，将来は**老齢基礎年金**も**老齢厚生年金**も支給開始年齢は65歳に統一される。しかしそれまでの間は，65歳未満でも退職すれば，厚生年金が支払われる。この60歳代前半で退職した者に支払われる年金を**特別支給の老齢厚生年金**という。

　特別支給の老齢厚生年金の受給資格がある人で，低い賃金で就労している被保険者のために，低い賃金を補う意味で支払われるのが65歳未満の**在職老齢年金**である。年金の基本月額（被保険者本人の厚生年金で配偶者等に対する加給年金を除いたもの）と総報酬月額相当額（ボーナスをも加味した賃金月額）の合計が28万円以下であれば，年金は全額支給される。その合計が28万円を上回ると，上回った額の半分が年金から差し引かれる。そして，総報酬月額相当額が46

万円を超えると，総報酬月額相当額が増加した分だけ年金は差し引かれる。すなわち，総報酬が月46万円になるまでは，賃金の増加分の半分は手元に残るように年金額の調整がなされる。ただし，上に述べた雇用保険の高年齢雇用継続給付が支払われる場合は，在職老齢年金は一部支給停止される。

65歳以上の在職老齢年金

　65歳以上で退職すると，基礎年金とともに本来の厚生年金が受給できる。一方65歳以上でも厚生年金の適用事業所で働いている人は，引き続き70歳までは厚生年金の被保険者として保険料を支払うことになる。しかし65歳以上で働く人の多くはパート等で賃金は低い。そうした就労者に年金を一部支給して就労しやすいように設けられているのが65歳以上の在職老齢年金である。

　65歳未満の場合と考え方は似ているが，年金はより受けやすくなっている。まず基礎年金については65歳を超えると全額支給される。調整されるのは上乗せ部分の老齢厚生年金だけである。年金の基本月額と総報酬月額相当額の合計が46万円以下の場合には，年金は全額支給される。その合計が46万円を超える場合，これを超える額の2分の1の割で年金は支給停止される。言い換えれば，65歳未満のときより高い所得水準で，賃金の増加分の半分が手元に残るように設計されている。なお，70歳を超えると保険料を払う義務はなくなる。

2 退職と公的年金

　高齢者世帯（65歳以上の者のみで構成するか，またはこれに18歳未満の未婚の者が加わった世帯）の年間所得は2011年の平均で303.6万円

であった。全世帯の 548.2 万円と比べると半分強であるが，若い世代は世帯員数が多いので，世帯員1人あたりの額で比較すると，高齢者世帯 195.1 万円，全世帯 208.3 万円と大きな違いはなくなる。また，高齢者世帯の所得の内訳をみると，「公的年金・恩給」が 209.8 万円（69.1%），「稼働所得」が 59.2 万円（19.5%），「財産所得」17.6 万円（5.8%）などとなっており，公的年金の役割が圧倒的であることがわかる。退職すれば「稼働所得」はなくなるので，主な収入は公的年金等で，これを貯蓄の取り崩しで補って生活することになる（厚生労働省編［2013b］，14-15頁）。

　高齢者世帯の総所得に占める公的年金・恩給の割合は，1976年の 33.8% から 2011 年の 69.1% にと上昇し，反対に稼働所得はその間に 45.1% から 19.5% に低下している（厚生省［1989］）。社会保険の年金は，制度発足のあと，長い年月をかけて十分な給付水準を達成する特徴をもっているが，今世紀に入って日本の年金が低い給付水準から退職後の生活を支えるに足る十分な給付水準にと成長してきたことを示している（内閣府編［2006］，88頁）。

年金の種類　　失業時や病気のときの所得保障は，働けない日に限って生活維持費が支給されるのに対して，退職時の生活維持費は，長期にわたるので年単位で支払われる。こうした年単位の給付は年金と呼ばれ，老齢・退職で受給する老齢・退職年金以外にも，障害をもったり死亡したときに支給される障害年金や遺族年金がある。

　また年金には，**公的年金**のほかにも，会社で加入する**企業年金**，銀行などが販売する**個人年金**があるが，人々の老後生活を支える主軸は，公的年金である。公的年金とは，国民に税や保険料を課し，これを財源として給付を賄う年金制度である。税財源の年金はデモグラントとも呼ばれ，一定期間その国に居住し一定年齢に達してい

ることなどを条件に定額の年金を支給する。誰にも等しく定額を支払うので、無年金などの問題はないが、反対に十分な額とはなりにくい。したがって、定額の年金を基礎年金として位置づけてその上に所得比例の年金を付加する国が多い。こうした年金体系を2階建ての年金とか2層構造の年金という。

　社会保険の年金では、各自が所得に対して定率の保険料を払い、それを財源に年金が支給される。したがって一般には、加入期間や賃金に応じて、すなわち払った保険料に応じて年金額に違いが生まれる。多くの社会保険の年金は、公務員や民間企業の被用者が退職した場合の生活保障のために設けられたので、所得に応じて保険料を徴収し、所得に応じた年金を給付する所得比例制の年金となっている。所得比例の年金は、従前所得の一定割合を支給するので、長年培ってきた個人の生活スタイルを維持するのに好都合で、人々の信頼を得やすいが、反面、十分な所得のなかった人、就業年数の短い人に、十分な年金が支給できない問題がある。こうした問題を解決するために、基礎年金制度と組み合わせたり最低限度の所得保証制度で補ったり、保険料が払えない期間を免除するなど、さまざまな方法が取り入れられている。

　税方式の年金制度の国でも、社会保険方式の年金制度の国でも、その収入が最低限度の生活を維持するのに十分でない場合、不足する収入を補って人々が最低限度の生活を維持できるように保障するのは、最後の安全網（セイフティネット）としての**公的扶助**制度（日本では**生活保護**制度）である。

日本の年金体系

日本では、明治の初期に軍人や官吏に対して全額国が負担する**恩給制度**が設けられるようになり、その後国営企業の共済組合が労使の保険料負担で年金を支給するようになるが、民間企業に年金が普及するようになるの

は，1941年労働者年金保険法，43年厚生年金保険法などの成立で企業の労働者や職員に社会保険の年金制度が適用されるようになってからである。

このように年金制度は，公務員やサラリーマンなど被用者の制度として発足し，仕事からの引退がはっきりしない自営業者や農林漁業者に適用が拡大されるようになるのは，1959年に国民年金法が制定され，**国民年金**の保険料の拠出が開始された61年以降のことである。すなわち61年からは，被用者年金制度に加入していない20歳以上の者はすべて定額の保険料を払って国民年金に加入することが義務づけられ，皆年金体制が確立した。

被用者年金は，一家の稼ぎ手の保険料で家族の給付が確保できるように世帯単位で制度化されていたが，これは共働き世帯が増える社会では年金の払いすぎを生むし，個人単位で適用される定額の国民年金制度との間で矛盾も顕在化するようになった。農業人口が減り，国民年金の支え手が少なくなり，国民年金の給付が本格化すると，制度の維持が困難になることもわかってきた。こうして，1985年の年金改革が86年より実施され，被用者の年金は個人単位の基礎年金とこれに上乗せされる所得比例の年金とから構成される制度に改められ，全成人が国民年金（＝**基礎年金**）に加入することによりこの制度の財政を安定化させるとともに，**厚生年金**や**共済年金**は2階部分の年金として位置づけられることになった。

企業によっては，従業員に企業年金制度を設けている。企業年金には，厚生年金の一部を代行して上乗せ給付を行う**厚生年金基金**の制度，厚生年金とは別に設けられる**確定給付企業年金**（以前は税制適格年金），**確定拠出年金**などがある。また公務員等の場合には，共済年金の給付の中に**企業年金**に相当する部分が付加されている。これに対して自営業者や農林漁業者などは，公的年金としては国民年金

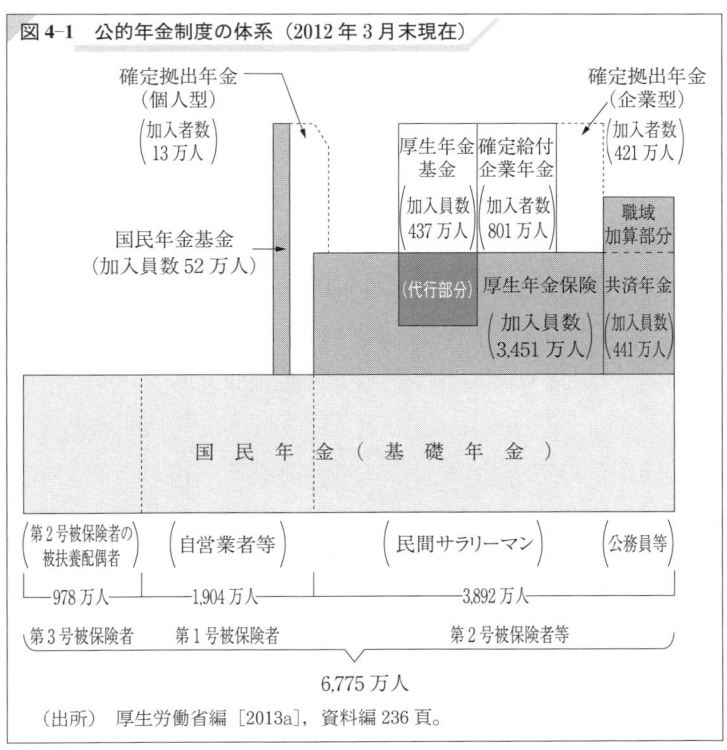

図 4-1　公的年金制度の体系（2012 年 3 月末現在）

- 確定拠出年金（個人型）加入者数 13 万人
- 国民年金基金（加入員数 52 万人）
- 厚生年金基金 加入員数 437 万人
- 確定給付企業年金 加入者数 801 万人
- 確定拠出年金（企業型）加入者数 421 万人
- 職域加算部分
- （代行部分）
- 厚生年金保険 加入員数 3,451 万人
- 共済年金 加入員数 441 万人
- 国民年金（基礎年金）
- 第 2 号被保険者の被扶養配偶者／自営業者等／民間サラリーマン／公務員等
- 978 万人／1,904 万人／3,892 万人
- 第 3 号被保険者／第 1 号被保険者／第 2 号被保険者等
- 6,775 万人

（出所）　厚生労働省編［2013a］，資料編 236 頁。

しかない。これを補う任意の年金制度として設けられているのが，**国民年金基金**の制度である。いずれも，人々が老後に備えるのを支援する意味で，税制上の優遇措置が設けられている。図 4-1 と表 4-2 は，それぞれ日本の公的年金等の体系，各制度の概要を示している。

表 4-2 公的年金制度一覧

○国民年金制度　　　　　　　　　　　　　　　　　　　　　　　（2012 年 3 月末現在）

区分	被保険者数 ①	老齢基礎年金等受給権者数 ②	年金扶養比率 ①/②	老齢基礎年金平均年金月額	積立金[時価ベース]	積立比率[時価ベース]	保険料(2012年9月現在)	老齢基礎年金支給開始年齢
第1号被保険者	万人 1,904	万人		万円	兆円 7.9	5.2	円 14,980	65歳
第2号被保険者	3,790	2,864	2.33	5.8				
第3号被保険者	978				—			
合　　計	6,775							

○被用者年金制度　　　　　　　　　　　　　　　　　　　　　　（2012 年 3 月末現在）

区分	適用者数 ①	老齢(退職)年金受給権者数 ②	年金扶養比率 ①/②	老齢(退職)年金平均年金月額	積立金[時価ベース]	積立比率[時価ベース]	保険料率(2012年9月現在)	支給開始年齢 (2012年度)
厚生年金保険	万人 3,451	万人 1,484	2.33	万円 16.1	兆円 111.5	3.9	% 16.766	報酬比例部分 一般男子 60歳 一般女子 60歳 坑内員・船員 59歳
国家公務員共済組合	106	70	1.52	21.4	7.9	5.7	16.216	
地方公務員共済組合	286	194	1.47	22.1	36.4	9.3	16.216	定額部分 一般男子 63歳 共済女子 63歳 厚年女子 61歳 坑内員・船員 59歳
私立学校教職員共済	49	12	4.09	20.9	3.4	8.6	13.292	
合　　計	3,892	1,760	2.21	16.9	159.2	4.7	—	—

（出所）厚生労働省編［2013a］，資料編 237 頁。

3 国民年金

国民年金（基礎年金）の仕組み

国民年金の**被保険者**は次の3種に分かれる。

①サラリーマン（厚生年金の被保険者）や公務員（共済組合の組合員）：**第2号被保険者**

②サラリーマンや公務員の配偶者で20歳以上60歳未満の無職の者：**第3号被保険者**

③自営業者や学生や無職の者など20歳以上60歳未満の日本在住者で，第2号被保険者でも第3号被保険者でもない者，また被用者制度の老齢・退職年金受給者でない者：**第1号被保険者**

次の者は，拠出期間を延長するためなどで第1号被保険者として任意加入できる。

①被用者制度の老齢・退職年金受給者

②60歳以上65歳未満の日本在住者

③20歳以上60歳未満の在外邦人

国民年金の財源は，被保険者が支払う保険料，国庫負担および積立金の運用収入である。保険料は月額1万4980円（2012年現在）の定額である。一定の保険料を支払うことが給付を受ける条件となっているので保険料を払い続けることが重要であるが，この点，第2号被保険者は国民年金の分も含めて事業所を通して厚生年金や共済年金に支払っているので，払い漏れは少ない。第2号被保険者の無職の配偶者（第3号被保険者）の保険料も，同様に第2号被保険者の保険料から支払われるので，払い漏れは少ない。未払いや滞納のおそれのあるのは，自分で保険料納付の手続きをしなければならない

第1号被保険者である。**保険料**を払わないと十分な給付が受けられずまた給付が受けられなくなる場合があるので，収入が少なくて保険料の支払いが困難な場合は，保険料免除の手続きをしておく必要がある。そのような場合のために**多段階免除制度**が設けられている（全額免除，3/4免除，半額免除，1/4免除）。

国庫負担は，事務費のほか，基礎年金の給付費の2分の1（2009年度より3分の1から2分の1に変更），保険料免除期間の給付費，20歳前の障害に対する障害基礎年金の費用の40％，老齢福祉年金の費用などである。

日本の公的年金制度を将来にわたって持続可能なものとするために，2004年の改正で，国民年金の保険料は，17年まで引き上げられ，それ以降は1万6900円（2004年価格）で固定されることになった。

> 国民年金の給付

（1）老齢基礎年金 保険料納付済期間と保険料免除期間との合計が25年以上の者（2015年以降は10年以上の者に変更される）に，65歳から支給される。年金額は，加入できるはずの期間を通して完全に保険料を払った場合，年78万6500円（2012年度：以下同様）ある。保険料を払わなかった期間があれば，その分減額されるが，保険料が免除された期間は，全額免除は4/8，4分の3免除は5/8，半額免除は6/8，4分の1免除は7/8だけ支給される。

国民年金額 = 満額の老齢基礎年金

$$\times \frac{\text{保険料納付月数} + \text{全額免除月数} \times \left(\frac{4}{8}, \frac{5}{8}, \frac{6}{8}, \frac{7}{8}\right)}{\text{加入可能月数}}$$

老齢基礎年金は65歳支給で設計されているが，60歳から70歳の間で支給開始年齢を選択することができる。65歳より繰り上げて早めに受給すると年金は減額され，繰り下げて受給すると増額さ

表 4-3　老齢基礎年金の繰上げ・繰下げ支給と減額率・増額率

減額率	60歳	61歳	62歳	63歳	64歳
	30%	24%	18%	12%	6%
増額率	66歳	67歳	68歳	69歳	70歳
	8.4%	16.8%	25.2%	33.6%	42%

れる。受給年齢と減額率,増額率の関係は表 4-3 のとおりである。

(2) **障害基礎年金**　初診日前に保険料納付済期間(免除期間も含む)が加入期間の 2/3 以上あって,その者の障害が別に定められている 1 級または 2 級の障害に当たる場合に支給される。2 級の障害基礎年金の額は,老齢基礎年金の額と同額(78 万 6500 円)である。より障害の程度の重い 1 級の場合の障害基礎年金の額は,2 級の場合の 1.25 倍である。

(3) **遺族基礎年金**　被保険者が死亡した場合で,その前までに保険料納付済期間(免除期間も含む)が加入期間の 2/3 以上あるか,もう老齢基礎年金の受給資格期間を満たしている場合に,死亡した被保険者が生計を維持していた 18 歳未満の子を有する妻か,18 歳未満の子どもに支給される。妻に対する支給額は,老齢基礎年金と同額である。

(4) **寡婦年金**　第 1 号被保険者だけに支払われる給付で,第 1 号被保険者としての保険料納付済期間と免除期間が合わせて 25 年以上ある夫が年金を受けないで死亡した場合,10 年以上婚姻関係が継続した妻に,60 歳から 65 歳までの間支給される。支給額は老齢基礎年金の 3/4 である。妻が老齢基礎年金を繰り上げ受給していると受給できない。また夫の死亡に対して死亡一時金が支払われる場合,死亡一時金か寡婦年金かいずれかを選択する。

(5) **死亡一時金**　保険料を 3 年以上納付した者が,年金を受け

ないで死亡した場合，納付期間に応じて12万円から32万円の死亡一時金が遺族に対して支払われる。遺族基礎年金や寡婦年金が支払われる場合は支給されない。

(6) 老齢福祉年金　国民年金が発足した当時すでに高齢でこの制度に加入できなかった人に，70歳（障害のある者は65歳）から支払われる無拠出制の年金で，支給額は40万2900円である。本人や扶養義務者に一定の収入があれば一部または全額支給停止される。

4　厚生年金と共済年金

厚生年金の仕組み　厚生年金は民間企業の被用者のための制度で，常時5人以上雇用する事業所や常時従業員を雇用する法人事業所に適用され，70歳未満の従業員が被保険者となり，事業所を通じて保険料が支払われる。

財源は，労使が負担する保険料と事務費国庫負担と積立金の運用収入である。保険料は，ボーナスを含めた報酬の16.766％（2012年9月より）でこれを労使が折半する。保険料が賦課される**標準報酬月額**は9万8000円から62万円までの30級に区分され保険料が定められ，ボーナスについては**標準賞与**150万円を上限として保険料が課される。2004年改革で将来の保険料を固定することが定められ，保険料率は年0.354％ずつ引き上げられ2017年以降18.3％で固定することになった。

この保険料で本人の国民年金と厚生年金，それに被扶養配偶者（20-59歳）がおればその国民年金の保険料が支払われ，国民年金と厚生年金の受給権が得られる。2004年時点で標準的な厚生年金加入者が被扶養配偶者とともに受け取る夫婦の年金は，現役世代の可

処分所得の 59.3% である。ただし，将来の保険料を 18.3% で固定した 2004 年改革により，将来の年金の給付水準は引き下げられることになり，標準的な夫婦が受け取る年金の所得代替率（年金額を被保険者期間に受けていた報酬で除した値）は，2023 年には 50.2% まで引き下げられることになった。年金受給時点で年金額が裁定されると，その後は毎年物価（賃金でなく）でスライドされるので，50.2% の**所得代替率**は，いっそう低下する可能性がある。

> **厚生年金の給付**

2 階部分を構成する厚生年金の主な給付は次のとおりである。

（1）**老齢厚生年金**　厚生年金保険の被保険者期間が 1 月でもある人が，老齢基礎年金を受けられるようになった場合に受給できる。老齢厚生年金の給付額は次のとおりである。ただし乗率は，総報酬制導入前の期間については 1000 分の 7.125 であり，**総報酬制**導入後（2003 年 4 月以降）の期間は 1000 分の 5.481 である。また本人の標準報酬月額を計算する場合，過去の報酬は一般の可処分所得（税保険料を差し引いた手取りの所得）の伸びで再評価される。こうして退職時に裁定された年金は，原則として毎年物価の変化に応じてスライドされる。なお 2012 年時点で 40 年加入の標準的な（平均的な賃金を得てきた）厚生年金加入者が受け取る厚生老齢年金は月約 9 万 9858 円である。単身者であれば月 6 万 5541 円の老齢基礎年金を加えて月 16 万 5399 円の年金が，また専業主婦であった妻と受け取る夫婦の年金はこれに妻の基礎年金を加えて月 23 万 940 円となる。

$$老齢厚生年金 = 本人の標準報酬月額の平均 \times 乗率\left(\frac{7.125 または 5.481}{1000}\right) \times 被保険者月数 \times スライド率$$

(2) 障害厚生年金　障害厚生年金は，国民年金の障害基礎年金が受けられる1級か2級の障害が，厚生年金の被保険者期間に初診日をもつ傷病により生じた場合，障害基礎年金とともに支給される。また，国民年金の1級，2級の障害に当たらない場合も，厚生年金の障害等級表に該当する場合は，厚生年金独自の3級障害厚生年金か障害手当金（一時金）が支払われる。年金の計算方法は老齢厚生年金と共通の部分があり，その乗率は1000分の7.125または5.481（総報酬制導入後）である。被保険者期間が25年に満たない場合は25年（300月）で計算する。さらに1級，2級，3級障害に58万9900円の，障害手当金には115万200円の最低保障がある。

1級 ＝ 標準報酬月額の平均×乗率×被保険者月数×スライド率
　　　×1.25＋配偶者加給年金額
2級 ＝ 標準報酬月額の平均×乗率×被保険者月数×スライド率
　　　＋配偶者加給年金額
3級 ＝ 標準報酬月額の平均×乗率×被保険者月数×スライド率
障害手当金（一時金）＝ 標準報酬月額の平均×乗率
　　　　　　　　　　×被保険者月数×2.0

(3) 遺族厚生年金　遺族厚生年金は，次の場合に支払われる。
①遺族基礎年金の資格期間を満たす厚生年金の被保険者が死亡した場合
②1級か2級の障害厚生年金の受給者が死亡した場合
③老齢基礎年金の資格期間を満たしている者が死亡した場合
④被保険者であったときに初診日があった傷病で5年以内に死亡した場合

遺族厚生年金が支払われる範囲は，遺族基礎年金の支給対象であ

る子のある妻と子のほかに，子のない妻，55歳以上の夫や父母，18歳未満の孫，55歳以上の祖父母である。子のある妻と子の場合は，遺族基礎年金と遺族厚生年金が合わせて支給される。また，夫，父母，祖父母については60歳から支給される。いずれの場合も，被保険者や年金受給者が，死亡時点で生計を維持していた遺族であることが条件となる。

遺族年金の計算方法は老齢厚生年金と共通する部分がある。被保険者期間が25年（300月）に満たない場合は25年で計算する。夫が死亡したときに35歳以上の子のない妻には，その妻が40歳になったときから，58万9900円の中高年寡婦加算が支払われ，65歳でこれが老齢基礎年金に切り替えられると，不足を補う経過的な寡婦加算が支払われる。

老齢厚生年金を受けていた夫が死亡した65歳以上の妻は，夫の遺族厚生年金と自分の老齢基礎年金とを受け取ることができる（夫のほうが被扶養者である場合も同様である）。ただし自分にも老齢厚生年金の受給権がある場合は，自分の老齢厚生年金を全額受給したうえで，①遺族厚生年金の額，②自分の老齢厚生年金の1/2と遺族厚生年金の2/3の合計額，のいずれか高い額との差額が遺族厚生年金として支給される。

$$遺族厚生年金 = 標準報酬月額の平均 \times 乗率 \times 被保険者月数 \times スライド率 \times 3/4$$

(4) 特別支給の老齢厚生年金　基礎年金と老齢厚生年金は原則として65歳から支給されることになったが，65歳支給が完全実施される2013年までの間，60歳以上65歳未満の退職者にも特別支給の老齢厚生年金が支払われる。年金の額の計算には，旧厚生年金

の算定方式が用いられ，定額部分と報酬比例部分と加給年金とからなる。

共済年金 共済組合は公務員など特定の職場に適用される社会保険で，歴史は古く，多くは医療保険と年金保険を合わせて運営している。共済年金も，1985年の改革で厚生年金同様，基礎年金に上乗せする2階部分の年金として再編された。年金給付としては，**退職共済年金**，**障害共済年金**，**遺族共済年金**等があり，年金額の算定の仕方は厚生年金と同様であるが，企業年金に相当する部分が付加され，厚生年金の2割増しになっている。

退職共済年金の支給額は次のとおりである。厚生年金相当分の乗率は，1000分の7.125または5.481（総報酬制導入後）である。職域年金相当分の乗率は，1000分の1.425または1.096（総報酬制導入後）である。

退職共済年金 ＝ 厚生年金相当分＋職域年金相当分
厚生年金相当分 ＝ 標準報酬月額の平均×乗率
　　　　　　　　×組合員期間月数×スライド率
職域年金相当分 ＝ 標準報酬月額の平均×乗率
　　　　　　　　×組合員期間月数×スライド率

5 生活困難に直面した場合の生活保護

生活保護（一般には公的扶助という）は，国の責任で，国民にその困窮の程度に応じて最低限度の生活を保障するとともに，生活困窮者の自立を助長するための制度である。生活困難の事情はさまざま

で，それに対応するため，生活費を扶助する**生活扶助**，義務教育のための教育扶助，家賃等を扶助する**住宅扶助**，介護保険の自己負担分を扶助する**介護扶助**，分娩に必要な費用を扶助する出産扶助，自立を促すための生業扶助，保護を受けている者が死亡した場合の**葬祭扶助**，病気や傷害で治療を要する場合の**医療扶助**の8種類の扶助が設けられている。

　生活保護は，最低生活を保障するための最後の安全網（セイフティネット）であるので，国が定める保障水準に対して個々の世帯の収入がどれだけ不足するかを定めなければならない。それには，世帯の資産や能力，扶養できる親族の有無，活用できる他の給付制度の有無などに関する個別の調査が必要となる。このような**資力調査**（ミーンズテスト）が伴うことが公的扶助の特徴である。

　必要生活費は地域や年齢で差があるので，国が定める生活扶助基準額にも地域や年齢で差が設けられている。2012年8月の例で示すと，大都市で生活する60歳代の高齢者の生活扶助の基準額は月8万140円で，60歳代の夫婦の場合は月12万440円である。必要に応じて家賃や医療費が支給される。

　被保護世帯の世帯類型別構成をみると，2011年度で，高齢者世帯42.6％，母子世帯7.6％，障害者世帯11.4％，傷病者世帯21.4％，その他世帯17.0％となっている。高齢者世帯が一番多いが，近年失業者等その他世帯の増加が顕著である。また生活保護を受けている人口の比率（**保護率**）は，全体では1.58％であるが，60歳代後半では2.73％，70歳以上では2.60％と年齢とともに高くなっている（国立社会保障・人口問題研究所［2013］）。

参考文献

一圓光彌編［2013］,『社会保障論概説（第3版）』誠信書房
厚生省編［1989］,『昭和61年国民生活基礎調査』厚生統計協会
厚生労働省編［2013a］,『平成25年版厚生労働白書』
　http://www.mhlw.go.jp/toukei_hakusho/hakusho/（2013年10月17日）
厚生労働省編［2013b］,『平成24年国民生活基礎調査』
　http://www.mhlw.go.jp/toukei/saikin/hw/k-tyosa/k-tyosa12/index.html（2013年10月17日）
厚生労働統計協会編［2013］,『保険と年金の動向2013／2014』厚生労働統計協会
国立社会保障・人口問題研究所［2013］,『生活保護関連公式データ』
　http://www.ipss.go.jp/s-info/j/seiho/seiho.asp（2013年10月17日）
総務省統計局編［2013］,『平成24年労働力調査年報』総務省ホームページ
　http://www.stat.go.jp/data/roudou/report/2012/（2013年10月17日）
内閣府編［2006］,『高齢社会白書（平成18年版）』ぎょうせい

Column④　公的年金の損得

　日本の公的年金の財政方式は，自分の年金原資を積み立てていく**積立方式**ではなく，その年の高齢者の年金をその年の若い世代の保険料で賄う**賦課方式**である。人口高齢化で年金を必要とする高齢者が多くなりそれを負担する若者が少なくなると，高齢化前のときと比べて，年金の給付水準は低くなり，保険料は高くなる。

　日本では，年金制度の歴史が比較的浅く，年金に関する世代間の負担と給付の差はいっそう顕著である。なぜなら，日本の高齢化前の世代は，高齢者が少なかっただけでなくその高齢者に年金がなく，保険料を払う必要がなかったからである。

　しかし，高齢化前の世代が親の世代の生活を支えなかったわけではない。同居家族として扶養し，仕送りもしていた。いいかえると，いつの時代も若い世代は引退した高齢世代を支えており，世代間の助け合いをしてきた。変わったのは，高齢者を支える仕組みがこの半世紀の間に，**私的扶養**から**社会的扶養**に大転換しただけのことである。

　政府は，2004年の年金改革のときに，一定の仮定を設けて平均的なサラリーマン世帯の厚生年金（基礎年金も含む）の負担と給付を計算し，世代ごとの違いを発表している。1935年生まれの世代は，保険料は670万円で年金はその8.3倍にあたる5500万円を受け取っていたが，1985年生まれの世代でも3300万円の保険料でその2.3倍の7600万円の年金が受給できるとし，公的年金はどの世代にとっても損のない制度であると強調している。しかし，公的年金だけ取って世代ごとの違いをみれば，最近生まれた世代が損であることに変わりはない。

　だからといって今後公的年金の役割を縮小していくと，私的な備えや扶養の役割が以前のように大きくなるだけのことである。公的年金は所得の低い人に有利な仕組みになっているので，公的年金による世代間の助け合いを縮小すれば，結局損をするのは所得の低い人，得をするのは金持ちとなる。

第5章　社会参加と生きがい

生き生きと暮らすために

　本章では，高齢社会が成熟化する中で関心を集めている高齢者の生きがいについて理解を深める。生きがいが生活の意味や価値といった主観的な意識や，家族や趣味が生きがいといったその対象からとらえられる場合があることを確認し，高齢者の生きがいの現状と生きがいに影響を与えている要因について検討する。
　生きがい感の強弱は，健康状態や家族形態によっても変化し，中でも他者との交流や社会参加活動と相関している。そこで，老人クラブ活動，就労を支援するシルバー人材センター，ふれあい・いきいきサロン活動といった高齢者の生きがいを支える社会参加活動の事例を紹介し，生きがいと社会参加活動との関係を理解する。

1 高齢社会の成熟化

　2025年の高齢化率は30.3％に達すると予測されている（国立社会保障・人口問題研究所［2012］）。間もなく3人に1人が高齢者になる日本社会は，高齢人口の増加といった量的側面の変化だけではなく，消費活動や就労，社会参加活動などといった社会生活のさまざまな場面で高齢者の存在感が必然的に大きくなる質的な変化の局面にある。こうした成熟した高齢社会へ移行するにあたって，高齢者が社会的な役割を維持し，生きがいをもって暮らせる社会の実現が求められている。

　しかし，高齢者の生活は多様である。ひとり暮らしの場合もあれば，子どもや孫と共に生活している3世代同居もあり世帯の状況はさまざまである。また，経済的に豊かな高齢者ばかりとは限らないし，社会参加活動に積極的な高齢者もいれば，閉じこもりがちで孤独の中で暮らしていることもある。また，都市と農村に暮らす高齢者の日常生活は大きく異なるに違いない。高齢者のこのような多様性を軽視し，高齢者を一括りにして生きがいを語ることは，あまりにも単純化した議論である。

　高齢者の多様性に配慮しつつ，社会的役割と生きがいを維持できる社会を実現するためには，まず何よりも生きがいをめぐる現状を把握し，高齢者の生活実態を踏まえた議論を行う必要がある。高齢化の進行は，高齢者自身にとっては高齢期の生活の長期化を意味しているが，その期間が身体的に健康であるだけでなく，精神的，社会的に安定し，安心して暮らせることが望ましい。この精神的，社会的な安定感を示す1つの指標として生きがいがある。

2 高齢社会と生きがい

生きがいとは何か　生きがいとは何かといった問いには答えにくい。生きがいは，幸福感，充実感，満足感，達成感などといった複数の意識から形成されており，その中のどれか1つに限定して，単純に定義することは難しい。とりわけ高齢者の生きがいは，それが長い人生経験の積み重ねから育まれ，複雑な感情が加味されて成り立っていることから，総合的に検討する必要がある。こうしたこともあって，生きがいは生活の意味や価値が感じられること，つまり「生きる喜び」という抽象的で主観的な意識として理解されてきた。

生きがいの定義が難しいために，先行研究では，生きがいを**幸福な老い**（successful aging）の状態を示す**主観的幸福感**の測定尺度であるモラール，自尊感情などを用いて分析し，生きがいのある生活とはどのような状態なのか，どのような条件に左右されるのかといった点を明らかにしてきた。

また，生きがいを生活の意味や価値が感じられること，生きる喜びとすると，人々はそれらを家族との交流や友人との付き合いに見出したり，趣味や娯楽に打ち込むことや，社会的な活動への参加（ボランティア活動など）に求めたりすることが少なくない。ここから，日常的に耳にする「家族が生きがい」「趣味が生きがい」といった，生きがいの対象を把握する作業も行われてきた。

このように生きがいは，主観的で包括的な意識として把握される場合と，生きがいをもたらす対象に注目して把握される場合があり，生きがいの状況を全体として確認したうえで，多くの高齢者が生き

がいの対象として何に期待しているかが検討されてきた。これによって，生きがいを維持，向上するための条件の解明がめざされてきたのである。

　興味深いことに，生きがいは子どもや若者ではなく，どちらかといえば高齢者をめぐって語られる場合が多かった。そこに認められる「高齢者に生きがいをもって生活してもらうことが必要だ」という考え方の背景には，高齢者が身体的にはもちろん，社会的にも弱い立場に置かれており，生きがいをもって暮らすことが難しいのではないかという不安が顔を覗かせている。もしも高齢者の生きがいを支え，回復をはかる必要があるならば，まず現状の確認が必要である。

　そこで，全国調査の結果（内閣府政策統括官共生社会政策担当［2003］［2012］）や，全国的にみても高齢化が進行している山口県での調査結果（山口県社会福祉協議会生涯現役推進センター［2004］）をもとに，高齢者の生きがいの実態を確認しておこう。

高齢者の生きがいの状況　高齢者が生きがいをもって暮らすことが難しいかといえば，少なくとも現時点ではそのことに不安を覚えなくてもよい。全国調査によれば，高齢者の約4割が生きがいを十分感じており，多少感じているものを合わせると，実に8割以上（2012年82.8％）が生きがいを感じていることがわかる。おそらく多くの高齢者は生きがいがあるかと問われれば，あると答えるが，日々の暮らしの中で生きがいをことさら意識せずに暮らしているのであろう。しかし，虫歯の痛みで歯の存在を思い出すように，生きがいを支える条件が変化すれば，生きがいが意識されるともいえよう。そうだとすれば，高齢者の生きがいについての社会の関心の高まりは，生きがいを失いつつある高齢者の増加を人々が感じているからかもしれない。しか

図 5-1　高齢者の生きがいの状況（どの程度生きがい（喜びや楽しみ）を感じているか）

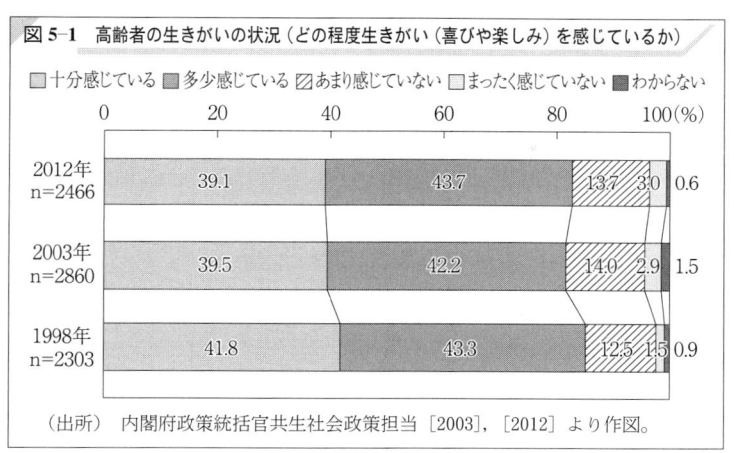

□十分感じている　■多少感じている　☒あまり感じていない　□まったく感じていない　■わからない

年	十分感じている	多少感じている	あまり感じていない	まったく感じていない	わからない
2012年 n=2466	39.1	43.7	13.7	3.0	0.6
2003年 n=2860	39.5	42.2	14.0	2.9	1.5
1998年 n=2303	41.8	43.3	12.5	1.5	0.9

（出所）　内閣府政策統括官共生社会政策担当［2003］,［2012］より作図。

図 5-2　年齢別高齢者の生きがいの状況

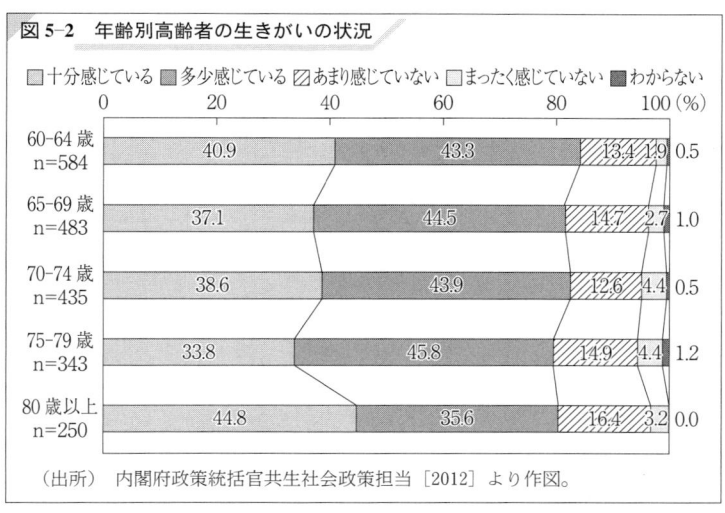

□十分感じている　■多少感じている　☒あまり感じていない　□まったく感じていない　■わからない

年齢	十分感じている	多少感じている	あまり感じていない	まったく感じていない	わからない
60-64歳 n=584	40.9	43.3	13.4	1.9	0.5
65-69歳 n=483	37.1	44.5	14.7	2.7	1.0
70-74歳 n=435	38.6	43.9	12.6	4.4	0.5
75-79歳 n=343	33.8	45.8	14.9	4.4	1.2
80歳以上 n=250	44.8	35.6	16.4	3.2	0.0

（出所）　内閣府政策統括官共生社会政策担当［2012］より作図。

し，日本社会全体では，高齢者の生きがいは一貫して高い割合を維持している。考えてみれば，多くの高齢者が生きる喜びを失っている社会は，ずいぶん不安定な姿を示すであろう。生きがいを多くの

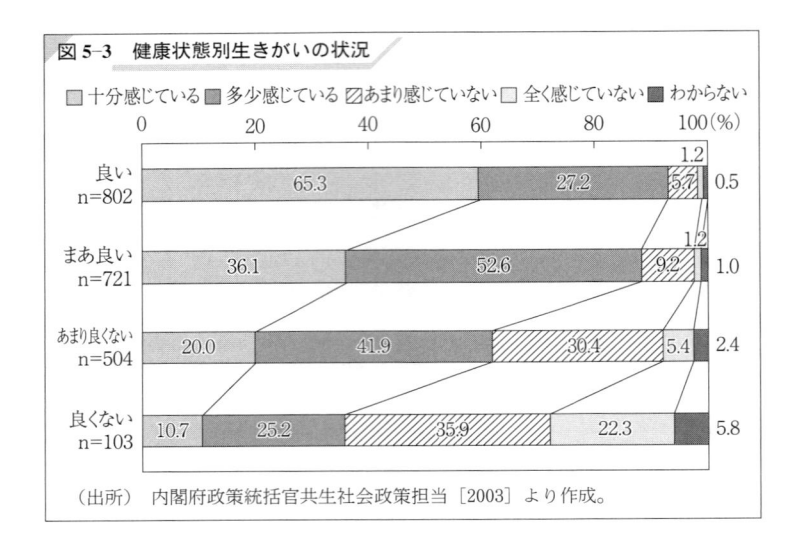

図 5–3　健康状態別生きがいの状況

□ 十分感じている　■ 多少感じている　☒ あまり感じていない　□ 全く感じていない　■ わからない

健康状態	十分感じている	多少感じている	あまり感じていない	全く感じていない	わからない
良い　n=802	65.3	27.2	5.7	1.2	0.5
まあ良い　n=721	36.1	52.6	9.2	1.2	1.0
あまり良くない　n=504	20.0	41.9	30.4	5.4	2.4
良くない　n=103	10.7	25.2	35.9	22.3	5.8

（出所）　内閣府政策統括官共生社会政策担当［2003］より作成。

高齢者がもっているからこそ，高齢社会は維持されているのだとすれば，こうした結果は意外なものではない。

しかし，ひとり暮らしや夫婦で暮らす高齢者が増加し，加齢によって体調が優れなくなると，社会とのつながりも弱くなり，孤独や閉じこもり問題などが指摘される例は少なくない。いずれにせよ，高齢者が生きがいに乏しい生活を送らざるをえない社会は問題である。

加齢に伴って高齢者の生活はさまざまな影響を被るが，生きがいを年齢階層別にみると，「感じている」（「十分感じている」と「多少感じている」との合計）の割合は，後期高齢層でわずかに低くなっているが，少なくとも 8 割程度の後期高齢者は生きがいを感じており，現時点での課題は生きがいの新たな創造や再生というよりも，高齢者の高い生きがいを維持するための条件の解明にある。それでは生きがいはどのような条件に影響されているのであろうか。

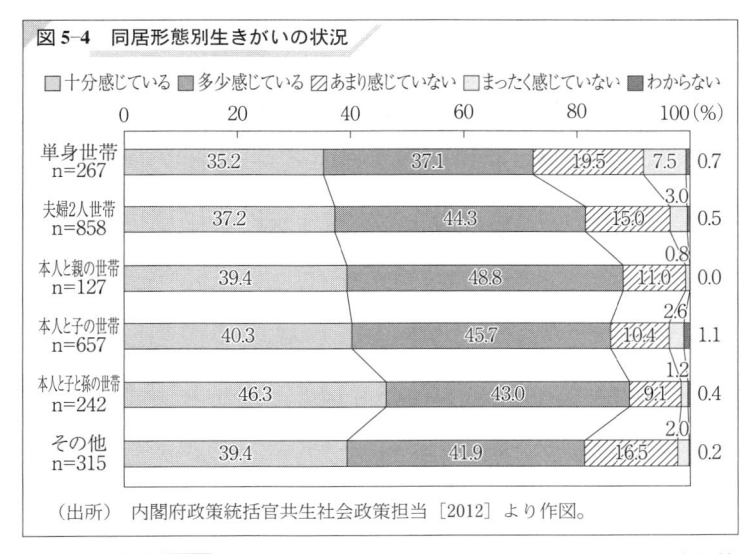

図 5-4　同居形態別生きがいの状況

□十分感じている　■多少感じている　☒あまり感じていない　□まったく感じていない　■わからない

同居形態	十分感じている	多少感じている	あまり感じていない	まったく感じていない	わからない
単身世帯 n=267	35.2	37.1	19.5	7.5	0.7
夫婦2人世帯 n=858	37.2	44.3	15.0	3.0	0.5
本人と親の世帯 n=127	39.4	48.8	11.0	0.8	0.0
本人と子の世帯 n=657	40.3	45.7	10.4	2.6	1.1
本人と子と孫の世帯 n=242	46.3	43.0	9.1	1.2	0.4
その他 n=315	39.4	41.9	16.5	2.0	0.2

（出所）　内閣府政策統括官共生社会政策担当［2012］より作図。

生きがいに影響する要因

まず，健康状態との関係をみると，健康状態が良いという自己評価をもつ高齢者のほうが，生きがいを感じる割合が高い傾向にある。もちろん，全体の7割程度の高齢者は，健康状態を「良い」（「良い」と「まあ良い」との合計）と考えているが，高齢者にとって，腰や肩が痛むことや，視力や聴力が弱ることは，程度の差こそあれ普通のことである。その中で健康状態が「あまり良くない」あるいは「良くない」ことは，実際にはかなり健康が優れないと思われるが，こうした高齢者の生きがいは弱くなっている。このように健康状態と生きがいとの間には，明らかな関連が示されている。

家族との交流は高齢者の生活にとって重要であるが，同居形態別にみると「単身世帯」で，生きがいを感じていない割合が高くなっている。もちろん，ひとり暮らしであっても，別居子との交流がかなり維持され，手段的，情緒的な**ソーシャルサポート**が交換されて

第5章　社会参加と生きがい

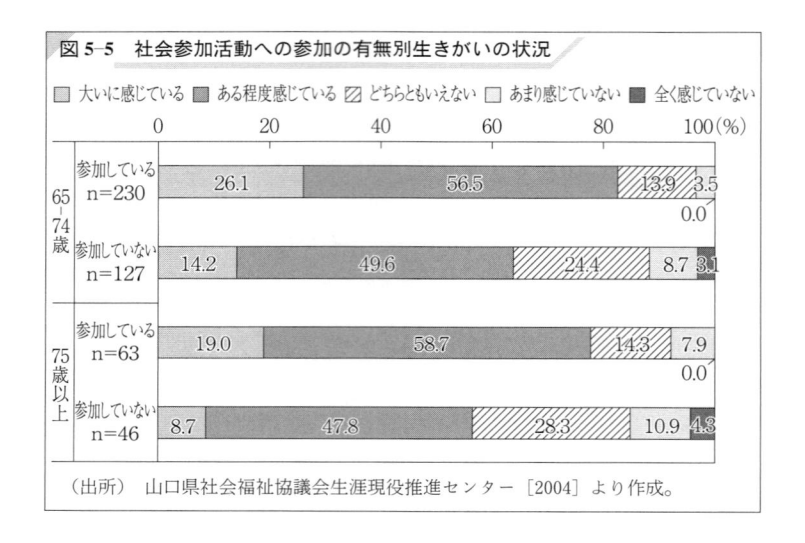

図 5-5　社会参加活動への参加の有無別生きがいの状況

凡例：□ 大いに感じている　■ ある程度感じている　▨ どちらともいえない　□ あまり感じていない　■ 全く感じていない

65〜74歳
- 参加している n=230：26.1／56.5／13.9／3.5／0.0
- 参加していない n=127：14.2／49.6／24.4／8.7／3.1

75歳以上
- 参加している n=63：19.0／58.7／14.3／7.9／0.0
- 参加していない n=46：8.7／47.8／28.3／10.9／4.3

（出所）　山口県社会福祉協議会生涯現役推進センター［2004］より作成。

おり，これがひとり暮らし高齢者の生活を支えているが（直井［2001］)，やはり日常生活での家族との交流は生きがいを支える条件となっている。

また，友人・仲間が多いほど生きがいを感じる割合が高いことも指摘されている。友人や仲間との交流は，趣味や楽しみの活動やボランティア活動といった社会参加活動への参加によっても広がるが，こうした社会参加活動へ参加している高齢者のほうが，生きがいを感じる割合が高い。

以上からわかることは，家族内をはじめ友人との付き合いといった他者との交流をもつこと，社会参加活動へ参加することが，生きがいに影響を及ぼすということである。

生きがいの対象　このように，現時点では多くの高齢者は，生きがいを感じていることがわかったが，高齢者が生きがいを感じているのは，「孫など家族との団らんの時」

図 5-6　生きがい(喜びや楽しみ)を感じる時

項目	%
孫など家族との団らんの時	45.5
趣味やスポーツに熱中している時	42.9
友人や知人と食事,雑談している時	39.3
テレビを見たり,ラジオを聞いている時	32.7
旅行に行っている時	32.1
夫婦団らんの時	29.5
仕事に打ち込んでいる時	28.7
おいしい物を食べている時	25.9
他人から感謝された時	18.8
社会奉仕や地域活動をしている時	14.3
収入があった時	10.2
勉強や教養などに身に入れている時	10
若い世代と交流している時	9.6
その他	2.4
わからない	0.3

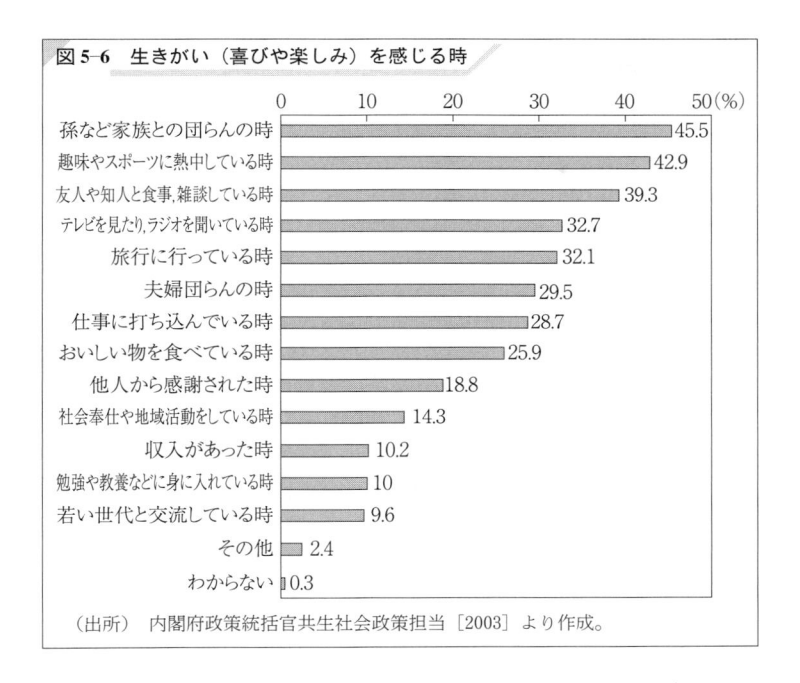

(出所)　内閣府政策統括官共生社会政策担当［2003］より作成。

であり、「趣味やスポーツに熱中している時」「友人や知人と食事,雑談している時」が続いている。趣味やスポーツも、家族や友人と行うことは稀ではないから、ごく身近な他者との交流活動が生きがいの源泉となっていることがわかる。

その一方で、「収入があった時」に生きがいを感じる高齢者はわずかであった。これまでの生きがい研究では、生きがいに、所得や学歴といった社会階層要因はあまり影響しないとされている。もちろん、経済的にゆとりのある人々のほうが生きがいを感じる傾向がないわけではないが、ゆとりの有無が生きがいに強く影響していないということも、生きがいを考えるうえで大切な視点である。また、このことは高齢者の就労を考える際にも重要な論点となるが、この

点については後述したい。

生きがいと社会との交流

高齢者の生きがいは、家族・友人との関係、社会参加活動への参加、自身の健康状態といった条件と関係している。ただし、健康状態は生きがいと関連するが、これは健康状態の悪化によって、就労、社会参加活動への参加が難しくなり、生きがいに影響を与えた結果かもしれない。いずれにせよ高齢者の生きがいを考える際には、他者との交流の継続や維持が大切である。

一方で、「他人から感謝された時」「社会奉仕や地域活動をしている時」に生きがいを感じている高齢者は少ない。他人からの感謝は、もちろん身近な家族からの感謝も含まれるであろうが、社会参加活動に参加し、自らの存在や役割が周りから認められることによって得られるものでもある。他者との交流は、生きがいに大きな影響を与えているが、その交流が家族あるいは身近な親族や友人の枠内にとどまっており、地域社会をはじめとする社会に広がっていない実態を示している。

ひとり暮らしや夫婦のみ世帯の増加によって、交流の対象としての家族は小規模化している。結果として、家族との量的な接触頻度は減少し、一方で数少ない家族との濃密な交流が求められることとなる。満たされない交流への欲求は、社会参加活動などを通じた社会との交流につながるかもしれない。高齢者の社会参加活動への参加意欲の高まりは、家族や親族との交流の欠落を埋めるものとしても理解できる。しかし、多くの高齢者にとって、社会参加活動への参加意欲はあっても実際の参加につながっていないのが現実である。

3 高齢者の社会参加と生きがい

社会参加活動と生きがい

社会との関係からみれば，高齢期は役割喪失の過程である。子どもの独立は子育てを行う親としての役割を失うことである。3世代同居などの多世代同居は減少傾向にあり，子どもの独立によって夫婦のみの生活が始まり（**空の巣期**），その後配偶者の死亡などによってひとり暮らしになれば，夫あるいは妻といった役割も失うことにつながる。また，サラリーマンであれば退職によって職場で果たしていた役割を失う。家族や職場，地域社会での役割が失われていく中で，役割喪失を補完する社会的な諸活動の必要性が高まっている。

高齢者の生きがいと社会参加活動への参加とは関連が深く，活動へ参加している高齢者の生きがいは高かった。さらに，社会参加活動への参加量と地域関係性の濃淡とは，一般的に相関する。したがって，社会参加活動によく参加する人々，近所付き合いや地域行事への参加を積極的に行う人々，そして生きがいの強い人々は重なり合っている可能性がある。このことは，身近な地域社会で高齢者の多様な社会参加活動の場があることが，結果的に高齢者の生きがいを維持し，高める可能性を示唆している。その際，都市高齢者と農村高齢者との生活構造の相違にも注意が必要である。

高齢者の就労と生きがい

日本社会では，高齢者の就労意欲が一般的に高いといわれている。高齢者の経済状況が二極化しつつある中，経済的に苦しい高齢者が収入を目的に就労している場合も少なくないが，就労のもつ

経済的意味合いが弱まり，むしろ「働くことは楽しい」と実感し，働くことそれ自体を目的とする方向への変化が起こっている。つまり，働くことが生きがいといった意識の広がりである。

社会老年学では，高齢期を**離脱理論**と**活動理論**という立場からとらえている。離脱理論とは，高齢期を関係性の減少過程と位置づけ，こうした過程は不可避とする立場である。一方の活動理論は中高年の活動を継続することが高齢者の幸福につながり，退職にあたっては，これに替わる活動を用意することが望ましいとする立場である。日本社会では就労している高齢者の幸福感が高くなる傾向にあり，活動理論が適合するとされていることから，就労を経済的側面からのみではなく，社会参加や生きがいといった側面からもとらえる必要がある。

高齢者の就労支援を目的として各地に**シルバー人材センター**が設立されている。これは，高齢者の知識，経験，能力等を生かして就労機会を提供し，高齢者の社会参加と地域貢献を目的として1970年代に設立された高齢者事業団の活動が発展したものである。おおむね60歳以上の高齢者が自主運営し，働く意欲と能力をもつ高齢者を会員として，庭木の剪定や建てつけの補修などといった軽作業を中心とした就労の機会を提供している。

生きがいの地域性

兼業化が進み農村にも都市的生活様式が広がる中で，都市と農村といった単純な対比は現実的ではなくなりつつあるが，現在でも農村高齢者は農業という生産活動を軸として社会関係，社会的な役割などを形成している。これは農業を中心とした生活が，転居などの移動が少なく定住型であること，水の管理，農道の維持などの共同作業が必要であること，近年は弱体化しつつあるが青年団や婦人会といった一種の年齢集団が機能していることなどに由来する。

また，サラリーマンと異なり農業には定年が存在しない。農業は，極論すれば身体が動かなくなるまで続けることができ，先に述べたように生きがいが就労と強く結びついていること，さらに農業を通じて社会的な役割が維持されているからこそ，ひとり暮らしや夫婦のみ世帯の急増によって家族が小規模化し，同時に地域社会も弱体化するといった厳しい生活条件にあっても，農村高齢者は生きがいを感じながら生活しえているとも考えられる。

　一方，都市高齢者は，転勤や転職に伴う流動型の生活構造を経験してきた者の割合が，農村高齢者と比較して大きい。このことは，地域社会との関係が弱いままに，高齢期の生活を送る都市高齢者が多いことを示している。そのため農村高齢者と比較して，都市高齢者は高齢期の社会関係を形成するにあたって，農業のような生活に根ざした活動に乏しく，日常生活の中に社会的役割が位置づけられにくいことから，自覚的にそうした活動や組織を形成する必要がある。

　いずれにせよ，高齢者が地域社会との関係を維持拡大するために，さまざまな側面からの支援が必要となる。行政や**社会福祉協議会**などが社会参加活動に対する支援を行う理由はここにある。

社会参加活動の実際

　人々はさまざまな社会参加活動への参加を通して，社会とつながっている。そうした活動は，地域の清掃といった地域活動，施設への訪問，点訳・手話などの福祉活動，災害地等への支援や防災活動，民生委員活動，青少年育成などの公的活動，政治に関係する活動や宗教的な活動など，実に多様であり，生涯学習や趣味娯楽，スポーツなども含めて，こうした活動に参加している高齢者の生きがいは参加していない者と比較して高い。中でも，高齢者を対象とする代表的な社会参加活動の例として，学習活動の機会を提供する「老人大学」や社会奉仕活

動等を行う**老人クラブ**がある。老人大学は高齢者の相互交流や学習活動を通した自己実現をはかるために学習活動の機会提供を行うものであるが，公民館などを会場として教養講座や，手芸や文芸活動などの文化活動などが多様に展開されている。

老人クラブ活動

また，老人クラブは，およそ60歳以上の高齢者をメンバーとする自主組織であり，環境美化，地域文化の伝承，世代間交流，ひとり暮らし高齢者の安否確認といった社会奉仕活動と，趣味や娯楽，スポーツといった健康づくり活動などを幅広く展開している。町内会，自治会程度を範囲とする単位老人クラブと，それらの連合体である市区町村老人クラブ連合会によって構成され，さらに都道府県単位の連合会，全国老人クラブ連合会が組織され全国的な活動が展開されている。

しかし，全国的に加入者数は減少傾向にあり，高齢者の多数が参加している状況にはない。加入者減少は，活動内容の問題というよりも，活動の内容があらかじめ決められ，活動の内容を検討する過程に参加しにくいために活動組織への一体感をもてないこと，いいかえれば「自分たちの活動」という意識が弱いためかもしれない。

その意味で，全国的に拡大しつつある**ふれあい・いきいきサロン**は，高齢者の地域社会における活動のあり方の例として注目される活動である。

ふれあい・いきいきサロン活動

ふれあい・いきいきサロンは，1994年に全国社会福祉協議会が「少人数の参加者が，歩いて行ける場所で，住民と参加者とが共同企画して運営していく楽しい仲間づくりの活動」として普及に取り組み，全国的に広がっている。主として高齢者の孤立予防，孤独感の軽減等を目的として，地域社会での高齢者の交流の場を通じて営まれている活動である。地域住民による自発的な活動であるが，

民生委員，福祉員等の活動の一環として行われている場合も少なくない。社会福祉協議会によって，立ち上げ時，運営維持に際しての支援が行われている場合もあり，現在では，高齢者にとどまらず，心身障害者，乳幼児をもつ母親（子育てサロン）などへと対象が広がりつつある。全国社会福祉協議会によれば，2009年時点で全国5万カ所以上（全国の市町村社会福祉協議会の8割程度）で取り組まれている。

月に1，2回，近所の集会所などに20人前後の高齢者と担い手数人が集まって，数百円の参加費で簡単な手芸や工芸，おしゃべり，会食，健康体操などを行っている。何かをしなければならないというわけではなく，それぞれのサロンごとに自由に時間を過ごしている。

参加者と活動を支える住民が「サービスの受け手と担い手」という役割に縛られず，「誰でも，気軽に，楽しく，無理のない範囲」で実施できることに大きな特徴がある。また，介護予防などの福祉活動の拠点としても期待され，さらに高齢者だけではなく地域住民のさまざまなニーズに対応できる小規模で多機能なサービス提供への展開も模索されている。

ふれあい・いきいきサロン活動は，高齢者が身近な地域社会で社会的な役割を果たす場となっており，高齢者の生きがいになっている。

4　高齢者の生きがいをめぐる課題

ここまでの議論を整理しておこう。高齢者の生きがいは一般的に弱いと考えられているが，実際は必ずしもそうではなく，むしろ大

半の高齢者は生きがいを感じていた。しかし，加齢に伴って生きがいはわずかではあるが減退傾向を示し，後期高齢者の増加は生きがいの弱い高齢者の増加を予想させる。また，生活における社会性要因の1つとしての社会参加活動への参加と生きがいとは相互に関連し，活動の性格や活動への関わりの程度によって変化するが，いずれにせよ他者との交流や社会参加活動に参加している高齢者のほうが生きがいは強かった。生きがいは社会性の量と質の豊かさによって規定されているのである。

このように社会参加活動が高齢者の生きがいに大きく影響しているとすれば，高齢者自身の社会参加に対する意欲の向上をはかることと並んで，社会参加の場を地域社会の中に多く設けることが必要となる。また，社会参加活動への参加意欲を実際の活動につなぐために，社会的な環境整備も必要となる。公共交通機関の廃止などによる移動手段の不足，トイレの使い勝手が悪いといった施設面での課題（バリアフリー化）などが解決されなければ，社会参加活動に意欲があっても，実際に活動できない場合が生じ，生きがいが阻害される可能性があるからである。つまり，生きがいを高齢者自身の心構えだけに期待するのではなく，社会的に支援するための体制整備が必要なのである。

さらに，高齢期の生きがいはそれまでの職歴や移動歴，社会参加活動への参加状況などと無縁ではなく，一朝一夕につくられるものではない。高齢期の生きがいを考えるにあたっては，高齢期の前段階である向老期からの心構えやある程度の準備も必要である。したがって，高齢者だけではなく，多世代交流を視野に入れた対応も求められている。

参考文献

国立社会保障・人口問題研究所［2012］,『日本の将来推計人口（平成24年1月推計）』

高野和良［2003］,「高齢社会における社会組織と生きがいの地域性」長寿社会開発センター『生きがい研究』第9号

高橋勇悦・和田修一編［2001］,『生きがいの社会学――高齢社会における幸福とは何か』弘文堂

内閣府政策統括官共生社会政策担当［2003］,『高齢者の地域社会への参加に関する意識調査』

内閣府政策統括官共生社会政策担当［2012］,『高齢者の経済生活に関する意識調査結果』

直井道子［2001］,『幸福に老いるために――家族と福祉のサポート』勁草書房

山口県社会福祉協議会生涯現役推進センター［2004］,『平成15年生涯現役社会づくり県民意識調査報告書』

Column⑤ 高齢社会で求められる生涯現役社会づくり

　高齢者が年齢にとらわれることなく，生涯を通じて生きがいを感じながら自立した生活を送り，豊富な知識や経験を活かして仕事やボランティア活動，生涯学習活動，スポーツなど，さまざまな分野で活躍できる社会の構築，つまり生涯現役社会づくりが求められている。

　しかし，社会的な弱者としての高齢者のイメージは，依然として根深く残っている。これは高齢者に対する差別意識，エイジズムの反映であるかもしれない。実際には，高齢者の多くが自立した生活を送っているにもかかわらず，こうしたステレオタイプのために高齢者の社会貢献への意欲，能力を取り入れるための方法や枠組みについては十分に検討されてこなかった。

　従来，生涯現役といえば就労の継続を中心とした労働の問題として語られる場合が多かったが，就労だけに留まらず社会貢献活動への参加が活発に行われることも，また強く求められている。少子高齢化が進む中で存在感を増しつつある高齢者が，地域社会の抱える介護，育児，青少年育成，防犯・防災といったさまざまな問題に積極的に関わることも期待されている。

　少子高齢化が急速に進行する山口県では，実際に社会参加活動に参加している人々，研究者，行政や社会福祉協議会，企業等の支援関係者の協働によって，中高年者の生きがいや健康づくり，社会貢献活動，就労などの促進について，地域に根ざした調査研究や支援活動を行い，その成果や方法を広く情報発信する「生涯現役社会づくり学会」が2004年に設立されている。学会とは一般的に，さまざまなことを研究し，発表するといった活動を目的としているが，生涯現役社会づくり学会は，単に調査研究を行うだけではなく，調査研究の結果を実際の行動へと結びつけるための活動プログラムを作成するなど，学術調査研究と実践活動の接続を強く意識した活動を行っている点でユニークな取組みである（http://www.sgsd-gakkai.jp）。

第6章 福祉コミュニティの形成

　高齢者が安心して居宅生活を継続していくためには，地域福祉が推進されていくことが必要である。福祉サービスが整い専門職による支援がなされるだけではなく，地域住民による支えあい活動や見守りがあること。そして何よりもどんな高齢者でも地域で生きていくということを認め合うことができなければ，高齢者にとっては生きづらいことになる。そのためには，福祉コミュニティを形成していくことが必要であるといわれる。では福祉コミュニティとは何かから考えなくてはならない。

　本章では福祉コミュニティについて概念を整理したうえで，それが今日的な地域福祉の推進とどのような関連があるのかを知る。そのうえで，福祉コミュニティをつくる人材について現状と課題をまとめ，さらに福祉コミュニティを形成していくために地域に働きかける内容について最新の動向をまとめていく。高齢者を支えるソーシャルワーカーとして，高齢者が暮らす地域に目を向け，その地域をどのように暮らしやすくしていけるのか，すなわち福祉コミュニティを形成していくかということを考えていく。

1 福祉コミュニティ

福祉コミュニティとは何か

日本でコミュニティが注目されてきたのは1960年代の後半からである。この背景には高度経済成長によって都市部に人口が集中する一方，農村では若者が流出することにより過疎化が進行するといった変化があった。それにより核家族が増えたり，急激な都市化に伴うさまざまな生活問題が現れてきた。従来の地縁型組織が変貌していく中で，新たな施策としてコミュニティ機能が模索されてきたのである。

同じ時期に，社会福祉の世界では**コミュニティ・ケア**という考え方が議論されてきた。従来の福祉施設に収容して処遇するだけではなく，居宅で生活を維持していくための援助の方法が模索され始めていた。とはいえ，まだ当時は在宅福祉の制度もサービスも十分にあるわけではなく，むしろ海外からの考え方として紹介されることが多かった。

日本で最初に「福祉コミュニティ」という考え方を打ち出したのは岡村重夫である。彼は，社会学者である奥田道大のコミュニティ・モデル（奥田［1971］，135-77頁）を地域福祉の理論に援用して検討した。奥田のいう普遍的な価値意識と主体的な行動態度によって成り立つコミュニティを一般コミュニティとし，その下位コミュニティとして「福祉コミュニティ」があるとした（岡村［1974］，48頁）。

その後，さまざまな研究者が福祉コミュニティについて論じてきた。こうした先行研究を踏まえながら，中野いく子が今日的な福祉

コミュニティを以下のように再定義している。「福祉コミュニティとは，ある特定の地理的範囲内に居住する要援護者とその家族援護者を中核として，彼らが居宅で通常の生活を営めるように援助するインフォーマル及びフォーマルなサービス提供者と，さらに，その地理的範囲内の住民が要援護状態に陥らないように自発的に相互援助を行う住民とフォーマルな予防サービスの提供者が，援助と予防という共通関心に基づいて，相互に結び合わされた社会関係のネットワークの総体である」（中野［2007］，144頁）。

この定義は，福祉コミュニティを「福祉」や「コミュニティ」のもつ本来的意義からとらえ直すとともに，その機能と関係性に着目しているところに特徴がある。中野がいう福祉コミュニティの目的とは特定地域において，要援護者とその家族援護者が居宅で通常の生活を続けることができるように，また当該地域の住民が要援護状態に陥るのを防止することができるように，インフォーマル及びフォーマルなサービス提供者と住民が連携して，最適かつ総合的な援助・サービスを提供することである。

また福祉コミュニティが有する機能を次の5つにまとめている。

① 要援護者が可能な限り居宅でコミュニティの一員として通常の生活を送ることができるように援助する機能。

② 要援護者を抱える家族がコミュニティの一員として社会生活を送れるように援助する機能。

③ コミュニティの成員どうしが，相互に受容し合い，必要があれば助け合う機能。

④ コミュニティ内の未充足ニーズを発見し，サービスを改善・開発して充足にあたるとともに，コミュニティ内の資源で充足できない場合には，地方公共団体や国にサービスや制度の改善・創設を要求する機能。

⑤援助と予防という共通関心を共有し,感情的統合を強化・拡大する機能。

中野はインフォーマルなサービス提供者を,家族や親族,友人,近隣の人々,個人的なボランティアとしている。またフォーマルなサービス提供者を,公的ないし法定的,民間非営利,民間営利の組織に属する職員やボランティアなどのサービス提供者としている。この2つの境をどこで区切るかについても諸説があるが,組織に属さない個人的なボランティアまでをインフォーマルとしている。

地域福祉の推進と福祉コミュニティ

1970年以降,福祉コミュニティの考え方が活発に議論されるようになり,81年の国際障害者年を契機にノーマライゼーション思想も広く普及される中で,居宅で通常の生活が続けられるということが1つの権利であるという意識も高まってきた。在宅福祉への制度転換をはかることから90年の社会福祉関係8法改正では,在宅福祉サービスが法定化された。国が示したゴールドプランによって,当時「在宅福祉の3本柱」といわれたホームヘルプ,ショートステイ,デイサービス等の在宅福祉サービスの基盤整備が一気に進んだ。その後,バブル経済崩壊後の長期に及ぶ景気低迷のもと,規制緩和や地方分権など日本社会全体の構造改革が拍車をかけていく。社会福祉の分野も少子高齢化が進展する中で年金制度,医療制度とともに社会保障改革は避けては通れない重要課題となり,90年後半から社会福祉基礎構造改革が進められた。その結果,2000年には社会福祉法が制定され,地域福祉が法律の中に明文化された。

社会福祉法1条では,地域の社会福祉を地域福祉とする,と規定された。ここでいう地域とは法律的には地方公共団体をさすが,その自治体における社会福祉をもって地域福祉とされている。つまり児童・家庭福祉,障害者福祉,高齢者福祉,そのほかに地域福祉が

あるのではなく、1つの地域における社会福祉を総称して地域福祉というのが今日的な考え方である。

さらに社会福祉法4条には地域福祉が次のように規定されている。「地域住民、社会福祉を目的とする事業を経営する者及び社会福祉に関する活動を行う者は、相互に協力し、福祉サービスを必要とする地域住民が地域社会を構成する一員として日常生活を営み、社会、経済、文化その他あらゆる分野の活動に参加する機会が与えられるように、地域福祉の推進に努めなければならない。」

ここで重要なことは、地域福祉の推進には、地域住民とサービスを提供する専門職、そしてボランティアや市民活動をする社会福祉に関する活動者との3者関係が必要であるということ。とりわけ活動者とは、先ほどの福祉コミュニティで登場したインフォーマル・サービスを担う人たちの層である。こうした3者関係で地域福祉が推進されること。さらには、地域住民という概念の中には福祉サービスを必要とする人たちが含まれるということも大切な視点である。福祉サービスの利用者と利用しない人たちを区別するのではなく、同じ地域社会を構成する一員としてとらえるという考え方は、ソーシャルインクルージョン（社会的包摂）の理念に基づいている。またあらゆる分野の活動に参加するという「完全参加」という考え方は、国際障害者年のときのテーマ「完全参加と平等」によるものであり、これはノーマライゼーション（共生社会）の原則を具現化した表現である。

これからの日本の社会福祉は地域を基盤として推進していくことを、制度的にも明確に定めているのだが、その基本は福祉コミュニティをどう形成していくかということに通底するのである。つまり福祉コミュニティを形成していくということは、地域福祉を推進していく際に欠くことができない重要な取組みなのである。

福祉コミュニティと地域の範囲

福祉コミュニティを検討する際に、コミュニティの機能や関係性に加えて、その範囲という検討が重要である。介護保険法では市町村に**日常生活圏域**という考え方を取り入れた（117条2項）。その住民が日常生活を営んでいる地域として、地理的条件、人口、交通事情その他の社会的条件、介護給付等対象サービスを提供するための施設の整備の状況、その他の条件を総合的に勘案して定める区域である。具体的には地域密着型サービスは、この圏域によって整備目標の設定が検討されている。つまり介護サービスの効果的な提供圏域というものである。

また地域福祉計画の策定にあたっては、1つの自治体を地域住民の生活に密着し、住民参加の体制を整えていく際に、一定の福祉サービスや公共施設が整備されている区域を**福祉区**として位置づけていくことを提案している。

両者とも住民にとっての身近なところでサービスを利用しやすくするためには、大きな規模で行うよりも、小さな範囲でそのことができるように望んでいる。数値的にはおおむね2万人程度で、中学校区か小学校区を想定している。ところがこの基準は市町村合併が進み、一方で少子化に伴い学校の統廃合が進む今日、地域事情によって内実が大きく違う。それゆえにどの程度を範囲とするかは地域ごとに慎重に検討する必要がある。それらのことを踏まえたうえで、「日常生活圏域」にはサービス提供の視点が強く、「福祉区」は住民参加による活動の単位としての要素も含まれているという違いはある。こうした考え方を踏まえて、2008年3月に厚生労働省は「これからの地域福祉のあり方に関する研究会」による報告書の中で、重層的な圏域設定のイメージを示している（図6-1）。

福祉コミュニティを考えていく場合は、単に地理的範囲だけで

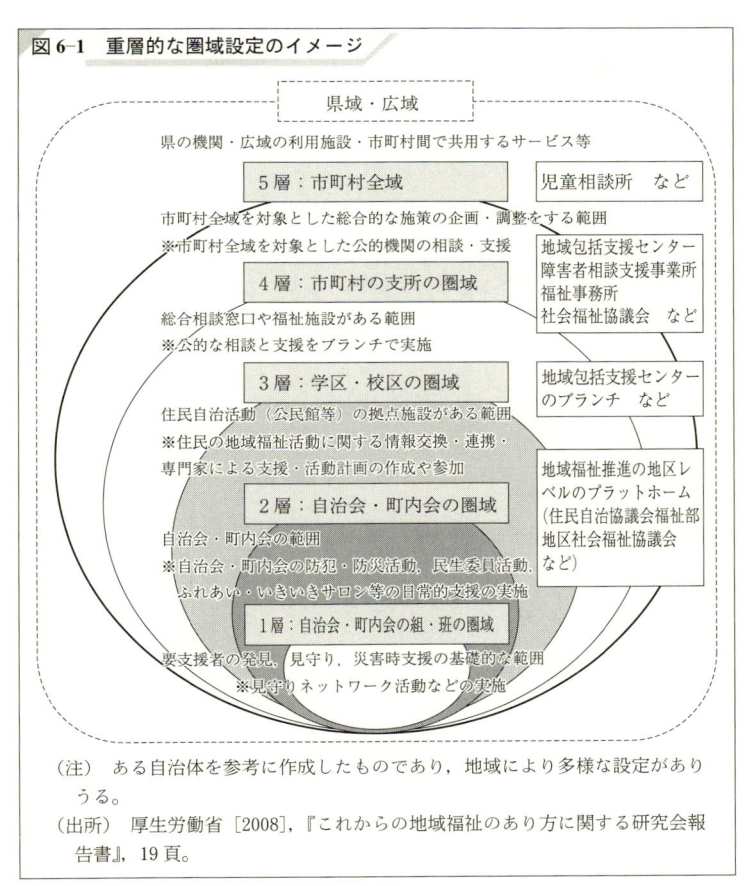

図 6-1　重層的な圏域設定のイメージ

```
県域・広域
県の機関・広域の利用施設・市町村間で共有するサービス等

5層：市町村全域　　　　　　児童相談所　など
市町村全域を対象とした総合的な施策の企画・調整をする範囲
※市町村全域を対象とした公的機関の相談・支援
　　　　　　　　　　　　　　　　　　　　　　地域包括支援センター
　　　　　　　　　　　　　　　　　　　　　　障害者相談支援事業所
4層：市町村の支所の圏域　　福祉事務所
総合相談窓口や福祉施設がある範囲　　　　　　社会福祉協議会　など
※公的な相談と支援をブランチで実施

3層：学区・校区の圏域　　　地域包括支援センター
住民自治活動（公民館等）の拠点施設がある範囲　のブランチ　など
※住民の地域福祉活動に関する情報交換・連携・
専門家による支援・活動計画の作成や参加　　　地域福祉推進の地区レ
　　　　　　　　　　　　　　　　　　　　　　ベルのプラットホーム
2層：自治会・町内会の圏域　（住民自治協議会福祉部
自治会・町内会の範囲　　　　　　　　　　　　地区社会福祉協議会
※自治会・町内会の防犯・防災活動，民生委員活動，　など）
ふれあい・いきいきサロン等の日常的支援の実施

1層：自治会・町内会の組・班の圏域
要支援者の発見，見守り，災害時支援の基礎的な範囲
※見守りネットワーク活動などの実施
```

（注）ある自治体を参考に作成したものであり、地域により多様な設定がありうる。
（出所）厚生労働省［2008］，『これからの地域福祉のあり方に関する研究会報告書』，19頁。

はなく，こうしたいくつかの要件も勘案しながら，どの規模で考えていくかを検討することが必要である。

2 福祉コミュニティをつくる人々

　福祉コミュニティをつくる人々は，先述したように地域住民と，社会福祉の活動者，そして専門職の3者としたときに，それらが相互に協力していかなければならない。とくに社会福祉の活動者として重要なボランティア，民生委員・児童委員，そして社会福祉分野の専門職の動向について整理しておく。

> ボランティア元年の意味すること

　日本では1995年を**ボランティア元年**と呼んでいる。それは1月17日未明に起こった阪神淡路大震災による救援活動が，ボランティアによってさかんに行われたことによる。ただしボランティア活動をした人の数が多かったから，というだけの理由ではない。

　それまで日本におけるボランティアの位置づけは，行政の補完的な役割を果たす程度のものであった。しかし阪神淡路大震災のような大規模災害のときには行政機能が一時的に果たせなかったり，何よりも行政は住民に対して公平で平等に基づく組織原理による救援活動が求められる。ところがボランティア活動は，できる人ができることから始めていく。きわめて柔軟に即応した活動が可能である。こうした活動の違いを認め合い，相互に協働していくことの重要性が認められたといってよい。つまり行政とボランティア活動は上下の関係ではなく，対等な関係であることが認識されたのである。こうした変化をもってボランティア活動の新しい夜明けとして，ボランティア元年と称されたのである。

　ところが，このように注目され期待されたボランティア活動であるが，それまではどの団体も任意の組織でしかなく，活動を保障し

ていくためにはさまざまな課題があることが明らかになった。そこで議員立法により、こうした非営利の市民活動を支援していくことを目的に1998年に**特定非営利活動促進法**、いわゆるNPO法が制定されたのである。これにより、多くの活動が特定非営利法人としての手続きを行い、認証されることで各地にNPO法人による活動が広がってきたのである。

　介護保険法では指定事業者の要件としてNPO法人も加えたため、それまでボランティア活動や、会員制による住民参加型活動をしてきたような団体が特定非営利活動法人格を取得して、介護保険事業に参入してきた。ただしすべてのNPO法人が市民活動を土台にしているのではない。中には他業種の企業などが特定非営利活動法人格を取得して、介護保険事業に参入しているようなところもある。

　行政と市民活動の関係性については一定の整理がなされ、各自治体も市民との協働が重要な政策課題になりつつある。しかし社会福祉施設とボランティアの関係については、今日改めて問い直さなければならない。施設はボランティアを対等に協働すべき相手として認識しているかは疑問である。介護保険制度の導入以来、施設経営はとても厳しい状況にある。人件費などを抑制するために慢性的な人材不足に陥っているような施設もある。しかしその補完や代替としてボランティアを活用してはならない。本来、職員がやらなければならない業務や、施設として整えなければならないことを、財源や人材不足だからといって安易にボランティアに頼るような施設経営は、決してよいものではない。施設に来るボランティア1人ひとりを大切にし、それぞれの活動ニーズに応じて丁寧なコーディネートをしたり、ボランティアの成長を見守り、またボランティアの気づきや意見を真摯に受け止められるような施設でなければ、施設とボランティアの対等な関係に基づく協働にはならない。

福祉コミュニティは内発的に形成される側面がとても重要である。ボランティア活動やNPO法人が活性化される支援が必要である。

民生委員・児童委員の役割

高齢者が住み慣れた居宅で生活していくときに、身近な相談相手として頼りになるのが民生委員である。民生委員法によって、民生委員とは、「社会奉仕の精神をもって、常に住民の立場に立って相談に応じ、及び必要な援助を行い、もって社会福祉の増進に努めるもの」（1条）と定められている。民生委員は、都道府県知事の推薦によって、厚生労働大臣がこれを委嘱することになっている。具体的には市町村に設置された民生委員推薦会によって推薦されている。個人の意志で活動できるボランティアとは異なる。とはいえ給与は支給されず、任期は3年である。地域福祉の推進にとって重要な役割を果たしている。法律ではその職務を5つ定めている（14条）。

①住民の生活状態を必要に応じ適切に把握しておくこと。

②援助を必要とする者がその有する能力に応じ自立した日常生活を営むことができるように生活に関する相談に応じ、助言その他の援助を行うこと。

③援助を必要とする者が福祉サービスを適切に利用するために必要な情報の提供その他の援助を行うこと。

④社会福祉を目的とする事業を経営する者または社会福祉に関する活動を行う者と密接に連携し、その事業または活動を支援すること。

⑤社会福祉法に定める福祉に関する事務所（以下「福祉事務所」という）その他の関係行政機関の業務に協力すること。

民生委員は、「住民の立場に立った相談・支援者」であり、現在、約23万人がそれぞれの地域において高齢者の相談や見守り、児童

虐待の防止・早期発見のほか，在宅福祉サービスの提供等も行っている。民生委員は，地域に暮らす人たちの良き相談相手であるばかりでなく，高齢者の孤独死や虐待，配偶者等からの暴力（ドメスティック・バイオレンス）といった新しい社会的課題に対して，地域住民や社会福祉協議会等と連携をはかりながらその解決に向けた取組みの中心的な役割を果たしている。

なお，それぞれの地域で活動する民生委員は，民生委員法に基づいて委嘱されていると同時に児童福祉法における「児童委員」をその民生委員が担うこととされているため，「民生委員・児童委員」という呼び方が一般的である。また，1994年には，児童福祉を専門に活動する「主任児童委員」制度が創設されている。

専門職（社会福祉士，介護福祉士）の資格の見直し

高齢者の生活を支える専門職は，医療，保健，福祉の分野だけでも多様な職種があり，それぞれに専門性がある。中でも社会福祉の分野では社会福祉士，介護福祉士が主な国家資格である。1987年に「社会福祉士及び介護福祉士法」が制定されて以来，社会福祉士は約17万人（2013年12月末），介護福祉士は約118万人（2013年12月末）が登録されている。

この資格制度ができて四半世紀が経過したところで，当時の介護や社会福祉のサービスの状況とは大きく変化してきているところがある。とりわけニーズの多様化，高度化に対応し，それに伴う人材確保や資質を向上させていくために，2007年には法律の改正が行われた。法律改正のポイントは以下の4点である。

① 介護福祉士の「介護」を「入浴，排せつ，食事その他の介護」から「心身の状況に応じた介護」に改めるなど，定義規定を見直したこと。
② 個人の尊厳の保持，認知症等の心身の状況に応じた介護，福

祉サービス提供者，医師等の保健医療サービス提供者等との連携について新たに規定するなど，義務規定を見直したこと。
③資質の向上をはかるため，すべての者は一定の教育プロセスを経た後に国家試験を受験するという形で，介護福祉士の資格取得方法を一元化する。福祉現場における高い実践力を有する社会福祉士を養成するための資格取得方法の見直しを行うこと。
④社会福祉士の任用・活用の促進をはかること。

こうした国家資格による専門職化が進むことは，その質を高めていくうえで重要なことであるが，養成教育のプログラム内容の検討，あるいは雇用・労働条件の改善をはかるなど，制度だけではなく，養成教育，雇用環境など総合的な改善をしていくことが，業界全体にとって必要であり，それによって優秀な人材が高齢者を支えていくことができる。

3 福祉コミュニティをつくる働きかけ

　福祉コミュニティの形成を考えていくとき，先にあげたボランティアや民生委員・児童委員，専門職だけではなく，広く地域住民がそうした福祉意識をもつことが重要である。しかしながら，実際には高齢者虐待が増えたり，高齢者に対する差別や偏見がある。今後，核家族化がますます進行し，高齢者と過ごしたという原体験がない子どもたちが多くなっていくことで，どんな高齢者観が一般的になっていくのか。老人福祉法2条には，この法律の基本的理念として「老人は，多年にわたり社会の進展に寄与してきた者として，かつ，豊富な知識と経験を有する者として敬愛される」とあるが，こうした敬老思想は自然に育まれるものではない。老人だからといって，

すべての高齢者が社会の進展に寄与してきたわけではない。あるいはすべての高齢者が豊富な知識と経験を有しているのでもない。高齢者だからといって敬愛されるに値する人ばかりなのか。そんなニヒリズム的な意見が社会の大半を占めるようになっていけば，高齢者福祉そのものを支える社会保障の根幹にも影響を与えていく。

　この「老い」ということをどのように伝え，教育していくかは福祉コミュニティを形成していくうえで，大きな課題といえよう。また福祉コミュニティを形成していくためには，地域に対してさまざまな働きかけをしていかなくてはならない。

高齢を理解する福祉教育

児童のときから「老い」に対して肯定的なイメージを形成していくことが重要であるが，具体的には今日，**福祉教育**という授業で取り上げられることが多い。小，中学校や高等学校では「総合的な学習の時間」や道徳があり，その中で高齢者との交流や高齢者施設の訪問などが行われている。また授業以外にも生徒会活動やクラブ活動として高齢者を対象としたボランティア活動をしている学校も多くなっている。

　そうした高齢者福祉をテーマにした福祉教育のプログラムで多いのは，疑似体験，施設訪問である。しかし気をつけないといけないのは今日の福祉教育実践には課題もあるということである。たとえば高齢者疑似体験というプログラムがある。さまざまな補装具をつけて身体に負荷をかけることで高齢者の生活を知るというものである。しかし，そこで体験できるのは高齢期になってADL（日常生活動作）が低下していくことで，いかに生活が不便になるかという体験にすぎない。高齢者の「大変さ」は強調されるが，それが高齢者の尊厳にはつながらないまま授業は終了してしまう。

　ADLが低下したり，認知症が進行しても目の前にいる方が80年,

90年と歳月を重ねてきたことに思いをはせるとき，人間が生きる営みを通して尊厳という気持ちが宿るのではないだろうか。

　また，高齢者施設に行って，一方的に歌を歌ったり，プレゼントをあげるだけの「慰問」としてのプログラムが多い。「慰問」とは，言葉の通りかわいそうなお年寄りのいる施設で，彼らを慰めて励ましてあげましょうという，古い時代の貧困的な福祉観であり，それでは共生という価値観は育まれない。ところがいまだに福祉の関係者の中には「慰問」ということに対して疑問をもたない感覚の鈍い職員も残っている。

　施設に行って一方的にお年寄りにしてあげるのではなく，お年寄りと子どもたちが一緒になって楽しんだり，学び合ったりする場や空間をつくりだす，それが今日的な福祉教育の課題である。とくにお年寄りから教わるという発想が大切である。たとえ寝たきりの高齢者であっても，その方の生き方から学ぶという視点をもつことで福祉教育のプログラムは豊かになる。

　こうした高齢者と子どもたちの交流のことを**世代間交流**（inter-generational exchange）として研究やプログラム開発も進められている。人が老いるということの多様性や個別性。あるいは死に向けての教育（いのちの教育）といった視点からも，世代間交流を通して子どもたちに高齢理解を促していくことは，教育関係者のみならず，ソーシャルワーカーとしての役割でもあろう。

高齢者の社会参加や地域での支え合い

　地域には高齢者の社会参加や自己実現の支援として，施策としてもすでにさまざまな事業がある。社会福祉関連だけではなく，生涯学習施策やまちづくり施策の中にも高齢者に関する事業は増えている。たとえば高齢者大学など高齢者を対象とした学習の機会は各地で取り組まれているが，最近の傾向としては学んだことを地域

に還元していく学習（地域還元型学習）や，学習の企画そのものを参加者が主催者と協働してつくりあげていく学習（参加協働型学習）など以前のように主催者がお膳立てした学習講座に参加するだけではなくなってきている。また高齢者クラブは，全国的に組織率が低下しておりそのあり方が検討されているが，従来のような会員の親睦中心の活動よりも，地域貢献やまちづくりを指向した活動も増えてきている。

とくに，団塊の世代が定年を迎え，地域の中で活動を始めている。高齢者観も今まで以上に多様化するであろうし，活動も活性化していくことが期待されている。高齢者が中心となったコミュニティビジネスも増えてくると予測されている。

一方で，ひとり暮らし高齢者や要介護高齢者も増えていく中で，地域での支え合いが必要になってくる。居宅生活を持続していくためには近隣の見守りによる早期発見や，気兼ねのない相互扶助が大切である。地域の高齢者が集う「いきいきサロン活動」などは，ひきこもりを防止したり，健康状態をチェックしたりするだけではなく，高齢者自身が顔見知りとのおしゃべりを楽しみ，ストレスを発散し，口コミを通して情報を収集したりといろいろな期待がされている。最近では，高齢者と子育てサロンを合同開催するような工夫をしたり，活動に子どもたちが参加する機会を取り入れているところもある。いずれにせよ，こうした住民主体による活動や空間が地域の中で，さまざまに展開されることによって福祉コミュニティが形成されていく。ソーシャルワーカーはそうした活動を側面的に支援していくことも役割として期待される。

参考文献

岡村重夫［1974］,『地域福祉論』光生館

奥田道大［1971］,「コミュニティ形成の論理と住民意識」磯村英一・鵜飼信成・川野重任編『都市形成の論理と住民』東京大学出版会
中野いく子［2007］,「福祉コミュニティの考え方と形成」福祉士養成講座編集委員会編『地域福祉論（新版第4版）』中央法規出版
村上尚三郎・原田正樹・阪野貢編［1998］,『福祉教育論——「共に生きる力」を育む教育実践の創造』北大路書房

Column⑥ 福祉コミュニティをつくる

　今日，多くの高齢者は悪質商法の被害に遭っている。高齢者の生活資金をねらったり，健康不安や孤独感につけこんだり，あるいは判断力などが低下しているところをねらう悪質な商法が跡を絶たない。必要に応じて，消費者契約法や後見制度を活用して，被害を食い止める方法もあるが，被害件数の増加に追いついていないのが現状である。

　伊賀市社会福祉協議会（以下，社協）では悪質商法を撃退するための取組みを地域ぐるみで展開している。関心のある市民に対して，6日間の養成講座で悪徳商法の手口や契約に関する法律，クーリングオフの方法など専門知識を身につけてバスターズに登録してもらう。すでに主婦から会社員，20代から70代までの約200名が参加している。中には実際に悪徳商法の被害に遭った人もいる。メンバーは普段から近所を回って注意を促したり，被害を掘り起こしてクーリングオフや相談窓口を紹介する。基本的にメンバーが自主的に行うが，新たな悪徳業者の出現などでは社協とも連携することが多い。

　この取組みは，消費者センターではなくて，地元の社協が企画・実施しているところが重要である。社協としては，高齢者を悪徳被害から守るという目的と，そのことをテーマにして福祉コミュニティをつくるという大きなねらいをもっている。実際に悪徳商法をする業者は，欺しやすい高齢者が多い地域を集中的にねらうという。そうした地域に共通するのは，ひとり暮らしや高齢者だけの世帯が多く，高齢者がひきこもりがちで近隣とのつながりがないところである。逆に人間関係が豊かで，社会参加が活発なところは，情報が口コミですぐに広がり，普段からご近所でお互いが気に懸けていることから，被害に遭うことも少ない。つまり悪徳商法を撃退するには，地域ぐるみで取り組むことが大事であり，そのことは悪徳商法だけのことではなく，結果として福祉コミュニティを形成していくことにつながるのである。このことに気がついた伊賀市社協の取組みはとても先駆的である。

Column⑦　地域包括ケア

2011（平成23）年の介護保険法等の一部改正（2012年4月施行）においては，法改正の趣旨として「地域包括ケアシステム」の実現が掲げられた。「地域包括ケアシステム」とは，住み慣れた地域で安心して暮らし続けることができるようにするため，日常生活の場（日常生活圏域）で，医療，介護，予防，住まい，生活支援サービスが包括的，継続的に提供される体制のことであるという。団塊世代が75歳以上となる2025年が実現の目途とされる。

前回の2005年改正でも，地域密着型サービスや地域包括支援センターが創設され，地域包括ケアの考え方が示されていた。今回，前面に打ち出された背景には，団塊世代が高齢者の仲間入りをしたことに加えて，高齢者の単独世帯，夫婦のみの世帯の増加，また認知症高齢者の増加が予想以上に進行していることがあったといえる。

2010年1月31日放送のNHKスペシャル「無縁社会——無縁死3万2千人の衝撃」は，ひとりで亡くなって，亡骸の引き取り手がいない「無縁死」が年間3万人以上あり，社会・人間関係を失い，孤立化する「無縁社会」が忍び寄ってきていることを広く知らしめた。一方，認知症患者の増加は，高齢化が進む国々の共通課題となっており，イギリスのキャメロン首相の呼びかけで，2013年12月に「主要国（G8）認知症サミット」が開催された。各国が研究費を増額して，治療法の研究を進めることが合意されている。

「地域包括ケアシステム」は，ひとり暮らしでも，認知症や重介護になっても，できるだけ地域に住み続けられるようにすることをめざしている。そのためには，従来からの予防や介護サービスの強化に加えて，バリアフリーの住まいの整備，在宅医療や訪問看護・リハビリテーションの充実が必要となる。生活支援サービスでは，見守りや買い物の支援，配食サービス，財産管理など日常生活を支える多様なサービスが不可欠となるが，その一部は地域住民の参加・協力が期待されている。

重要なことは，これらが包括的，継続的に提供されるようにすることである。言い換えると，個々人のニーズに応じて，サービスが適切に組み合わされ，切れ目なく提供されるようにすることである。地域住民を巻き込んだ地域包括支援ネットワークづくりが求められている。

市区町村は，「地域包括ケアシステム」を地域の実情を踏まえつつ，日常生活圏域（30分でかけつけられる圏域，中学校区を想定）に構築していくことになった。さまざまな先駆的な事例が紹介されているので，参照してほしい（例，高橋紘士編『地域包括ケアシステム』オーム社，2013年）。

第3部

高齢者を支援する

第3部では，老化や疾病により心身機能が低下したあとに生じる支援を取り上げる。高齢期には，老化や疾病の進行段階に応じて特有の生活問題が生じて，生活の自立がしだいに困難になっていく。その過程は虚弱期，要介護期，ターミナル期に分けられる。虚弱期には，軽度の心身機能障害や疾病により身の回りのことや家事など日常生活の一部に支障をきたすようになる。要介護期には，中度・重度の心身機能障害や疾病により自力で日常生活を営むのが困難になり，介護，看護のほか，日常生活全般にわたる支援を必要とする。ターミナル期は，死に直面して，生活のみならず生命も維持するのが困難になる時期であり，全面的な依存状態となる。そこで，高齢者が自立した生活をできるだけ続けられるように，それらの生活問題の解決・緩和を図るための支援を行うことが課題になる。第7,8章ではこれらの段階に応じたニードをどう把握するのかを学ぶ。第9章ではケアサービスの一般的な仕組みを学び，第10章ではニードとケアサービスを結びつける相談援助について学ぶ。第11章ではこれらの段階に応じたケアの理念と方法を学ぶ。

第7章 ソーシャルサービス・ニードと現行サービス

　この章では、高齢者支援の前提となる「ニード」について考察する。「ニード」(need) は、英語で「欠けているので必要としている」という意味の日常語として使われている言葉であるが、社会福祉の政策や実践の出発点となる概念を表す専門用語としても使用されるようになったものである。「必要」「欲求」「要求」「困窮」などと訳されることもあるが、一般的にはニードないしニーズ (needs, 複数形) という英語がそのまま用いられている。

　ニードの概念は、誰が判断するかによって異なる。①本人、②サービス政策策定主体、③サービス提供主体（実践主体）による定義を考察し、政策策定主体や実践主体により社会的支援が必要と判断されたものが「ソーシャルサービス・ニード」であること、そして、虚弱期以降に生じる「ソーシャルサービス・ニード」の種類とそれに対応する現行サービスについて理解する。

1 高齢期の生活問題とニード

> ニードとは

社会福祉の専門用語としての**ニード**は，多様に定義されてきた複雑な概念である。しかも，時間の経過とともに変化する動的な概念でもある（イギリス保健省［1997］，12頁）。しかし，もっとも重要な定義づけは，ニードを誰が判断するかによるものであるとみることができる。

ここでは，誰が判断するかに基づいて「ニード」の概念を整理しておく。

判断する主体は，大きくは4つをあげることができる。1つは，ニードを有する本人，2つには，サービスの政策策定主体，3つには，サービスの提供主体（実践主体），そして4つにニードの研究主体である。

まず，本人の立場からは，「本人が生活の自立に必要と知覚あるいは表明したもの」がニードであると定義することができる。ブラッドショウ（Bradshaw［1972］, pp. 69-82）によるニーズの4つの分類のうち，「知覚されたニード（felt need）」と「表明されたニード（expressed need）」の2つにあたるものである。基本的には，本人が定義したニードこそがニードであるといえる。しかし，それは個々人によって異なる個別的なものであるだけに，そのすべてが社会的支援の対象となるニードと社会的に認められているわけではない。逆に，本人が知覚あるいは表明していなくても，社会的には見逃せないニード（「潜在的ニード」）がある場合も少なくない。

2つめの政策策定主体の立場からは，よく知られているのが三浦文夫の定義である。

「社会的ニードとは，ある種の状態が，一定の目標なり，基準からみて乖離の状態にあり，その回復，改善などを行う必要があると社会的に認められたもの」（三浦［1995］，60頁）である。

前者の乖離の状態は「依存的状態」とされ，広義のニードととらえられているが，社会的支援の対象となる「社会的ニード」と同じものではない。後者のニードの充足が必要であると社会的に認められることによって，「社会的ニード」（「要援護性」あるいは狭義のニード）に転化することになる。そして，その社会的な判断・認識を行う主体は，「つきつめれば政策策定組織・機関」であるという。

政策の立場からは，政策策定主体によって，社会的支援が必要であると認定されたものがニードである。社会的支援が必要なニードであるという意味から，**社会的ニード（ソーシャルニード）**と称される。

なお，この三浦の定義では，充足すべき水準は，社会が設定した一定の目標，あるいは基準とされている。したがって，この目標や基準の中には，すでに当該社会の価値判断が入り込んでおり，さらに回復・改善が望ましいという暗黙裡の価値判断も含まれている。「社会的ニード」は，その社会の価値観に左右されるものである。社会や時代が変われば，変化するものである。

3つめのサービス提供主体（実践主体）の立場からの定義としては，イギリス保健省の『ケアマネジメントとアセスメント――実務者ガイド』（1991年）の定義があげられる。

ニードとは，「特定のケア機関や公的機関によって，個人が一般的に妥当と考えられる社会的自立や生活の質を達成，維持，回復するのに必要な諸要求（requirements）を充足していない状態，と認定されたもの」であるという（メレディス［1997］，77頁）。

ニードを判断する主体は，サービスを提供する機関であると明示

されている。実践の立場からも，サービス提供主体によって，社会的支援が必要であると認定されたものがニードととらえられている。

実践の視点からは個人のニードに焦点があてられるので，充足すべき目標・基準は，個人の「一般的に妥当と考えられる社会的自立や生活の質」とされ，三浦の「一定の目標なり，基準」よりは若干具体的である。近年，社会福祉援助の目標が，生活の自立や「生活の質（QOL）」の確保と考えられるようになってきたことを反映したものといえよう。

最後の研究の視点からは，研究目的に応じて，ニードを操作的に定義して，把握することになる。それぞれの研究目的に応じて，多様な定義が存在するので，ここでは，割愛する。

以上のように，「ニード」の概念は，大きくはニードを有する本人の側からとらえるか，サービスを計画する側および提供する側からとらえるかによって異なる。三浦にならって，前者を広義のニード，後者を狭義のニードと称することもできる。両者は，通常，一致しない。ズレが大きければ，充足されないニードが多いことになる。そのため，後者の政策策定主体は，その判断を妥当なものにするには「対象者（利用者）や学識経験者あるいはサービスの実施に当たる人びとの参加を求め，その判断が，社会的なコンセンサスを得るように努力する必要がある」（三浦［1995］，74頁）とされる。

サービス・ニードの種類　われわれが対象や課題とするニードは，政策策定主体や実践主体によって社会的支援が必要であると認定された「ソーシャルニード」である。そして，その必要とは，各主体が定めた目標や基準にまで到達し，それを維持するために必要なものということになる。さらに，この必要なものとは，具体的には特定のサービスによって充足されるものであることから，**サービス・ニード**と呼ばれている。厳密には，**ソーシャ**

ルサービス・ニードであるが，以下では，簡単に「サービス・ニード」と略して使用する。

　特定のサービスによって充足される「サービス・ニード」は，現行の社会保障・社会福祉関連制度に基づくさまざまなサービスに対応して，多様なものが存在することになる。

　白澤政和は，アメリカ・ソーシャルワーカー協会による人間生活に普遍的にみられるニーズ（universal needs）や岡村重夫による人間の社会生活上の7つの基本的要求，アメリカのヒューマンサービス（human services）およびイギリスのソーシャルサービス（social services）などを参考にして，サービス・ニーズは，①経済的な安定を求めるニーズ，②身体的・精神的な健康を求めるニーズ，③就労の機会へのニーズ，④居住の場の保障へのニーズ，⑤教育の機会へのニーズ，⑥家族や地域社会で個別的な生活を維持していくニーズ，⑦公正や安全を求めるニーズの7分類でとらえることができるとしている。そして，わが国で福祉ニーズという場合には，⑥に限定してとらえることが多いと述べている（白澤［2008］，138頁）。

　一方，冷水豊は，保健医療・介護・福祉領域に限ると，①療養指導・看護ニーズ，②疾病予防・リハビリテーションニーズ，③介護・家事援助ニーズ，④社会関係・資源利用支援ニーズの4種類をサービス・ニーズとしてあげることができるとしている（冷水［2002］，143頁）。

　このように「サービス・ニード」は，広くも狭くもとらえることができる。本章では，虚弱期以降，心身機能の低下により生じた生活困難を支援するサービスを取り上げることを課題としていることから，狭く社会福祉・保健医療サービスに対するニードに絞ってみていくことにする。

　虚弱期には，心身機能の障害による「介護サービス・ニード」，

社会関係の支障による「社会的交流・活動サービス・ニード」や「安全・安否確認サービス・ニード」，そして，日常生活の支障による「家事援助サービス・ニード」などが生じる。さらに，健康状態の悪化や疾病を防ぐための「健康増進・疾病予防サービス・ニード」も見逃せない。

　要介護期には，心身機能の障害や疾病が進行し，介護に加えて，「看護サービス・ニード」や「医療サービス・ニード」「リハビリテーションサービス・ニード」が高まる。また，日常生活の自立度の低下が顕著になることから，家事援助のみならず，金銭管理や権利擁護などの「利用者保護サービス・ニード」も生じることになろう。

　ターミナル期には，「医療サービス・ニード」のほか，「心のケアに対するニード」が重要になると考えられる。

　このほかに全期を通じて，サービスを円滑かつ適切に利用できるように相談助言，連絡調整を行う「資源利用支援サービス・ニード」を加えておく必要があろう。

2 サービス・ニードに対応する現行サービス

　これらの「サービス・ニード」を充足するために，現在，どのようなサービスが提供されているのかをみておこう。

　(1) **介護サービス・ニード**　　これは，歩行や衣類の着脱，入浴，排泄，食事などの介護や認知症等の場合の見守りなどに対するニードである。現行のサービスとしては，介護保険法に基づく介護サービスとして，訪問介護，訪問入浴介護，通所介護，短期入所生活介護，短期入所療養介護，小規模多機能型居宅介護，夜間対応型訪問介護，認知症対応型通所介護，認知症対応型共同生活介護のほか，

地域密着型施設や介護保険施設における介護をあげることができる。サービスの内容等については，第9章に詳しく紹介したので，そちらを参照してほしい。

　(2) **社会的交流・活動サービス・ニード**　　就労や社会活動への参加，対人交流の維持・促進などに対するニードである。現行のサービスとしては，介護保険法による通所介護，老人福祉法による老人クラブ，教養講座，老人福祉センターなどがある。生きがい就労や地域参加・貢献をめざしたシルバー人材センター，就労あっせんや関連情報提供などを行う高齢者能力開発情報センターも運営されている。わが国では，早くから高齢者の生きがいと健康づくり対策の諸事業が行われてきたが，1990年からは「長寿社会開発センター」を推進母体として，都道府県に「明るい長寿社会づくり推進機構」を設置し，スポーツや健康づくり推進の組織化，指導者の育成などを行う「高齢者の生きがいと健康づくり推進事業」が展開されている。そのほかは介護保険制度の開始にあわせて再編され，「介護予防・地域支え合い事業」（国庫補助事業）に組み込まれ，さらに2006年度からは，介護保険制度による「地域支援事業」の中の1つである「任意事業」へ移行し，市町村の取組みに委ねられた。

　(3) **安全・安否確認サービス・ニード**　　ひとり暮らしや高齢者夫婦のみの世帯など，社会的に孤立しがちな世帯の安否確認のほか，火災や交通事故，虐待などからの安全確保に対するニードである。現行のサービスとしては，老人用電話（日常生活用具給付等事業），老人クラブによる友愛訪問，市町村による緊急通報システムなどのほか，地域によっては町内会・自治会・福祉施設等による緊急時支援ネットワークが形成されているところがある。また，虐待に対しては，2005年に「高齢者虐待の防止，高齢者の養護者に対する支援等に関する法律」（通称，高齢者虐待防止法）が制定され，市町村

および地域包括支援センター等での対応が行われている。

なお，住宅のバリアフリー化，建築物や公共交通機関・駅周辺地域のバリアフリー化を促進する取組みも行われている（「高齢者，障害者等の移動等の円滑化の促進に関する法律」〔通称，バリアフリー新法〕，2006年制定）。火災に対しては，2004年の消防法改正により個人住宅にも火災報知器の設置が義務づけられることになっている。

(4) 家事援助サービス・ニード　掃除，洗濯，買い物，調理などの家事援助に対するニードである。とくに病気や障害がなくても，高齢になれば自分で家事を遂行するのがしだいに困難になる。現行のサービスとしては，介護保険法による訪問介護，介護予防訪問介護がある。従来，老人福祉法に基づく老人居宅介護等事業（ホームヘルプサービス）として，行われてきたものである。また，認知症対応型共同生活介護（グループホーム）や介護保険施設においても，サービスの一部として掃除や洗濯，調理（食事）が提供されている。そのほかに市町村やボランティア団体等によって行われている食事サービスがある。

(5) 健康増進・疾病予防サービス・ニード　これは，健康の管理・増進と生活習慣病の予防に対するニードである。

健康の管理・増進に関しては，1963年制定の老人福祉法に健康診査が規定され，疾病予防・早期発見のためのサービスが開始された。その後，1982年の老人保健法において，40歳以上を対象とする健康手帳の交付，健康教育，健康相談，健康診査，機能訓練，訪問指導が医療以外の保健事業として位置づけられ，健康づくりが推進されてきた。しかし，2006年の老人保健法の改正により，40～74歳の者に対しては，「高齢者の医療の確保に関する法律」（通称，高齢者医療法）に基づく特定健康診査，特定保健指導を医療保険者が実施の義務を負い，75歳以上の者に対しては，同法による後期

高齢者医療広域連合が努力義務として行う保健事業の1つとして健康診査を行うことになった。そして，65歳以上の健康教育，健康相談，機能訓練，訪問指導は，2006年度から介護保険制度の「地域支援事業」の1つの「介護予防事業」へ移行して，行われている。

（6）**看護サービス・ニード**　看護は，療養上の世話や診療の補助を行うものである。病気や怪我を負った場合に生じるニードである。在宅の患者に対する訪問看護，介護保険施設や病院での看護や診療補助のサービスがある。

（7）**医療サービス・ニード**　病気や怪我の治療に対するニードである。現行のサービスとしては，病院や診療所での通院・入院診療と患者の自宅に医師が訪問する訪問診療がある。介護保険法による訪問診療（居宅療養管理指導）も行われており，医師のほか，歯科医師，薬剤師，歯科衛生士，栄養士なども訪問して，療養上の管理や指導を行うサービスとなっている。

（8）**リハビリテーションサービス・ニード**　心身機能の維持・回復を図り，日常生活の自立を支援するための理学療法，作業療法等のリハビリテーションに対するニードである。介護保険法に基づく通所リハビリテーション，訪問リハビリテーション，介護老人保健施設におけるリハビリテーションや短期入所療養介護などのサービスがある。

（9）**利用者保護サービス・ニード**　介護保険制度では，高齢者本人がサービスを選んで，事業者と契約を結び，利用することになった。そのために認知症等により判断力が低下した場合には，支援が必要になる。その仕組みとして，民法の一部改正により財産管理と身上監護のための「成年後見制度」が創設され，2000年4月から施行された。また，日常生活における支援（①福祉サービスの利用援助，②日常的な金銭管理，③書類等の預かり）を行う「地域福祉権利

擁護事業」(現・日常生活自立支援事業)も創設された。

　介護保険制度では，民間事業者の参入を図ったことから，サービスの質のチェックが必要不可欠となった。自己評価および第三者評価が導入されている。さらに，利用者保護の観点に立って，サービスや要介護認定などに関する苦情を受け付け，その解決にあたる仕組みも導入された。サービスに関する苦情は，事業者や市町村，都道府県の国民健康保険団体連合会，都道府県社会福祉協議会の運営適正化委員会，また，要介護認定や保険給付・保険料等に関する苦情は，都道府県の介護保険審査会が対応することになっている。

　このように高齢者を悪徳業者から守り，適切なサービスの利用を支援し，人権や権利を擁護するための仕組みやサービスは一応整えられている。長寿化により認知症高齢者の増加が予測されており，今後，このニードも増加すると推測される。

　(10) **心のケア・ニード**　　終末期には，死への恐怖や不安をやわらげ，人生を全うできるように，心に寄り添うケアが求められる。近年，日本人の死因の第1位は悪性新生物(がん)となっており，治療の施しようがないケースも少なくない。痛みを緩和するケアとともに心のケアを重視するターミナルケアが，ホスピスや病院，在宅で提供されている。

　(11) **資源利用支援サービス・ニード**　　フォーマルおよびインフォーマルな多様な社会的資源を効果的に利用できるように支援するサービスに対するニードである。介護保険制度では，多様な主体から社会福祉サービス・保健医療サービスを総合的に受けられる仕組みを創設することをねらいの1つとし，それを実現するための施策として「居宅介護支援」(ケアマネジメント)を導入した。その役割を担うのが「介護支援専門員」(ケアマネジャー)であり，ケアマネジメント機関として「居宅介護支援事業所」が創設された。2006

年度からは介護予防ケアマネジメントを行う機関として「地域包括支援センター」が整備されている。なお,「介護支援専門員」は,介護保険施設にも配置されている。

そのほかにも,相談援助機関として,市町村,福祉事務所,高齢者総合相談センター(シルバー110番),社会福祉協議会,民生委員,相談事業を行っている民間非営利団体(NPO)などがある。

3 サービス・ニードに対応する法制度

以上,高齢期に生じる社会福祉・保健医療サービス・ニードおよび対応する現行サービスをみてきた。現行サービスのうちの社会福祉サービスは,おもに介護保険法(1997年制定),老人福祉法(1963年制定)に基づいて提供されている。そのほかに法律によらず,国庫補助事業として行われている事業も多数ある。一方,保健医療サービスは,従来,老人保健法(1982年制定)によって行われていたが,2006年の改正により保健事業は介護保険制度へ,医療は高齢者医療制度へと移行した。

介護保険法とそれに基づくサービスについては,第9章で取り上げるので,ここでは割愛する。

老人福祉法に基づくサービスは,ほとんどが介護保険法の指定サービスとなり,介護保険法が優先適用されて,運用されている。しかし,老人福祉法には,老人福祉の原理や理念が規定されており,高齢者福祉の基本法であることには変わりない。

老人福祉法の目的と理念 老人福祉法は,第1条に「老人の福祉に関する原理を明らかにするとともに,老人に対し,その心身の健康の保持及び生活の安

定のために必要な措置を講じ，もって老人の福祉を図ること」と規定している。

第1条は，法の意図と基本的構成を明らかにする趣旨でおかれたといわれている。①老人福祉の原理（基本的な考え方）を明らかにすること，②老人固有のニーズに対応するための施策を規定すること，もって③老人の福祉を図ること，が目的とされている。

第2条から第4条までは，老人福祉の原理を明文化したものである。第2条と第3条には，老人福祉のあるべき姿が「基本的理念」として掲げられている。

第2条に「老人は，多年にわたり社会の進展に寄与してきた者として，かつ，豊富な知識と経験を有する者として敬愛されるとともに，生きがいを持てる健全で安らかな生活を保障されるものとする。」と掲げられ，第3条の1項には，「老人は，老齢に伴つて生ずる心身の変化を自覚して，常に心身の健康を保持し，又は，その知識と経験を活用して，社会的活動に参加するように努めるものとする。」，2項には「老人は，その希望と能力とに応じ，適当な仕事に従事する機会その他社会的活動に参加する機会を与えられるものとする。」とされている。

老人は，①敬愛され，②生活を保障されるという老人福祉の理念（あるべき姿）が宣言され，老人自身には，③健康を保持し，④社会的活動に参加するよう努めること，社会の側には，⑤老人に仕事や社会的活動への参加の機会を提供すること，を要請している。

第4条には，老人福祉を増進する責務が規定されている。1項には「国及び地方公共団体は，老人の福祉を増進する責務を有する。」，2項には「国及び地方公共団体は，老人の福祉に関係のある施策を講じるに当たつては，その施策を通じて，前2条に規定する基本的理念が具現されるように配慮しなければならない。」，そして，3項

には「老人の生活に直接影響を及ぼす事業を営む者は，その事業の運営に当たつては，老人の福祉が増進されるように努めなければならない。」とされている。

①国及び地方公共団体は，「基本的理念」を実現するよう老人福祉を増進する責務があること，②その他の老人福祉事業を営む者も老人福祉の増進に務めなければならないこと，が明文化された。

老人福祉法によるサービス　老人福祉法によるサービスは，法の第2章に「福祉の措置」として規定されている。それらを列挙すれば，次のとおりである。なお，カッコ内のサービス名は，介護保険法に規定された当該サービスである。

① 支援体制の整備等（第10条の3）
② 居宅における介護等（第10条の4）
・老人居宅介護等事業（訪問介護，定期巡回・随時対応型訪問介護看護，夜間対応型訪問介護，介護予防訪問介護）
・老人デイサービス事業（通所介護，認知症対応型通所介護，介護予防通所介護，介護予防認知症対応型通所介護）
・老人短期入所事業（短期入所生活介護，介護予防短期入所生活介護）
・小規模多機能型居宅介護事業（小規模多機能型居宅介護，介護予防小規模多機能型居宅介護）
・認知症対応型老人共同生活援助事業（認知症対応型共同生活介護，介護予防認知症対応型共同生活介護）
・複合型サービス事業（訪問介護等の2種類以上で一体的提供が効果的，効率的な組合せのサービス）
・老人日常生活用具給付等事業
③ 老人ホームへの入所等（第11条）
・養護老人ホームへの入所

- 特別養護老人ホームへの入所（介護老人福祉施設，地域密着型介護老人福祉施設）
- 養護受託者への委託

④ 老人福祉の増進のための事業（第13条）
- 老人健康保持事業
- 老人クラブ助成事業

⑤ 研究開発の推進（第13条の2）

　「居宅における介護等」は，65歳以上の「身体上又は精神上の障害があるために日常生活を営むのに支障がある」者を対象とした在宅サービスである。ホームヘルプ（訪問介護）とデイサービス（通所介護）とショートステイ（短期入所生活介護）の在宅3本柱のサービスをはじめ，通所や短期間宿泊を組み合わせた小規模多機能型居宅介護，認知症対応のグループホーム，そして電磁調理器や火災報知器などの日常生活用具給付等のサービスがある。

　「老人ホームへの入所等」は，施設サービスである。65歳以上の「環境上の理由及び経済的理由により居宅において養護を受けることが困難な」者を対象とする**養護老人ホーム**，65歳以上の「身体上又は精神上著しい障害があるために常時の介護を必要とし，かつ，居宅においてこれを受けることが困難な」者を対象とする**特別養護老人ホーム**とがある。後者は，介護保険法の介護老人福祉施設でもある。前者は，2005年の介護保険法の一部改正により，外部サービス利用型の「特定施設入居者生活介護」，または「介護予防特定施設入居者生活介護」が適用されることになった。養護受託者への委託は，実際にはきわめて少ないが，65歳以上の「養護者がないか，又は養護者があつてもこれに養護させることが不適当であると認められる」者を対象とし，養護を一般家庭に委託するサービスで

ある。

　なお，介護保険法のサービスとして規定されたものは，介護保険法による利用が優先され，「やむを得ない事由により」当該サービスを「利用することが著しく困難であると認められるとき」に限り，老人福祉法に基づく市町村の「措置」としてサービスが提供されることになった。**措置**とは，法律に基づき行政処分を行う行為である。具体的には，行政が対象者の施設入所・サービス提供を決定し，社会福祉法人の施設に委託し，受託した施設に措置委託費（公費）を支払う仕組みである。

　老人福祉法には，「福祉の措置」のほかに，軽費老人ホーム，老人福祉センター，老人介護支援センター，有料老人ホームなどの利用型のサービスも規定されている。軽費老人ホームと有料老人ホームの入居者には，介護保険法による「特定施設入居者生活介護」「介護予防特定施設入居者生活介護」「地域密着型特定施設入居者生活介護（定員30人未満）」が適用される。老人福祉センターは，健康の増進や教養の向上，レクリエーションのための利用施設である。

新たな高齢者医療制度の創設　高齢者を対象とした保健医療制度は，1982年に老人保健法が制定されて，それまでの社会福祉の一環としてのサービスから独立した制度となった。①疾病の予防からリハビリテーションまで，健康づくりを含めた包括的な保健医療を高齢者に提供すること，②高齢者の医療費を国，地方公共団体，医療保険制度の保険者で支出するとともに，高齢者も受診の際に一部を負担することにより負担の公平化と適切な受診を促すこと，を目的として創設された。40歳以上を対象とした「医療以外の保健事業」と70歳以上を対象とした医療費の給付（2002年から5年間で75歳以上に段階的に引き上げる）を行うものであった。

しかし，老人医療費は上昇を続け，国民健康保険ばかりでなく他の医療保険の財政も悪化した。2000年，医療費の高騰の一因である「社会的入院」を解消する条件整備を図ることをめざして，介護を医療から切り離す介護保険制度が開始された。それに続く高齢者保健医療制度改革として，2008年4月より**新たな高齢者医療制度**（「高齢者の医療の確保に関する法律」）が創設された。新制度は，①75歳以上の後期高齢者については，独立した制度を創設する。②65歳から74歳の前期高齢者については，退職者が国民健康保険に移ることにより保険者間の医療費負担に不均衡が生じていることから，これを調整する制度を創設する。③現行の退職者医療制度は廃止する（平成26年度までの間の65歳未満退職者を対象とする経過措置あり）というものである。

　なお，老人保健法によって行われてきた「医療等」は，この新制度へ移行し，「医療以外の保健事業」のうち65歳以上を対象としたものは，介護保険制度による「地域支援事業」の1つである「介護予防事業」に吸収された。そして，40歳以上については，保険者が特定健康診査（生活習慣病健康診査）と保健指導を行うことが定められた。

「高齢者の医療の確保に関する法律」の目的と基本的理念

　この法律の目的は，第1条に，①高齢期の適切な医療の確保を図るための措置（医療費適正化計画の作成，保険者による特定健康診査等の実施）を講じ，②前期高齢者に係る保険者間の費用負担の調整，③後期高齢者に対する医療給付等を行う制度を設け，もって④国民保健の向上及び高齢者の福祉の増進を図ること，と規定されている。

　第2条には，基本的理念が掲げられている。国民は，①自助と連帯の精神に基づき，②加齢に伴う心身の変化を自覚し，③健康

の保持増進に努め，④高齢者の医療費を公平に負担する，⑤高齢期の健康保持のための適切な保健サービスを受ける機会を与えられるものとするとされている。

さらに，第3条に国の責務，第4条に地方公共団体の責務，第5条に保険者の責務，第6条に医療の担い手等の責務が規定されている。

この法律の第4章に，75歳以上を対象とする独立した医療制度が「後期高齢者医療制度」として規定された。

後期高齢者医療制度とは，「高齢者の疾病，負傷又は死亡に関して必要な給付を行う」（第47条）ものである。給付の種類は，①療養の給付並びに入院時食事療養費，入院時生活療養費，保険外併用療養費，訪問看護療養費，特別療養費及び移送費の支給，②高額療養費及び高額介護合算療養費の支給，③後期高齢者医療広域連合（都道府県の区域ごとの当該区域内のすべての市町村が加入する広域連合）の条例で定める給付である。高齢者が受診した際の自己負担は，1割であるが，所得額が政令で定める額以上の者又は世帯の世帯員である場合は，3割となる。

後期高齢者医療制度は，国民への情報提供が不十分だったうえに，低所得層での保険料の負担増が明らかになったことから，高齢者の反発を招いている。今後，制度の見直しが行われる可能性が高い。

参考文献

冷水豊編［2002］，『老いと社会——制度・臨床への老年学的アプローチ』有斐閣

白澤政和［2008］,「社会福祉の対象分野と福祉ニーズ」『新版・社会福祉学習双書』編集委員会編『社会福祉概論』全国社会福祉協議会

三浦文夫［1995］,『増補改訂 社会福祉政策研究——福祉政策と福祉改革』全国社会福祉協議会

メレディス，B. [1997]，『コミュニティケアハンドブック——利用者主体の英国福祉サービスの展開』杉岡直人・平岡公一・吉原雅昭訳，ミネルヴァ書房（原著 1993 年）

Bradshaw, J. [1972], "A Taxonomy of Social Need," G. McLachlan (ed.), *Problems and Progress in Medical Care, Seventh Series*, Oxford University Press.

Department of Health Social Services Inspectorate & Scottish Office Social Work Services Group [1991], *Care Management and Assessment: Practitioners' Guide*, HMSO.（イギリス保健省原著，白澤政和・広井良典・西村淳訳・著 [1997]，『ケアマネジャー実践ガイド』医学書院）

第8章 ソーシャルサービス・ニードのとらえ方

　この章では，ニードの把握方法について学ぶ。政策策定レベルと実践レベルでは，ニードの把握方法が異なる。前者は，集合的・数量的にとらえる必要があることから，統計調査が用いられる。統計調査による把握方法を学び，実際に「老人保健福祉計画」で用いられた調査により具体的な方法や課題について理解を深める。他方，後者では，ニードを個別的・総合的にとらえる必要から，「面接」や「評価票」による把握方法が用いられる。「評価票」は，介護保険制度の開始に合わせて専門職団体等により種々のニーズアセスメント票が開発された。それらのニーズアセスメント票と要介護度を判定するための「要介護認定調査票」を比較して，違いを理解する。

1　認定主体によって異なるニード把握方法

　ソーシャルサービス・ニードを把握する方法についてみておこう。
　ソーシャルサービス・ニードは，政策策定主体や実践主体によって認定されたものである。認定するためには，何らかの方法でそのニードを把握する必要がある。そのうえで，当該主体の判定基準に照らして，充足すべきニードであるか否かが判定されることになる。政策策定主体は，どのようなニードを充足すべきか，そのためにサービスをどのくらい整備すべきかを立案するにあたっては，まず，どのようなニーズがどのくらいあるかを知らなければならない。すなわち，ニードの種類と量を把握する必要がある。一方，実践主体は，利用者に適合したサービスを提供するためには，一人ひとりのニーズを知らなければならない。個々人の個別のニーズを総合的に把握する必要がある。
　このように政策策定レベルでは集合的・数量的に，実践レベルでは個別的・総合的にニードを把握するという違いがある。したがって，把握方法も異なることになる。ここでは，この2つのレベルにおいて，ある程度確立された専門技術として用いられている把握方法を紹介する。

2　政策策定のためのニード把握方法

統計調査　政策策定のためのニード把握方法とは，国や地方公共団体，社会福祉協議会などの政

策策定機関が高齢者福祉政策やサービス整備計画等を策定する際に，その基礎資料を得るために行うニード把握の方法である。政策策定者は，その策定にあたっては，地域内にどのようなニードがどのくらいあるかについて可能な限り正確な情報を収集しておく必要がある。信頼性の高いデータを収集する方法の1つが，標準化された技法を用いた**統計調査**である。これは，ニードを定量化して測定できるようにした**調査票**を作成し，それを用いて，住民の中から選びだされた多数の調査対象者に対して調査を行う方法である。

なお，「統計調査」とは「社会調査」の技法の1つであり，①大量の対象に対し，②測定しうる少数の側面を，③標準化された技法を用いて，④横断的・量的データとして全体から切り取って収集し，⑤統計解析による客観的な分析により，⑥一般化・普遍化を行う調査方法である。少数の事例の質的データを収集・分析する**事例調査**とは対比される技法である。「統計調査」の利点は，個々のケースの細部を切り落として，共通する部分をまとめあげることで，集団全体の特徴や傾向が統計的データとして把握できる点にある。政策やサービス整備計画の策定の根拠となるデータを提供するものであり，データから，その集団に必要なサービスの種類や量を算出することを可能にするものである。

「統計調査」によりニード把握を行うには，まず，把握したいニードを明確にし，それを調査できるような形に置き換えなければならない。つまり，ニードを操作的に定義し，測定可能な要素（＝変数）に分解して，各要素を測定するための**尺度**（スケール）や**基準**を作成する必要がある。たとえば，「食事ニーズ」を把握する場合を例にあげると，「食事ニーズ」を「食事の用意が自分ではできず，また，代わって用意してくれる人もいないために，毎日3食の栄養のバランスのとれた食事を確保できない状態」と定義したとしよう。

その場合,①食事を用意する人の有無,②1日の食事の回数,③食事の内容が測定すべき要素となる。そして,①食事を用意する人は「1. いる」か,「2. いない」か,②食事の回数は「1. 3回以上」か,「2. 2回」か,「3. 1回以下」か,などの測定尺度をつくり,その尺度の「2. いない」や「3. 1回以下」を食事ニードがあるとみる基準として設定する。こうして,尺度と基準ができたら,それらと関連要因や基本属性など調査目的に照らして必要な項目を組み込んだ調査票を作成して,**悉皆**（しっかい）(全数)あるいは**無作為抽出**により抽出された調査対象者に対し,郵送あるいは個別訪問面接などの調査法により調査を行う。そして,その調査結果から,先に設定した基準に該当した人数を求めれば,それが「食事ニードあり」のニード量として把握されることになる。

「老人保健福祉計画」における調査

政策策定のために「統計調査」によりニード量を把握するという手法は,実際には,1990年の「老人福祉法等の一部を改正する法律」により地方公共団体に義務づけられた**老人保健福祉計画**の策定においてはじめて採用されたものである。それまでにも地方公共団体は,ひとり暮らしや寝たきり等の高齢者,高齢者全体を対象とする生活実態調査や意識調査などを行っていたが,調査データからニード量を算出して必要なサービス整備量の推計に用いるという手法は経験したことのないものであった。そのため,当時の厚生省は,老人保健福祉部長通知「老人保健福祉計画について」(1992年6月)において,ニード把握のための調査方法を詳細に提示した。

この通知では,「当該市町村における高齢者全体の状況,寝たきり老人や痴呆性(以下,認知症とする。)老人等の状況,介護者の状況等を把握するための調査を企画し,実施し,その状況を把握すること。その際,【別添】の調査票の例示等を参考とし,当該市町村

表 8-1　障害老人の日常生活自立度（寝たきり度）判定基準（厚生省，1991年）

生活自立	ランク J	何らかの障害等を有するが，日常生活はほぼ自立しており独力で外出する。 1. 交通機関等を利用して外出する。 2. 隣近所へなら外出する。
準寝たきり	ランク A	屋内での生活は概ね自立しているが，介助なしには外出しない。 1. 介助により外出し，日中はほとんどベッドから離れて生活する。 2. 外出の頻度は少なく，日中も寝たり起きたりの生活をしている。
寝たきり	ランク B	屋内での生活は何等かの介助を要し，日中もベッド上での生活が主体であるが座位を保つ。 1. 車いすに移乗し，食事，排泄はベッドから離れて行う。 2. 介助により車いすに移乗する。
寝たきり	ランク C	1日中ベッド上で過ごし，排泄，食事，着衣において介助を要する。 1. 自力で寝返りをうつ。 2. 自力では寝返りをうたない。

（注）判定にあたっては補装具や自助具等の器具を使用した状態であっても差し支えない。

の実情を勘案しつつ検討すること」としている。そして，調査の企画・実施にあたって留意すべきこととしては，①高齢者全体に係る調査では，2000人〜数千人以上の調査対象者を抽出し，生活・活動状況，心身状況，保健福祉サービスを知っている度合，保健福祉サービスに対するニーズの状況等を把握することを目的としたものであること，②要介護老人に係る調査では，原則として悉皆（全数）で行い（ただし，認知症老人は厚生省の示す推計を用いてもよい。また，6カ月以上の入所・入院者は人数把握のみでよい），生活状況，心身の状況，住居の状況，保健福祉サービスを知っている度合，保健福祉サービスの利用の状況，保健福祉サービスの利用の意向およびそ

表8-2 認知症である老人の日常生活自立度判定基準（厚生省，1993年）

ランク	判断基準	見られる症状・行動の例	判断にあたっての留意事項及び提供されるサービス
I	何らかの認知症を有するが，日常生活は家庭内及び社会的には自立している。		在宅生活が基本であり，一人暮らしも可能である。相談，指導等を実施することにより，症状の改善や進行の阻止を図る。具体的なサービスの例としては，家族等への指導を含む訪問指導や健康相談がある。また，本人の友人づくり，生きがいづくり等心身の活動の機会づくりにも留意する。
II	日常生活に支障を来すような症状・行動や意志疎通の困難さが多少見られても，誰かが注意していれば自立できる。		在宅生活が基本であるが，一人暮らしは困難な場合もあるので，訪問指導を実施したり，日中の在宅サービスを利用することにより，在宅生活の支援と症状の改善及び進行の阻止を図る。具体的なサービスの例としては，訪問指導による療養方法等の指導，訪問リハビリテーション，デイケア等を利用したリハビリテーション，毎日通所型をはじめとしたデイサービスや日常生活支援のためのホームヘルプサービス等がある。
IIa	家庭外で上記IIの状態が見られる。	たびたび道に迷うとか，買物や事務，金銭管理などそれまでできたことにミスがめだつ等。	
IIb	家庭内でも上記IIの状態が見られる。	服薬管理ができない，電話の対応や訪問者との対応など一人で留守番ができない等。	
III	日常生活に支障を来すような症状・行動や意志疎通の困難さがときどき見られ，介護を必要とする。		日常生活に支障を来すような行動や意志疎通の困難さがランクIIより重度となり，介護が必要となる状態である。「ときどき」とはどのくらいの程度をさすかについては，症状・行動の種類等により異なるので一概には決められないが，一時も目を離せない状態ではない。在宅生活が基本であるが，一人

Ⅲa	日中を中心として上記Ⅲの状態が見られる。	着替え,食事,排便・排尿が上手にできない,時間がかかる。やたらに物を口に入れる,物を拾い集める,徘徊,失禁,大声,奇声をあげる,火の不始末,不潔行為,性的異常行為等。	暮らしは困難であるので,訪問指導や,夜間の利用も含めた在宅サービスを利用し,これらのサービスを組み合わせることによる在宅での対応を図る。具体的なサービスの例としては,訪問指導,訪問看護,訪問リハビリテーション,ホームヘルプサービス,デイケア・デイサービス,症状・行動が出現する時間帯を考慮したナイトケア等を含むショートステイ等の在宅サービスがあり,これらのサービスを組み合わせて利用する。
Ⅲb	夜間を中心として上記Ⅲの状態が見られる。	ランクⅢaに同じ。	
Ⅳ	日常生活に支障を来すような症状・行動や意志疎通の困難さが頻繁に見られ,常に介護を必要とする。	ランクⅢに同じ。	常に目を離すことができない状態である。症状・行動はランクⅢと同じであるが,頻度の違いにより区分される。家族の介護力等の在宅基盤の強弱により在宅サービスを利用しながら在宅生活を続けるか,または特別養護老人ホーム・老人保健施設等の施設サービスを利用するかを選択する。施設サービスを選択する場合には,施設の特徴を踏まえた選択を行う。
M	著しい精神症状や問題行動あるいは重篤な身体疾患が見られ,専門医療を必要とする。	せん妄,妄想,興奮,自傷・他害等の精神症状や精神症状に起因する問題行動が継続する状態等。	ランクⅠ～Ⅳと判定されていた高齢者が,精神病院や認知症専門棟を有する老人保健施設等での治療が必要となったり,重篤な身体疾患が見られ老人病院等での治療が必要となった状態である。専門医療機関を受診するよう勧める必要がある。

の程度等,介護者の状況等を把握することを目的としたものであることをあげている。添付された調査票は,そのまま実施できる体裁のものとなっていた。

この「老人保健福祉計画」のための調査では，ニードをどう定義し，どのような測定尺度および基準を用いているのかをみておこう。
　この計画および調査では，ニードを要介護老人の「人数」として把握する考え方をとっている。ホームヘルプサービスを例にあげると，サービス目標量は次のアとイを合算したものとされ，算出の根拠となるニードは，アでは要介護老人（寝たきり老人＋要介護の認知症老人），イでは虚弱老人となっている。

　　ア＝目標年度の在宅の要介護老人数（寝たきり老人及び要介護の認知症老人をいう）×週3回から6回までのうち当該市町村が定める数×52週×要介護老人のサービスの必要性を勘案して当該市町村が定める割合（＝必要度）

　　イ＝目標年度の在宅の虚弱老人数×週1回又は2回のうち当該市町村が定める数×52週×虚弱老人のサービスの必要性を勘案して当該市町村が定める割合（＝必要度）

　要介護老人とは，寝たきり老人と要介護の認知症老人が含まれると定義され，寝たきり老人は，厚生省老人保健福祉部長通知「障害老人の日常生活自立度（寝たきり度）判定基準」（表8-1）のランクBまたはCに該当する高齢者であるとされた。ただし，6カ月以上の入所・入院者も寝たきりとみなされた。認知症老人と虚弱老人については，寝たきりのような具体的な測定尺度や基準は示されていない。認知症老人については，後に「認知症である老人の日常生活自立度判定基準」（表8-2）が作成されたが，当初は，既存のいくつかの調査データから厚生省が示した出現率を用いて算出する方式が代用された。また，虚弱については，とくに指示がなく，地方公共団体はその基準や範囲の設定に苦慮することとなった。
　このように調査等によって把握すべきニードは，①ランクB又はCの寝たきり老人の人数，②要介護の認知症老人の人数，③虚

弱老人の人数，である。添付の調査票には，「障害老人の日常生活自立度（寝たきり度）判定基準」がそのまま調査項目に載せられている。この判定基準は，市町村のサービス供給量の測定にも役立つことを意図して作成されたということではあるが，本質的に保健師等の専門職が個別のケースを判定するために用いるスケールであり，統計調査に用いる形式のものではない。しかし，厚生省の調査票モデルに載せられたことで，「老人保健福祉計画」ばかりでなく，その後の**介護保険事業計画**の調査票にも組み込まれ，調査のための測定尺度として使用されていくことになった。

　本人を回答者とする調査票に本人以外の家族の回答や調査員の観察を混入させるのは，調査手法としては適切ではない。しかし，寝たきりや認知症の状態を本人に回答してもらうことは困難なことから，やむをえない面があることは否定できない。回答者の区別ができるようにしておくことが肝要である。

　調査票モデルには，その他に「視力」「聴力」「言葉」「記憶力」「生活動作（ADL）」が調査項目として載せられている。それらの項目のいずれかの基準に該当した者が，虚弱老人とされたが，厚生省は，その基準を示していないので，各地方公共団体がサービスの整備可能な量を勘案して設定したものと推測される。

　「老人保健福祉計画」では，調査により客観的な統計データを収集し，それに基づいて計画を策定しようとした点は高く評価できる。しかし，通常，ニードは「状態」としてとらえられるが，要援護老人の「人数」という対象者カテゴリーでとらえ，しかも，「寝たきり」を除けば，測定尺度や基準が明確にされないままに作成された調査票による調査は，ニード把握調査としては技術的には不十分なものであった。

　ニード把握調査の方法に関する研究はきわめて少ない。東京都老

人総合研究所社会福祉部門が開発したニード把握調査は，ニードを「状態」としてとらえ，しかも介護サービス・ニードのみならず，訪問看護サービス・ニードや家事援助サービス・ニード，配食サービス・ニードなども測定できる包括的なものになっている（東京都老人総合研究所社会福祉部門編［1996］，2-71頁）。

　なお，厚生労働省は，第5期（2012-2014年）介護保険事業計画の策定に向けて，新たに「日常生活圏域ニーズ調査」を提示した。地域包括ケア研究会の報告書（2009年3月）を受けて，全国57カ所，3万5000人規模で行われた「日常生活圏域高齢者ニーズ調査モデル事業」で，開発されたものである。高齢者の身体機能や日常生活機能，疾病や認知症状，社会的活動や住まいなど，いくつかの既存スケールも組み込み，ニーズを「状態」として把握する調査票となっている。

3 実践のためのニード把握方法

　実践のためのニード把握方法とは，相談判定機関やサービス提供機関のソーシャルワーカー等の専門職が，相談者やサービス利用申請者の支援方針やサービス提供を決定するために行うニード把握の方法である。これには，非定型的な「面接」と定型化された評価票を用いる方法の2つがある。

面　接　「面接」では，相談者の話を傾聴し，信頼関係を形成しながら，ニードとその原因や関連要因について情報を収集・分析し，把握する。「面接」にあたっては，バイステック（Biestek［1957］）の7原則を基本とするが，そのほかにも留意すべき点として，高齢者のペースに柔軟に対応す

ること，聴力や視力の低下によるコミュニケーション障害に適切な配慮を行うこと，非言語的コミュニケーションも重視することなどである。詳しくは，相談援助論で学習してほしい。

> 評価票

(1) **アセスメント票** より客観的あるいは包括的なニード把握が必要な場合には，定型化された評価票を用いて行う**ニーズアセスメント**の手法がある。評価票（「アセスメント票」ともいう）には，これまでにもそれぞれの施設や現場で用いられてきたさまざまなものがあるが，介護保険制度においてケアマネジメントが導入されたことから，専門職団体などによる新たな開発が行われた。日本社会福祉士会による「ケアマネジメント実践記録様式」，日本介護福祉士会による「生活7領域から考える自立支援アセスメント・ケアプラン」，当時の三団体ケアプラン研究会（全国老人保健施設協会・全国老人福祉施設協議会・介護力強化病院連絡協議会）による「包括的自立支援プログラム」，日本訪問看護振興財団による「日本版在宅ケアにおけるアセスメントとケアプラン」，欧米・日本の14カ国の研究者からなる非営利団体による「MDS-HC」，全国社会福祉協議会による「居宅サービス計画ガイドライン」などが代表的なものである。それぞれ特徴があるが，主要な評価項目に限ってみれば，あまり大差はない。

ほぼ共通する主要な評価項目は，次のとおりである。

① 基本属性・フェイスシート　本人の氏名，性，生年月日，年齢などの基本属性，住所，緊急連絡先，相談者および相談経路・相談内容，要介護度，医療保険の種類などの基本的な情報を得るための項目からなる。

② 健康状態・受診状況　身長や体重，既往症，現在の病名，全身状態（拘縮・麻痺・褥瘡等），医学的な処置内容，受診状況および受診病院・主治医等に関する項目などである。

③ 身体および日常生活動作の状況（ADL）　視力，聴力，歩行，着替え，入浴，排泄，食事などの日常生活動作（Activity of Daily Living）を評価する項目からなる。独自の評価項目を用いているものと，介護保険制度の要介護認定調査の評価項目を用いているものがある。

④ 手段的日常生活活動動作の状況（IADL）　生活の管理・自立に必要な掃除，買い物，洗濯，服薬，金銭管理等の手段的日常生活活動動作（Instrumental Activity of Daily Living）に関する項目である。

⑤ 精神症状・障害の状況　認知症の症状（意志の伝達，認知，見当識等）および行動障害に関する評価項目である。

⑥ 家族介護者の状況　家族構成，家族介護者の続柄・同別居・健康状態・就労状況等に関する項目である。さらに親族や隣人・友人・ボランティアなどのインフォーマル支援の状況についても項目に含まれるものもある。

⑦ サービス利用状況　現在，利用しているサービスの種類と頻度，福祉用具等をチェックする項目である。

⑧ 住宅および居住環境　住宅の種類，居室・トイレ・浴室の状況，設備や立地環境の問題点等の項目のほか，家屋の見取り図を記入するものもある。

⑨ 経済状況　収入源，とくに年金の種類をチェックする項目が主である。

⑩ その他　共通項目ではないが，趣味や付き合い，老人クラブ等への参加の有無などの社会参加状況をチェックする項目が設けられているものがある。また，本人の1日の生活時間と介護者の介護時間を記入するスケジュール票が付いているものもある。

「アセスメント票」を用いる場合には，通常，評価者が「アセスメント票」の項目順に質問をし，回答を記入していく。問題は，回答欄の選択肢のどれに該当するかを判断するのが困難なケースが少なくないことである。マニュアルに一応の判断基準が示されているが，人の状態のある側面を数字に置き換えるわけであるから，本来，無理がある。アセスメントの目的と専門職としての経験を踏まえて，判断するしかない。ただし，それぞれの専門性に応じて容易に評価できる領域とできない領域があるので，必要に応じて複数の専門職によるチームアセスメントを行うことも必要である。

(2) 要介護認定調査票　介護保険は，被保険者の要介護状態又は要支援状態に対して，必要な保険給付を行うものである。このことは，「要介護状態又は要支援状態」がニードととらえられていることを意味する。被保険者が，介護保険サービスを利用するには，市町村に申請して「要介護状態又は要支援状態」にあるかどうか，あるとすればどのレベル（要支援1～2，要介護1～5）であるかを認定してもらわなければならない。

上述した「アセスメント票」は，サービス利用のためのニード把握であるのに対して，この要介護認定は，介護の必要度を判定するためのニード把握である。この判定に用いられている「介護サービス調査票」は，次の項目から構成されている。

① フェイスシート　本人の氏名，性，生年月日，年齢，住所および家族等の連絡先，過去の認定，現在利用しているサービスの種類・頻度，施設利用など。
② 身体および日常生活動作状況　麻痺，関節，寝返り，起き上がり，座位保持，両足立位保持，歩行，立ち上がり，片足立位保持，洗身，つめ切り，視力，聴力，移乗，移動，嚥下，食事摂取，排尿，排便，口腔清潔，洗顔，整髪，衣服着脱，

表8-3 基本チェックリスト

No.	質問項目	回答（いずれかに○をお付け下さい）	
①	バスや電車で1人で外出していますか	0. はい	1. いいえ
②	日用品の買物をしていますか	0. はい	1. いいえ
③	預貯金の出し入れをしていますか	0. はい	1. いいえ
④	友人の家を訪ねていますか	0. はい	1. いいえ
⑤	家族や友人の相談にのっていますか	0. はい	1. いいえ
⑥	階段を手すりや壁をつたわらずに昇っていますか	0. はい	1. いいえ
⑦	椅子に座った状態から何もつかまらずに立ち上がっていますか	0. はい	1. いいえ
⑧	15分位続けて歩いていますか	0. はい	1. いいえ
⑨	この1年間に転んだことがありますか	1. はい	0. いいえ
⑩	転倒に対する不安は大きいですか	1. はい	0. いいえ
⑪	6ヵ月間で2～3kg以上の体重減少がありましたか	1. はい	0. いいえ
⑫	身長　　　cm　体重　　　kg（BMI＝　　　）(注)		
⑬	半年前に比べて固いものが食べにくくなりましたか	1. はい	0. いいえ
⑭	お茶や汁物等でむせることがありますか	1. はい	0. いいえ
⑮	口の渇きが気になりますか	1. はい	0. いいえ
⑯	週に1回以上は外出していますか	0. はい	1. いいえ
⑰	昨年と比べて外出の回数が減っていますか	1. はい	0. いいえ
⑱	周りの人から「いつも同じ事を聞く」などの物忘れがあると言われますか	1. はい	0. いいえ
⑲	自分で電話番号を調べて，電話をかけることをしていますか	0. はい	1. いいえ
⑳	今日が何月何日かわからない時がありますか	1. はい	0. いいえ
㉑	（ここ2週間）毎日の生活に充実感がない	1. はい	0. いいえ
㉒	（ここ2週間）これまで楽しんでやれていたことが楽しめなくなった	1. はい	0. いいえ
㉓	（ここ2週間）以前は楽にできていたことが今ではおっくうに感じられる	1. はい	0. いいえ
㉔	（ここ2週間）自分が役に立つ人間だと思えない	1. はい	0. いいえ
㉕	（ここ2週間）わけもなく疲れたような感じがする	1. はい	0. いいえ

（注）BMI＝体重（kg）÷身長（m）÷身長（m）が18.5未満の場合に該当とする。
（出所）厚労省通知「地域支援事業の実施について」平成18年6月9日，老発0609001の別添2基本チェックリスト。

外出頻度など。
③ 精神症状・障害の状況　　意思伝達，理解・記憶，見当識，行動・心理症状など。
④ 日常生活活動動作状況　　服薬，金銭管理，日常の意思決定，買い物，調理など。
⑤ 医療　　過去14日間に受けた医療。
⑥ その他　　「障害高齢者の日常生活自立度（寝たきり度）」「認知症高齢者の日常生活自立度」。

　この要介護認定調査では，市町村職員または市町村から委託された介護支援専門員が申請者の自宅等に出向いて，高齢者本人および家族から聞き取り調査をする。その基本調査データをコンピュータに入力・判定した結果（1次判定）と特記事項（7項目，文章で記入），そして主治医の意見書を参考資料にして，市町村に設置された介護認定審査会（保健・医療・福祉の学識経験者により構成される第三者機関）において2次判定が行われる。その結果に基づいて，市町村が要介護認定を行い，本人へ通知することになっている。

　なお，2006年の介護保険法の一部改正により，介護予防に重点をおいた新予防給付が創設され，そのアセスメントでは，「基本チェックリスト」（表8-3）に加えて，①運動・移動，②家庭生活を含む日常生活，③社会参加・対人関係・コミュニケーション，④健康管理の領域についての評価項目が設けられた。

参考文献

NPO法人東京都介護福祉士会編［2012］，『新・要介護認定調査員ハンドブック（第3版）』看護の科学社

介護療養型医療施設連絡協議会・全国老人福祉施設協議会・全国老人保健施設協会編［2003］，『新 包括的自立支援プログラム』全国社会福祉協議会

厚生省大臣官房老人保健福祉部長通知［1992］,「老人保健福祉計画について」
全国社会福祉協議会編［2009］,『新版・居宅サービス計画ガイドライン——エンパワメントを引き出すケアプラン』全国社会福祉協議会
東京都老人総合研究所社会福祉部門編［1996］,『高齢者の家族介護と介護サービスニーズ』光生館
Biestek, F. P. [1957], *The Casework Relationship*, George Allen & UNwin.（田代不二男・村越芳男訳［1965］,『ケースワークの原則——よりよき援助を与えるために』誠信書房, 尾崎新・福田俊子・原田和幸訳［1996］,『ケースワークの原則——援助関係を形成する技法』［新訳版］誠信書房）

Column⑧　ゴールドプランと老人保健福祉計画

　1989年12月，当時の大蔵省，厚生省，自治省の3省合意による「高齢者保健福祉推進十か年戦略」（ゴールドプラン）が策定された。21世紀の超高齢社会に備えて，公的福祉サービスの整備を図るもので，1999年までにホームヘルパー10万人，ショートステイ5万人分，デイ（デイケア）サービス1万カ所，在宅介護支援センター1万カ所，特別養護老人ホーム24万床，老人保健施設28万床などを整備するという数値目標を掲げたプランであった。消費税導入を伴ったが，経済が回復・堅調な間に資本投下しておくという政策は評価されよう。とくに具体的な数値目標を示した点は画期的であった。

　この時期，国から地方への分権化が進められていた。1990年の福祉関係8法改正により老人ホーム入所の措置権を都道府県から町村に移譲し，市町村が在宅サービスと施設サービスを一元的に実施する体制を整えた。そして，地方自治体に「老人保健福祉計画」の策定を義務づけた。市町村の計画では，①事業（サービス）ごとの目標量，②目標量の確保のための方策，③供給体制の確保に必要な事項を定めること。都道府県の計画では，①区域ごとの老人ホームの必要入所定員総数，その他の事業の目標量，②施設整備・連携のための措置，③従事者の確保・質の向上のための措置，④供給体制の確保に必要な事項を定めることが求められた。

　厚生省は，当初，分権化を尊重して地方自治体の主体性に委ねていたが，結局，ガイドライン（厚生省大臣官房老人保健福祉部長通知「老人保健福祉計画について」1992年）を作成して，ニード量把握のための調査方法とサービス量推計のための算出方法を示した。そのニード量把握調査方法は，第8章の中で取り上げた。

　当時，3300近くあった地方自治体のほぼすべてが，期限の1993年までに策定したことは評価に値しよう。

第9章　ケアサービス保障の仕組み

　この章では，ケアサービス保障の仕組みである介護保険について学ぶ。介護保険は，2000年に創設されたが，それ以前は，介護施設も不足していたし，在宅介護の家族は支援が少なくて心身・経済ともに大変だった。そんな状況を解決するためにつくられた介護保険は，必要な人に必要なだけサービスを届けるためにどんな仕組みになっているのだろうか。そもそも，必要な人，必要な量は誰が判断し，サービスは誰が届けるのだろうか。そして，どんな制度もそのための費用が保障されなければ絵に描いた餅。費用は誰がどう負担し，サービスに対してどう支払われるのだろうか。介護保険を学ぶことによって，福祉サービスを保障する制度を考える視点を身につけることができるだろう。

1 虚弱期以降の高齢者を支援する仕組み

自立基盤の保障とケアサービス

高齢者の自立を支えるには,自立期,虚弱期,要介助期,ターミナル期すべてを通して,第2部で述べた所得保障,社会参加,生活環境整備が必要である。加えて,虚弱期,要介助期,ターミナル期には,ケアサービスがきわめて重要となる。もちろん,この時期にも,所得保障,社会参加等の支援は自立基盤を保障するうえで引き続き必要である。ケアサービスはそれらの上に付加して提供され,利用されるものだ。

しかし,年金が十分でなく,公共空間のバリアフリー化も進んでいなかった頃は,要介助期以降の高齢者への支援をすべてケアサービスで対応しようとする傾向があった。典型的には,特別養護老人ホームなどの福祉施設や病院などの医療施設に入所,入院してもらい,衣食住,社会参加まですべてを施設内で提供し,その費用もケアサービス費用として公的に負担するやり方である。しかし,このやり方は,①高齢者にとってそれまでの生活から切り離され,望ましいことでない,②増加する高齢者のニーズに施設整備や財政負担が対応しきれない,という問題があり,改革が求められた。

施設中心を改めるには,在宅サービスの抜本的充実が必要である。それを可能としたのは,2000年に導入された介護保険である。

介護保険創設の経緯

介護保険法は1997年に成立し,2000年に施行された。それ以前は,高齢者への介護サービスは,老人福祉法による特別養護老人ホーム等への措置と老人保健制度という医療保障の仕組みによるいわゆる老人病院への入

院として提供されていた。異なる制度で提供しているため、内容や費用負担にバランスを欠いていた。同じような心身の状況にある人であっても、老人病院では介護よりも医療に重点を置いたサービスが行われるため、実際にかかっている費用は老人病院のほうが高い。しかし、中程度以上の所得があると利用者負担は特別養護老人ホームのほうが高い。また、特別養護老人ホームはニーズに比べて不足していて、すぐには入所できないし、子が親の面倒を見ない親不孝者と非難されるなどのこともあり、入院医療の必要はないのに介護の必要から入院する「社会的入院」が多かった。病院は医療の場であるため、介護という観点からは質の低いサービスが行われることが多く、また医療資源が医療の必要のない人に使われているという意味で社会全体でみれば資源の無駄使いでもあった。

　介護保険はこのような弊害をなくし、高齢者への介護サービスを独立した1つの制度で提供するものであり、老人保健制度同様に社会保険の仕組みをとった。措置制度は財源が税である。税による社会福祉制度は生活保護が典型であるように、サービスを受けることに抵抗感をもつ国民が多い。これに対して、保険料を支払う社会保険はサービスに対して権利意識をもちやすい。介護保険の創設のとき、「保険あって介護なし」になるのではないかとサービスの整備に高い関心が寄せられたことが象徴的である。税財源のときはサービスを受けられなくてもあきらめていた人たちが、保険料を支払うと、必要なときにサービスが受けられないことに納得しないということだ。逆にいえば、増税と異なり、サービスが受けられるのであれば、給付と負担の関係が明確だから介護のための新たな負担を納得してもらいやすい。

　介護保険は社会保険だから、仕組みは医療保険に近い。ただ、医療保険のように勤め人とそれ以外で制度が異なるということはない。

制度は1つであり,また,運営するのは市町村である。また,①病院等の施設や事業者に属する医師がニーズを判断してサービスを提供するのではなく,第三者による介護認定を行うこと,②その市町村で提供するサービス量を,それに伴う財政負担とその結果の保険料水準も見込みながら決めていく介護保険事業計画があることなど,医療保険にはない仕組みも入れられている。

2 介護サービス提供の仕組み

誰が利用できる? 要介護認定

介護保険のサービスを利用できるのは,要介護や要支援と認定された人である。市町村に対して**要介護認定**を申請すると,保健師やケースワーカーが訪問調査して,その結果と主治医の意見書を介護認定審査会にかける。**介護認定審査会**は医師,保健師,社会福祉士など保健医療福祉の学識経験者から構成されていて,市町村に設置されている。この審査会でその人の要介護の状態とその状態が維持改善される可能性がどれくらいあるかを審査して,要介護認定基準によって自立,要支援1,2,要介護1から5までの8段階のいずれに当たるかを判定する(表9-1)。自立の人はサービスを利用できない。

また,40歳以上65歳未満の人については,要介護状態等が老化に伴って起きる病気(特定疾病)によらないと,介護保険のサービスは受けられない(表9-2)。だから,この審査会で,その点についても判定する。

表 9-1 要介護（要支援）認定者数

(2012 年 3 月末)

区分	要支援1	要支援2	要介護1	要介護2	要介護3	要介護4	要介護5	総数
人数（万人）	69	71	97	95	72	67	61	531
構成費（％）	13.0	13.4	18.2	17.9	13.6	12.5	11.4	100.0

（出所）厚生労働省「平成23年度介護保険事業状況報告（年報）」。

表 9-2 特定疾病

① 末期がん
② 関節リウマチ
③ 筋萎縮性側索硬化症
④ 後縦靱帯骨化症
⑤ 骨折を伴う骨粗鬆症
⑥ 初老期における認知症
⑦ 進行性核上性麻痺，大脳皮質基底核変性症およびパーキンソン病
⑧ 脊髄小脳変性症
⑨ 脊柱管狭窄症
⑩ 早老症
⑪ 多系統萎縮症
⑫ 糖尿病性神経障害，糖尿病性腎症および糖尿病性網膜症
⑬ 脳血管疾患
⑭ 閉塞性動脈硬化症
⑮ 慢性閉塞性肺疾患
⑯ 両側の膝関節または股関節に著しい変形を伴う変形性関節症

> どんなサービスがある？

介護保険のサービスは，**居宅サービス，施設サービス，地域密着型サービス，ケアマネジメント**の4つに大きく分けられる（表9-3）。居宅サービスとは，ホームヘルパーやデイサービスなどである。施設サービスは，**特別養護老人ホーム，老人保健施設，介護療養型医療施設**である。また，地域密着型サービスは，2006年4月から新

表9-3 サービスの種類

	介護給付で行うサービス	予防給付で行うサービス
都道府県が指定・監督を行うサービス	居宅サービス 　訪問サービス 　・訪問介護（ホームヘルプサービス） 　・訪問入浴介護 　・訪問看護 　・訪問リハビリテーション 　・居宅療養管理指導 　通所サービス 　・通所介護（デイサービス） 　・通所リハビリテーション 　短期入所サービス 　・短期入所生活介護（ショートステイ） 　・短期入所療養介護 　特定施設(有料老人ホーム，ケアハウス)入居者生活介護 　特定福祉用具販売 　福祉用具貸与	居宅サービス 　訪問サービス 　・介護予防訪問介護（ホームヘルプサービス） 　・介護予防訪問入浴介護 　・介護予防訪問看護 　・介護予防訪問リハビリテーション 　・介護予防居宅療養管理指導 　通所サービス 　・介護予防通所介護（デイサービス） 　・介護予防通所リハビリテーション 　短期入所サービス 　・介護予防短期入所生活介護（ショートステイ） 　・介護予防短期入所療養介護 　介護予防特定施設（有料老人ホーム，ケアハウス）入居者生活介護 　特定介護予防福祉用具販売 　介護予防福祉用具貸与
	居宅介護支援（ケアマネジメント）	
	施設サービス 　・介護老人福祉施設 　・介護老人保健施設 　・介護療養型医療施設	
市町村が指定・監督を行うサービス	地域密着型サービス 　・夜間対応型訪問介護 　・定期巡回・随時対応型訪問介護看護 　・認知症対応型通所介護 　・小規模多機能型居宅介護 　・複合型サービス 　・認知症対応型共同生活介護（グループホーム） 　・地域密着型特定施設（有料老人ホーム，ケアハウス）入居者生活介護 　・地域密着型介護老人福祉施設入所者生活介護	地域密着型介護予防サービス 　・介護予防認知症対応型通所介護 　・介護予防小規模多機能型居宅介護 　・介護予防認知症対応型共同生活介護（グループホーム） 介護予防支援（介護予防ケアマネジメント）

（出所）厚生労働省「全国介護保険担当課長会議資料」（平成17年8月）を加工。

たにできたサービスタイプで，**小規模多機能型施設**や小規模の特別養護老人ホーム，小規模の有料老人ホーム・ケアハウスなどがある。小規模で地域に密着したサービスなので市町村が指導監督する。これに対して，他のタイプの施設サービスは広域利用されるので都道府県が指導監督する。

　施設サービスは要支援の人は利用できない。ただし，有料老人ホームやケアハウスは，施設というより住まいなので，要支援の人もサービスが利用できる。

　居宅サービスと地域密着型サービスにも，要支援の人は利用できないものや，できる場合が限られているものがある。ひとことでいえば，要支援の人が利用できるのは**介護予防**に必要なサービスである。たとえばホームヘルパーの家事援助は，介護予防に役立つ場合にだけ要支援の人も利用できる。

　ケアマネジメントには，要介護の人向けの居宅介護支援と要支援の人向けの介護予防支援がある。

ケアプラン

　サービスはどれだけ利用できるのだろう？どんなサービスをどれだけ利用するかは，**ケアプラン**で決める。ケアプランはケアマネジメントでつくってもらう。

　介護保険で利用できる居宅サービスには**限度額**がある（表9-4）。ケアプランは，その範囲内で，その人の生活に合ったもっとも適切なサービスの組み合わせを考えてつくる。そのために，ケアマネジメントには，ケアサービスの知識とともに，ソーシャルワークの力も必要となる。

　限度額は要介護度によって異なる。居宅サービスのうち，ホームヘルパーなどの訪問，デイサービスセンターなどへの通所，特別養護老人ホームなどへの短期入所については，まとめて1カ月あたり

表9-4 居宅サービス（訪問・通所・短期入所）の支給限度額

(2014年4月)

要支援1	5,003 単位/月
要支援2	10,473 単位/月
要介護1	16,692 単位/月
要介護2	19,616 単位/月
要介護3	26,931 単位/月
要介護4	30,806 単位/月
要介護5	36,065 単位/月

(注) 1単位：10.00〜11.26円（地域やサービスにより異なる）。

で決められている。まとめて決められているのは，短期入所の間はデイサービスへの通所やホームヘルパーの訪問は要らないというように，相互に代替性があるからである。

サービス提供事業者　利用者はどこにサービスの利用申込みをすればいいだろう？　介護サービスを提供するのは，具体的には介護福祉士やヘルパー研修を受けた人などである。しかし，介護福祉士が個人としてサービスを提供しているわけではなく，施設や事業者が彼らを雇用してサービスを提供している。だから，利用の申込みは施設や事業者に対して行う。具体的には，介護保険施設，居宅サービス提供事業者，居宅介護支援事業者で都道府県知事の許可や指定を受けた者だ。地域密着型サービスについては，市町村長が指定を行う。

　指定や許可を受けるには，人員，設備・運営などがそれぞれ基準を満たしていなければならない。指定や許可は6年ごとの更新制で，一度指定を受けていても違反で処分を受けたりすれば更新されない。また，人員配置やサービス内容について公表が義務づけられているので，その情報は良い事業者を選択するうえで参考になる。

提供されたサービスに不満がある場合は，**苦情解決制度**が利用できる。利用者や家族は，苦情を都道府県の国民健康保険団体連合会に申し立てることができる。国民健康保険団体連合会は苦情等に基づき，必要な調査を行い，改善事項を示して申立人に通知する。また，市町村にも連絡する。

　苦情解決について，施設や事業者，ケアマネジャーも迅速に対応しなければならない。また，市町村も事業者を調査指導する。このように，苦情解決には，事業者自身，市町村，国民健康保険団体連合会が重層的な対応を行う。

> その地域に必要で十分なサービスとは？

　地域に必要で十分なサービスを整備するために，市町村は3年ごとに**介護保険事業計画**をつくる。この計画では，各年度のサービス見込み量を定め，それをどう確保するかの方策も定める。また，地域密着型の施設等について必要定員総数を定める。現在ある施設等の総数が必要定員総数を超えたら施設等が過剰なので市町村は新たな施設等の指定を拒否できる。計画では保険料水準の見通しも行う。サービス量を増やせば費用が増え，保険料が上がる。介護保険事業計画の作成委員会には住民の代表等も参加し，保険料水準とのバランスも考えながら必要で十分なサービス量を決めることになる。

　都道府県も3年ごとに**介護保険事業支援計画**をつくる。この中では，地域密着型でない施設について必要定員総数を定め，同様に過剰な場合に指定等を拒否できる。

> 要介護・要支援と認定されなかった人は？

　要介護・要支援と認定されなかった高齢者が利用できるサービスはないのだろうか。
　たとえば，要支援でなくても介護予防が必要な高齢者はいるだろう。介護保険には**地域支援事業**という仕組みがあり，その中の介護予防サービスは要介護・要支援以外の高齢者

図9-1 介護保険の給付・事業

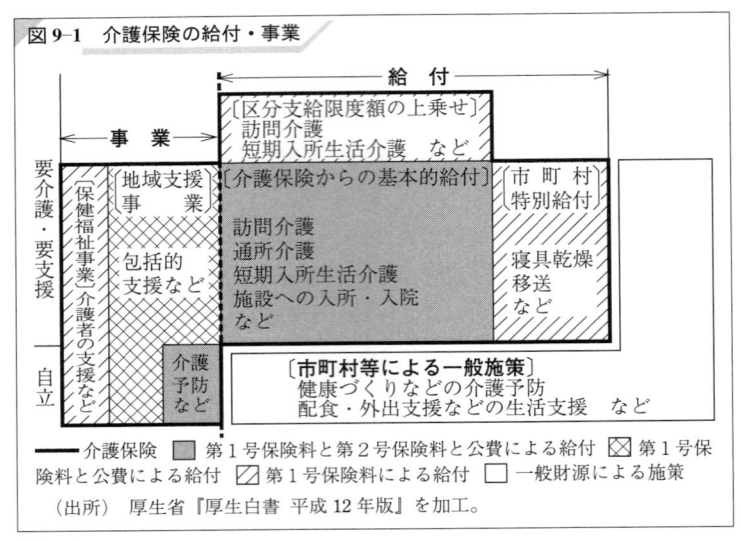

		事業	給付	
要介護・要支援	(保健福祉事業)介護者の支援など	地域支援事業　包括的支援など	〔区分支給限度額の上乗せ〕訪問介護　短期入所生活介護　など〔介護保険からの基本的給付〕訪問介護　通所介護　短期入所生活介護　施設への入所・入院　など	〔市町村特別給付〕寝具乾燥　移送　など
自立		介護予防など	〔市町村等による一般施策〕健康づくりなどの介護予防　配食・外出支援などの生活支援　など	

―― 介護保険　■ 第1号保険料と第2号保険料と公費による給付　⊠ 第1号保険料と公費による給付　▨ 第1号保険料による給付　□ 一般財源による施策

（出所）厚生省『厚生白書 平成12年版』を加工。

も利用できる。また，地域支援事業では，要介護・要支援以外の高齢者の**介護予防ケアマネジメント**，総合相談，虐待防止などの包括的支援も行う。市町村が行う事業だが，実際には**地域包括支援センター**に委託することが多い。センターには，保健師，主任ケアマネジャー，社会福祉士などが配置されている。介護保険にはこのほか，介護者の支援などを行う保健福祉事業という仕組みもある。

　また，高齢者が利用できるサービスは，介護保険のサービスだけではない。従来から市町村は老人保健法に基づき，保健センターなどで健康相談などの事業を行っている。また，低所得の高齢者は養護老人ホームに入所できる。これは，老人福祉法に基づき，その必要性について市町村が判断して措置を行うもので，その場合でも介護サービスについては，介護保険からのサービスを利用することとなる。

　このように虚弱期以降の高齢者へのサービスは，要介護・要支援

者に対する介護保険によるサービスだけではない（図9-1）。介護保険にも要介護・要支援以外の人に対するサービスがあるし、市町村が他の仕組みで行うサービスもある。介護保険に基づかない社会福祉協議会をはじめとする民間事業者や住民による支援もある。地域には高齢者に対するさまざまな支援があることを忘れてはいけない。

3 費用保障の仕組み

誰が費用を負担するのか？

サービスを提供するには費用がかかる。その費用全額を利用者が負担することは難しいので、利用者以外の人たちが何らかの形で負担することが必要だ。そうでなければサービスは維持できない。だから、サービスの保障は、サービスを利用しない人たちが納得して負担を続けてくれる費用保障の仕組みと一体的につくることが、重要である。

行政によるケアサービスは、介護保険以外はほとんど公費つまり税金で行われている。自治体も財政は厳しいので、教育や道路やごみ処理などさまざまなサービスの中で高齢者のケアサービスにどれだけ公費を振り向けるかは、それぞれの市町村長とその議会の判断になる。

これに対して介護保険では、運営するのは市町村だが、保障するサービスとその費用を誰がどれだけ負担するかが決まっている。保障するサービスの内容と水準は第2節で述べたとおりであり、費用負担については、まず、利用者が原則として1割を負担する。それ以外の分は、公費つまり税金で50％、保険料で50％負担する。保険料の中では65歳以上の人（**第1号被保険者**）が21％、40歳以上

表 9-5　給付費負担割合（全国ベース）

(2012～2014 年度)

公費	50%	国 25%（居宅） 20%（施設等）	定率	20%（居宅） 15%（施設等）
			調整交付金 5%	
		都道府県	12.5%（居宅） 17.5%（施設等）	
		市町村 12.5%		
保険料	50%	第1号保険料 21%		
		第2号保険料 29%		

（注）　施設等とは，都道府県知事が指定権限を有する介護老人福祉施設，介護老人保健施設，介護療養型医療施設，特定施設に関わる給付費。居宅とは施設等以外に関わる給付費。

表 9-6　費用負担割合（個々の保険者ベース）

			利 用 者 負 担		
国		都道府県	市町村	第2号保険料	第1号保険料
20%（居宅） 15%（施設等） $\Big\}+\alpha$		12.5%（居宅） 17.5%（施設等）	12.5%	29%	26% － α

（注）　α は国の調整交付金。

65 歳未満の人（**第 2 号被保険者**）が 29％ と負担割合が決まっている。21％ と 29％ は日本全国のその年齢層の人口比である。だから，高齢化が進んでも，保険料の 1 人当たり平均額は両方のグループでほぼ同じになる（表 9-5）。

　公費の中では，国，都道府県，市町村による負担割合が，施設サービスに要する費用以外は 25％，12.5％，12.5％，施設サービスに要する費用は 20％，17.5％，12.5％ と決まっている。ただ，国の負担のうち，5％ 分は市町村の状況に応じて交付する。**後期高齢者**（75 歳以上の人）が多い市町村，65 歳以上の人に低所得者が多い市

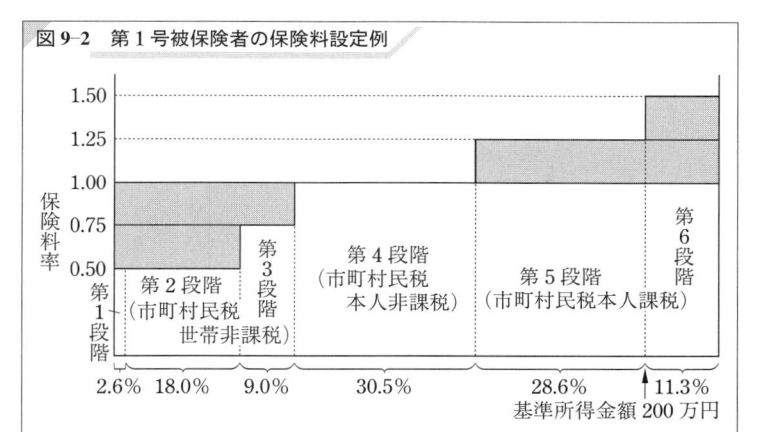

図9-2　第1号被保険者の保険料設定例

保険料率

- 1.50
- 1.25
- 1.00
- 0.75
- 0.50

第1段階
第2段階（市町村民税世帯非課税）
第3段階
第4段階（市町村民税本人非課税）
第5段階（市町村民税本人課税）
第6段階

2.6%　18.0%　9.0%　30.5%　28.6%　11.3%
基準所得金額 200万円

第1段階対象者：生活保護者，市町村民税世帯非課税で老齢福祉年金受給者
第2段階対象者：課税年金収入額＋合計所得金額≦80万円/年を満たす者
第3段階対象者：市町村民税世帯非課税で第2段階対象者以外の者

（注）
1) 保険料率は，基準となる第4段階の保険料の金額を1としたときに各保険料がその何倍となるかを表したもの。
2) 第2段階の保険料率は0.5〜0.75の間で市町村が設定。
3) 第5段階より上の段階数，区切り方，保険料率は市町村が設定。
4) 基準所得金額とは，課税年金収入額＋合計所得金額。
5) 対象者の割合は全国平均での推計。

（出所）厚生労働省「全国介護保険・老人保健事業担当課長会議資料 平成17年9月」。注は筆者が追加。

町村であれば，国はより多く負担する。というのも，後期高齢者が多いほど要介護者が多くなり保険料が高くなる。また，低所得者が多いほどその分の負担が他の人にまわって保険料が高くなるから，これを調整するために国の負担割合を増減させるのだ（表9-6）。

保険料の決め方　具体的な1人ひとりの保険料は，どうやって決めるのだろう？　保険料の総額がそれぞれのグループの負担額と等しくなるように，計算して決める。

第1号被保険者の保険料は所得段階別の定額保険料である。市町村民税が本人は非課税であるが世帯の中には課税されている人がい

表9-7 被保険者

	第1号被保険者	第2号被保険者
対象者	65歳以上の者 （約2,978万人）	40歳以上65歳未満の医療保険加入者 （約4,299万人）
受給権者	・要介護者 ・要支援者	左のうち，初老期認知症，脳血管障害等の老化に起因する疾病によるもの
保険料負担	所得段階別定額保険料（低所得者の負担軽減）	・健保：標準報酬×介護保険料率（事業主負担あり） ・国保：所得割，均等割等に按分（公費負担あり）
賦課・徴収方法	・市町村が徴収 ・年金額18万円以上は天引き，それ以外は普通徴収	医療保険者が医療保険料として徴収し，納付金として一括して納付

（出所）厚生省『厚生白書 平成12年版』を，厚生労働省「平成23年度介護保険事業状況報告（年報）」により修正。人数は第1号被保険者は2012年3月末，第2号被保険者は2012年度内の月平均値。

る場合を基準とする。基準より所得の低い層を3段階に，基準より所得の高い層を2段階以上に分けて，市町村が所得の高いほうが保険料が高くなるように金額を設定する（図9-2）。

　保険料は原則として国などが年金から天引きして介護保険の保険者である市町村に支払う。天引きされずに市町村が直接保険料を徴収するのは年金が月額1万5000円未満の人である。

　第2号被保険者の保険料は，健康保険組合などが医療保険の保険料の中に介護保険料も含めて徴収する。だから，保険料の決め方も医療保険と同じで，勤め人などの加入する健康保険では給与やボーナスに一定の率をかけて計算し，半分は会社が負担する。国民健康保険の場合は，半分は国庫負担で，残りを所得などに応じた応能割と家族の人数などに応じた応益割で計算する。第2号被保険者の保険料は健康保険組合などが介護保険の保険者である市町村に支払う。

表9-8 利用者負担段階

利用者負担段階		対象者
所得の低い人	第1段階	・市町村民税世帯非課税の老齢福祉年金受給者 ・生活保護受給者
	第2段階	・市町村民税世帯非課税であって，課税年金収入額と合計所得金額の合計が80万円以下の人
	第3段階	・市町村民税世帯非課税であって，利用者負担第2段階以外の人（課税年金収入が80万円超266万円未満の人など）
第4段階		・上記以外の人

（出所）厚生労働省「みんなで支えよう介護保険」（2005年8月）。

表9-9 高額介護サービス費・高額介護予防サービス費

（2005年10月）

利用者負担段階	負担限度額
第1段階	1万5000円/月
第2段階	1万5000円/月
第3段階	2万4600円/月
第4段階	3万7200円/月

　第1号被保険者と第2号被保険者は保険料の決め方や払い方のほか，第2節で述べたとおりサービス利用の要件も異なる。第2号被保険者は，老化に伴う病気による要支援・要介護状態でなければサービス利用はできない（表9-7）。

利用者負担　サービス利用者の負担は1割である。ただし，利用者負担額が月に一定の割合を超えた場合は，超えた分が**高額介護サービス費，高額介護予防サービス費**として介護保険から償還される（表9-8，表9-9）。

　ケアプラン作成などの居宅介護支援，介護予防支援は利用者負担はない。

図 9-3 補足給付の仕組み(食費の場合)

(2012 年 4 月)

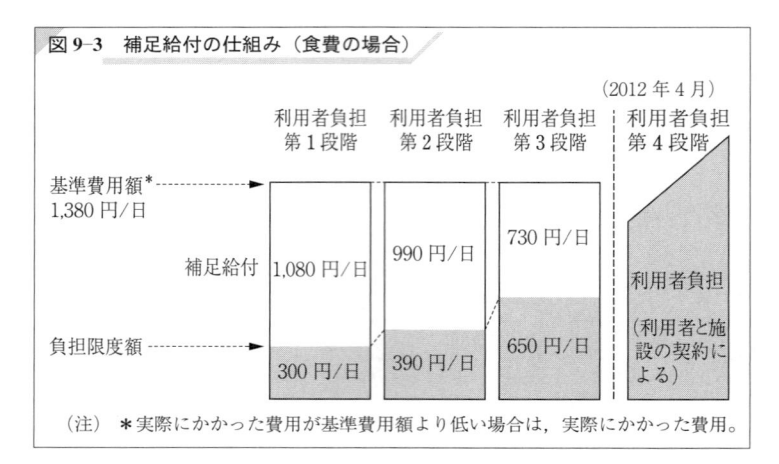

	利用者負担 第 1 段階	利用者負担 第 2 段階	利用者負担 第 3 段階	利用者負担 第 4 段階
基準費用額* 1,380 円/日 補足給付	1,080 円/日	990 円/日	730 円/日	利用者負担 (利用者と施設の契約による)
負担限度額	300 円/日	390 円/日	650 円/日	

(注) *実際にかかった費用が基準費用額より低い場合は,実際にかかった費用。

表 9-10 居住費の負担限度額と基準費用額

(2012 年 4 月)

	負担限度額			基準費用額
	第 1 段階	第 2 段階	第 3 段階	
多床室(相部屋)	0円/日	320円/日	320円/日	320円/日
従来型個室				
①特養等	320円/日	420円/日	820円/日	1150円/日
②老健・療養等	490円/日	490円/日	1310円/日	1640円/日
ユニット型準個室	490円/日	490円/日	1310円/日	1640円/日
ユニット型個室	820円/日	820円/日	1310円/日	1970円/日

(注) 1) ①は特別養護老人ホーム,短期入所生活介護の場合。②は老人保健施設,介護療養型医療施設,短期入所療養介護の場合。
2) なお,施設には平均的な居住費(=基準費用額)と上表の負担限度額の差額が,補足給付として,介護保険から給付される。

また,施設サービスの場合は,食費と部屋代も利用者の負担となる。金額については施設が決めるが,負担が重くなりすぎないように,低所得者の所得に応じた負担限度額を定め,限度額と実際の食費や部屋代との差額を補足給付として介護保険から支払う。その場

表 9-11 介護保険施設サービスの1カ月当たり介護報酬

(2014年4月)

	介護福祉施設	介護保健施設	介護療養施設
要介護1	19,890 単位	23,850 単位	23,670 単位
要介護2	21,990 単位	25,260 単位	26,940 単位
要介護3	24,210 単位	27,210 単位	33,990 単位
要介護4	26,310 単位	28,800 単位	36,990 単位
要介護5	28,410 単位	30,420 単位	39,690 単位

(注) 1) 1カ月30日で計算。
2) ユニット型個室(介護保健施設は従来型,介護療養施設は病院型)の場合。
3) 加算,居住費,食費は含まれていない。

合には食費や部屋代の上限が基準で定められる(図9-3,表9-10)。

サービスの値段と支払い方

介護サービスの値段は,**介護報酬**といい,国によって決められている。サービスごとに○単位というふうに決まっており,1単位あたりの金額は地域によって物価や人件費が異なるのでやや異なる(表9-11)。施設の介護報酬は要介護度別に月単位の定額で決まっている。通所サービスは1回あたりの定額,訪問介護は1回あたり滞在時間に応じて決まっている。

事業者は,利用者負担を除いた額を市町村に請求して支払いを受ける。しかし,利用者にはいろいろな市町村の人がいる。また,各市町村の住民もいろいろな事業者を利用する。それを仕分けて請求したり,支払ったりするのは事業者も市町村も煩雑である。それで,都道府県ごとにある国民健康保険連合会が,いろいろな事業者からの請求を市町村ごとに整理して請求する。事業者は国民健康保険団体連合会だけに請求すればいいし,市町村もそこに対して支払えばいいわけである。

Column⑨ 介護保険の利用

　A夫さんとB子さんの夫婦は86歳と82歳。A夫さんは仲間との囲碁が楽しみ、B子さんは料理が自慢。子どもは2人いるが県外で結婚している。

　ある日、B子さんがお風呂で転んでしまった。痛くて起き上がれないので医者に見せたところ、骨折しているとのこと。入院してリハビリを行い、病院では何とか立ち上がって少しなら伝い歩きもできるようになった。ところが退院すると、自宅は段差が多く、廊下も狭いので車いすは使えない。また転ぶのが心配で、B子さんはベッドからほとんど離れなくなり、何だか気力もなくなって、病院のリハビリにも行かなくなってしまった。A夫さんもB子さんが心配でゆっくり出かけることもできず、つい、いらいらして声を荒げてしまうこともある。

　A夫さんは、退院するとき、介護保険の認定を受けたら、と言われたけれど自分で世話できるからと断ったのを思い出し、やはり相談してみることにした。病院が紹介してくれたケアマネジャーに相談すると、早速訪問して介護認定の申請手続きをとってくれた。また、デイサービスの利用を勧められ、B子さんは最初は気乗りしない様子だったが、説明を聞いて見学だけならと同意した。行ってみたら知り合いも来ていることがわかり、B子さんはすっかり気に入ってしまった。介護認定は要介護1だったので、ケアプランをつくってもらい、週2回デイサービスに通うことにした。デイサービスの利用料は1割の本人負担が入浴加算を含めて727円で、食費と合わせても1回当たり約1300円。その間、A夫さんは囲碁仲間に会って気分転換ができ、B子さんに当たることもなくなった。支給限度額は16,580単位なのでヘルパーも利用できると勧められたが、A夫さんもB子さんも知らない人が家に来るのはいやだし、今のところA夫さんが世話できるのでデイサービスだけにした。でも、A夫さんが具合が悪くなったりしたらいつでもヘルパーに来てもらえるのがわかったので、安心だ。

　B子さんはデイサービスに行き始めて気持ちが前向きになり、ケアマネジャーの勧めで、介護保険を使って段差をなくし手すりをつける住宅改修をしたところ、家の中を動けるようになり、今では、A夫さんに得意の料理を教えながら一緒に家事を楽しめるまでになった。

第10章 相談援助

ソーシャルワークとケアマネジメント

　本章では、高齢者の相談援助における方法論としてソーシャルワークとケアマネジメントについて学ぶ。はじめに、高齢期の特性である「複合喪失」にふれ、高齢者への相談援助の必要性を理解したあと、相談援助の前提となる高齢者とのコミュニケーションを円滑に進めるための留意点を整理する。そのうえで、ソーシャルワークの代表的な方法である個別援助技術、集団援助技術、地域援助技術について概観する。さらに、高齢者らの地域生活支援の方法として着目されるケアマネジメントについて学び、中でも介護保険制度のもとでケアマネジメントを実践する介護支援専門員の役割や基本姿勢を理解する。また、高齢者の権利擁護の必要性を指摘し、成年後見制度などの諸制度による権利擁護のあり方を理解する。最後に、高齢者に相談援助を実施した事例から、相談援助の実際を垣間見ることにする。

1 高齢期の「複合喪失」

　高齢期は，退職，経済力の減退，配偶者や友人との死別，心身の自立や健康の喪失，死への直面といった環境の変化や喪失を体験する時期である。これらの体験の多くは，連鎖的に起こることが少なくないことから**複合喪失**とも呼ばれる。複合喪失に対する対処のあり方が，高齢者の生活と人生の質に大きな影響を及ぼすことから，ソーシャルワークやケアマネジメントなどの相談援助では，高齢者のこれまでの生き方や喪失体験に関する「思い」を傾聴しながら，高齢者自身が喪失体験にスムーズに対処し，その人らしい人生を完結できるよう支援する。

2 高齢者とのコミュニケーション

　相談援助を展開するためには，高齢者と円滑なコミュニケーションをはかることが不可欠である。相談援助におけるコミュニケーションでは，傾聴，観察，波長合わせ，明確化，励まし，要約，反映などの諸技法に合わせ，多様な質問形式（開かれた/閉じた）や手段（言語的/非言語的）が選択的に活用される。以下では，高齢者との間に起こりやすいコミュニケーション障害と，相談援助者に求められる配慮や工夫について言及しておこう。

感覚器官の老化と障害　　高齢者は感覚器官の老化に伴い，「耳が遠くなる」「細かい字が読めない」「反応や動作が緩慢になる」といったコミュニケーション上の困難を抱きやす

い。また，**認知症**による記憶障害や見当識障害，内科的な疾患による意識障害をもつ者も少なくない。相談援助者は，こうした障害の内容や程度を的確に把握し，障害を軽減する手だてを講じる。たとえば，耳元でゆっくり話す，大きな字を書く，高齢者のテンポに合わせる，補聴器や文字盤等の補助具を活用するといった工夫をする。また，手を握る，腰をかがめて高齢者の目線に合わせる，といった非言語的なコミュニケーションを用いて，高齢者が安心して自分の気持ちを伝えられるようにする。高齢者の体力や体調に合わせ，面接の場所や時間の設定にも配慮が求められる。

儒教思想と年齢差

一般的に，援助者と被援助者の年齢や性別などの基本属性が類似しているほど信頼関係が築きやすいといわれているが，高齢者と援助者には通常かなりの年齢差があり，援助者が年下であることが多い。年齢差は価値観や行動様式の差異をもたらし，相互理解を困難にする。とりわけわが国では，儒教思想の影響から年上の者を敬う文化があるため，目上の者に対して助言することは侮辱的な行為と見なされることがある。援助者はこうした文化をふまえ，専門家としての自信や誇りはもちつつも，年配者である高齢者への尊敬の念を失うことなく，誠実に対応していかなくてはならない。認知症であったとしても，子どものように扱うことは論外である。

偏見やイメージ

援助者が抱く高齢者への偏見やイメージは援助関係に影響を与える。高齢者に対して否定的感情やイメージをもっていたり，老いに対する恐れなどがあると，高齢者の状況や気持ちを正しく理解することが難しくなる。援助者は，こうした自分の特性や感情を自己覚知し，コントロールしていかなければならない。そのために，専門家から**スーパービジョン**を受けて実践を客観的に見直すことも必要である。

回想と語り

最後に，高齢者の**回想**についてふれておきたい。高齢者との会話では回想が多く語られる。多忙な援助活動の中で繰り返される昔話は敬遠されがちであるが，高齢者の回想は人生を総括する老年期の発達課題と密接に関係しており，意味深い行為であることが指摘されている。高齢者の回想的な**語り**の中に，高齢者が求めているものが隠されていることが少なくない。相談援助にあたっては，こうした回想を高齢者の理解と援助に役立てるよう心がけたい。

3 相談援助のレパートリー

相談を通して高齢者とその家族を援助する代表的な方法論に**ソーシャルワーク**と**ケアマネジメント**がある。ソーシャルワークは，個人と環境の相互作用に着目し，双方への働きかけを通して個人のウェルビーイングや社会生活環境の改善をはかっていく方法であり，働きかける対象や目的によっていくつかの方法に分類される。ここでは，①**個別援助技術**，②**集団援助技術**，③**地域援助技術**の3つを取り上げる。ケアマネジメントは，脱施設化が進められた1970年代以降，多様なサービスをコーディネイトしながら障害者や高齢者の地域生活を支援する方法として米英を中心に発展してきた方法である。ケアマネジメントはソーシャルワークの一部であるとする考え方もあるが，ケアマジメントにもさまざまなモデルがあり，合意には至っていない。なお，実際には，特定の方法のみを活用するのではなく，問題の性質や状況に応じて適切な方法を選択したり，複合的に活用する（**ジェネラリスト・アプローチ**と呼ばれる）。

個別援助技術

(1) **個人と家族への援助**　個別援助技術は，利用者が社会生活上で直面する問題を個別に援助していく場合に用いられる。高齢者は，先にあげた「複合喪失」によってさまざまな心理的・社会的な問題や生活困難に直面する。個別援助技術は，こうした問題に対して，利用者の心理的力動に着目しながら，利用者の内的・外的な資源の活用や調整を行い，問題解決を支援する方法である。20世紀にかけて主として米国で発展した個別援助技術は，精神分析の影響のもとに利用者の精神内界への働きかけを重視する**治療モデル**から，システム理論や生態学の考え方に基づいて，生活を構成する多様な因子間の相互作用に対する介入を重視する**生活モデル**へシフトしている。また，依拠する理論によって**心理社会的アプローチ**，**機能主義的アプローチ**，**問題解決アプローチ**など多様なアプローチがあり，近年は，利用者の潜在的なパワーの開発や強化を志向する**エンパワーメント・アプローチ**や，利用者の語るストーリーの再構成をめざす**ナラティブ・アプローチ**などが提起されている。わが国では，個別援助技術は**福祉事務所**や**地域包括支援センター**などの相談機関をはじめ，社会福祉施設や病院の相談員らによって日常的に用いられている。

(2) **相談面接における実践原則**　相談面接における専門職の実践原則としては，バイステック[2006]が提唱した①個別化，②受容，③非審判的態度，④意図的な感情表出，⑤統制された情緒的関与，⑥自己決定，⑦秘密保持の7つの原則が知られている。相談援助者は，利用者や利用者の抱える問題に対する先入観やステレオタイプを排し，あくまでも個別に援助を展開しなければならない（原則①）。どのような状況においても，利用者の立場を共感的に理解し，受容するところから援助関係は出発し（原則②），利用者の考え方や行動を世間の常識や一定の価値観のみによって評価しない

（原則③）。援助の過程で表出される感情の取扱いはとりわけ重要である。適切な利用者の感情表出は利用者の気持ちの整理を促し（原則④），援助者は感情的に巻き込まれない態度を堅持しつつ，利用者の気持ちにそった情緒的関与を行う（原則⑤）。判断においては利用者の自己決定を最大限尊重し（原則⑥），相談によって知りえた利用者の個人情報は口外してはならない（原則⑦）。

(3) 個別援助技術における留意点　　個別援助技術は，①インテーク，②アセスメント（事前評価），③援助計画の立案，④援助計画の実施（介入），⑤再評価とフォローアップ，というプロセスで実施される。高齢者の個別援助技術の展開にあたってとくに留意すべき点を以下にあげておきたい。

第1に，高齢者の場合は，保健，福祉，医療，所得保障，住宅などニーズが多領域にまたがる場合が多いため，相談援助者は，地域の社会資源について熟知し，日頃から関係者らと良好な関係性を保っておくことが必要である。また，高齢者はサービス利用に消極的であったり，制度や援助について正確な知識や情報を得られない場合も少なくないことから，援助者のほうから積極的にニーズの発見にのりだす**アウトリーチ**の姿勢をもつことが大切である。

第2に，高齢者の抱える問題は，多様な要因が複雑に絡み合いながら長い時間をかけて形成されてきたものが多いため，要因間の全体関連性および歴史性を十分に認識しておく必要がある。

第3に援助計画の立案と実施にあたっては，ニーズが多領域にまたがる場合が多いことから，関係者によるチーム・アプローチが肝要になる。また，本人と家族の意向が一致しないことが少なくないため，援助の方向性を定めるときにディレンマが生じやすいが，援助者は立場の弱い者の意思を代弁しながら，高齢者と家族の双方の生活の質の最適化をはかる方法を模索していかなければならない。

最後に，高齢者の場合は事態が急変することも少なくないので，継続的なモニタリングを行い，必要に応じて危機介入を行う。

集団援助技術

(1) **社会的存在としての高齢者**　人間は家族や地域社会における多様な人々とのつながりを通してアイデンティティを形成し，自己実現をはかる社会的存在である。このような特性を利用し，参加者間のグループ力動を活用して，参加者個人の健全な成長・発達や抱える問題の解決をめざすのが集団援助技術である。高齢者は，先に論じた複合喪失によって自己のアイデンティティを見失ったり，心身機能の低下によって必要な人々との関係性を維持することが困難になりやすい。こうした問題を軽減し，高齢者が自己のアイデンティティを再確認し，問題を解決して人生の総括と統合を行い，自己実現をはかることを支援するために集団援助技術が用いられる。

(2) **多様な高齢者と援助モデル**　集団援助技術は，多様な高齢者および場面において用いられる。自立期にある高齢者では，共通の趣味や生きがい活動を通して人間関係や生活を豊かにするための援助が行われる。このようなアプローチは，老人クラブや老人福祉センターなど心身の自立度が比較的高い高齢者らが集う場面でよく用いられる。プログラムは，参加メンバーの希望にそって決定するなど，メンバーのリーダーシップや主体性を最大限重視したものであることが望ましい。他方，近親者を失って悲嘆にくれている高齢者や，生きがいを喪失している高齢者などの心理的なニーズの高い高齢者に対しては，心理的・社会的な問題の解決を集団の力動を活用して行う治療的なアプローチや，メンバー間の相互支援を基盤にするセルフヘルプ・グループを活用するのが有効であろう。身体的な自立度が低い高齢者に対しては，運動や活動を通して心身機能の低下を防ぐリハビリテーションを志向したアプローチが必要になる。

このアプローチは，通所介護が実施される場面や，入院・入所している高齢者へのさまざまなグループ活動において用いられる。このアプローチでは，参加者の心身の障害に合わせたプログラムを選定し，活動への参加を支援する介助者を配置するなどの配慮が不可欠である。とりわけ，参加者に認知障害や気分障害が認められるときは，参加者の個別のニーズに十分に留意し，必要に応じて個別的な対応をはかる必要がある。

地域援助技術

(1) **地域共同体の脆弱化** 地域援助技術は，地域社会における社会関係に介入し，個人や集団に対する援助技術が有効に機能するように社会資源を調整・開発する技術である。戦後，急速に進んだ都市化，工業化，核家族化等の社会変動は，地縁・血縁関係を基盤とした旧来の地域共同体を脆弱化させ，地域社会における人間関係の希薄化をもたらしている。こうした中で進展する高齢化のもとで，高齢者と介護する家族の孤立や孤独を防ぎ，生活を支援するために，地域住民や地域の社会資源を組織化し，地域社会を福祉コミュニティとして活性化する必要性が高まっている。

(2) **地域社会の組織化** 地域社会の組織化は，**地域組織化**と**福祉組織化**という2つの組織化によって進められる。地域組織化は，地域社会の住民の組織化をさし，福祉組織化には，利用者（当事者）の組織化とサービス提供機関，とりわけ在宅福祉サービスを中心とするサービス提供機関の組織化がある。組織化をはかるために，①地域社会診断，②集団・組織診断，③住民組織化，④社会資源開発，⑤集団・組織の団体間調整，⑥情報収集と情報提供，⑦活動記録と評価，⑧地域福祉計画の策定，⑨ソーシャルアクションといった機能的方法が，問題や状況に応じて複合的に用いられる。

わが国では，伝統的に**社会福祉協議会**が地域社会の組織化を進め

る中心的な役割を担っており，食事サービスや各種の在宅サービスを先駆的に開発し，組織化してきた。また近年は，小地域における見守り支援ネットワークづくりや，閉じこもりがちな高齢者らが地域でふれあう場づくりである**ふれあい・いきいきサロン**の組織化も推し進めている。このほか，社会福祉協議会以外にも住民参加型サービスやボランティアを組織化する各種団体や機関，地域にサテライト型のサービスを展開する福祉施設などにおいても，地域援助技術が積極的に活用されている。介護保険制度に基づくサービスはもとより，それ以外の多様なサービスや地域活動を含めた**地域包括ケアシステム**の構築に向けて，地域援助技術が大いに役立つことが期待されている。

ケアマネジメント

(1) **ケアマネジメントとは**　ケアマネジメントは，社会生活上のニーズをもつ個人と，多元的なサービス供給システムから提供される諸サービスとを結びつけ，サービス利用のプロセスを調整し，ニーズの不充足な状態が生じないように両者の関連性を継続的にモニタリングし，必要に応じてその調整を繰り返す支援の方法である。①インテーク・契約，②アセスメント，③ケース目標の設定とケアプランの作成，④ケアプランの実施，⑤モニタリング，⑥ケアプランの見直しと新プランの実施，⑦終結，というプロセスによって展開される。

(2) **介護支援専門員によるケアマネジメント**　わが国では，ニーズの長期化・慢性化，サービス提供主体の多様化，家族の介護負担の増大，判断能力に障害をもつ者の増加といった状況に対応するために2000年4月から介護保険法が施行され，資格を有する**介護支援専門員**（ケアマネジャー）が**介護支援サービス**（ケアマネジメント）を提供している。図10-1のとおり，要介護高齢者に対しては，居宅介護支援事業所の介護支援専門員が，要介護度に応じて設定され

図10-1 介護保険制度におけるケアマネジメント

```
                                    ┌─────────────────────────────────────┐
                                    │ 居宅介護支援事業所・介護保険施設      │
                              要    │ ケアマネジメント                     │
                              介    │ ①インテーク・契約                    │
                              護    │ ②アセスメント                        │
                              高  → │ ③ケース目標の設定とケアプラン作成    │
          介                  齢    │ ④ケアプラン実施                      │
  高      護                  者    │ ⑤モニタリング                        │
          認                        │ ⑥ケアプラン見直しと新プランの実施    │
  齢 申請 定                        │ ⑦終結                                │
       →  審                        └─────────────────────────────────────┘
  者      査                        ┌─────────────────────────────────────┐
          会                  要    │ 地域包括支援センター等               │
                              支    │ 介護予防ケアマネジメント             │
                              援    │ ①インテーク・契約                    │
                              高  → │ ②アセスメント                        │
                              齢    │ ③ケース目標の設定とケアプラン作成    │
                              者    │ ④ケアプラン実施                      │
                                    │ ⑤モニタリング                        │
              抽出  2次予防対象者   │ ⑥ケアプラン見直しと新プランの実施    │
               →                    │ ⑦終結                                │
                                    └─────────────────────────────────────┘
```

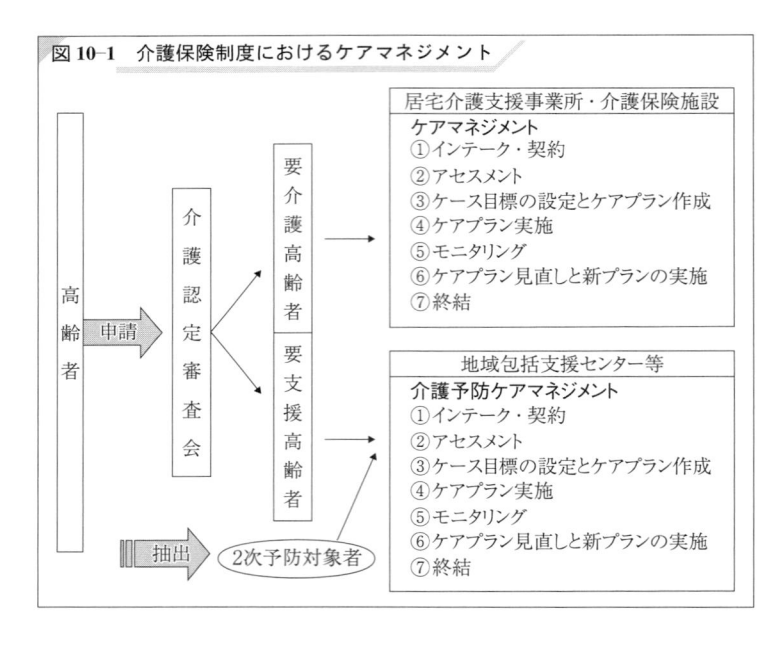

ている支給限度基準額を踏まえて(基準額を超過した場合は利用者の自己負担となる)**介護サービス計画**(ケアプラン)を作成している。さらに,2006年から導入された**介護予防**については,要支援と認定された高齢者らに対して,地域包括支援センター等において介護予防ケアマネジメントが実施されている。

　要介護度が同じであっても,利用者の状況,介護者の状況,利用者の意思によって作成される介護サービス計画はさまざまである。たとえば,同じ要介護5の利用者であっても,通所サービス利用の可否や医療・看護の必要性によってさまざまなサービスの組み合わせが考えられる(表10-1)。

　(3) **介護支援専門員**(ケアマネジャー)**の基本姿勢**　　相談援助職に一般的に求められる実践原則や基本姿勢に加えて,介護支援専門

表10-1　多様なケアプラン

要介護5：訪問サービス中心

	月	火	水	木	金	土	日
朝	訪問介護(巡回型)	訪問介護(巡回型)	訪問介護(巡回型)	訪問介護(巡回型)	訪問介護(巡回型)	訪問介護(巡回型)	訪問介護(巡回型)
昼	訪問介護(巡回型)	訪問看護	訪問入浴	訪問リハビリ	訪問介護(巡回型)	訪問介護(巡回型)	
夕方	訪問介護(巡回型)	訪問介護(巡回型)	訪問介護(巡回型)	訪問介護(巡回型)	訪問介護(巡回型)	訪問介護(巡回型)	訪問介護(巡回型)

短期入所：6カ月に6週

要介護5：通所サービス中心

	月	火	水	木	金	土	日
朝	訪問介護(巡回型)	訪問介護(巡回型)	訪問介護(巡回型)	訪問介護(巡回型)	訪問介護(巡回型)	訪問介護(巡回型)	訪問介護(巡回型)
昼	訪問介護(巡回型)	通所介護	訪問介護(巡回型)	通所リハビリ	通所介護	訪問介護(巡回型)	
夕方	訪問介護(巡回型)	訪問介護(巡回型)	訪問介護(巡回型)	訪問介護(巡回型)	訪問介護(巡回型)	訪問介護(巡回型)	訪問介護(巡回型)

短期入所：6カ月に6週

員には，以下のような点が求められている。

　第1に，公平で中立を保つ必要性である。介護支援専門員は，すべての利用者に対して公平に接しなくてはならない。また，利用者の立場を擁護するという基本的立場は堅持しつつも，利用者の家族や関係者の立場や意思も勘案し，それぞれの生活の質が最適化されるよう中立的な立場から専門的に助言する。さらにサービス事業者

間にあっても中立を保ち，特定の事業者の便宜をはかるような行為は慎まなければならない。

　第2に，利用者本位の立場から，利用者の自己決定を尊重し，促すよう働きかける姿勢が求められる。高齢者は，控えめで自己主張しなかったり，認知症などのために判断能力に障害をもつ場合もあるので，利用者との信頼関係を深め，観察や洞察などの手法を駆使して自己決定を引き出すような働きかけが重要になる。

　第3に，自立支援と介護予防を推し進める姿勢である。介護保険制度によるサービスが事業者の増益のために必要以上に提供され，結果的に利用者の自立が損なわれるというケースも報告されている。介護支援専門員は，利用者が少しでも自立した生活を送れるよう，利用者・家族およびサービス提供者へ積極的に働きかけていく。

　第4に，個人情報の保護がある。職業上知りえた利用者の個人情報は，利用者の了解なしに，あるいは問題解決という援助の目的以外のために漏洩してはならない。

　最後に，資源開発についてあげておきたい。介護支援専門員は，介護保険制度の対象となるサービスによってサービス・パッケージを考えがちであるが，限られた財源の中で十分なサービスが確保できるとは限らない。家族や地域の有償・無償の支援を活用し，地域や行政に働きかけて社会資源やサービス提供システムを開発していくことも，介護支援専門員に与えられた職務の1つである。

4 権利擁護

高齢者の権利擁護（アドボカシー）

高齢期は心身の老化とともに，認知症などによって判断能力の障害をもつことが少なくないため，高齢者の自己決定を保障する観点から，高齢者の意思を代弁し，権利を擁護していくことが不可欠である。広い意味での**権利擁護**（アドボカシー）には，個人を擁護する**ケース・アドボカシー**と，特定の集団を擁護する**クラス・アドボカシー**があり，相談援助者のみならず，保健医療関係者，法律関係者，当事者・家族など多様な人々が権利擁護に関わっている。

成年後見制度と地域福祉権利擁護事業

わが国では，介護保険法の制定を契機として1999年に民法が改正され，2000年から**成年後見制度**が施行されている。新たな制度では，**法定後見制度**に加えて**任意後見制度**が新設された。法定後見制度では，判断能力の程度に対応して**後見，保佐，補助**の3類型が設定され，法定後見人は，利用者の財産管理や身上監護を行う。任意後見制度は，利用者が判断能力の低下する前に任意後見人に代理権を与える契約を交わしておく制度である。

一方，日常生活上の金銭管理や福祉サービスの利用手続きの代行といった支援は，**日常生活自立支援事業（地域福祉権利擁護事業）**において実施されている。この事業では，利用者と契約締結後，地域の指定された社会福祉協議会の**生活支援員**が支援を行う。契約および支援計画は契約締結審査会によって審査され，**運営適正化委員会**が日常的な支援業務の監督を行う仕組みになっている。

5 事例分析

〈事例の概要〉

A氏（男性,60歳）は,昨年,長年連れ添った妻をなくし,現在は85歳になる母親のBさんと2人暮らしである。Aさんに子どもはいない。Aさんは,数カ月前に35年間働いた会社を退職し,現在は無職である。このところ,これまで比較的元気だった母親のBさんが日中出かけて迷子になったり,失禁がみられるようになってきている。また,何かを盗まれたといっては疑心暗鬼になっている。妻や仕事を失って生活に虚脱感を感じているAさんは,母親の介護に時折疲れ果て,つい大きな声で叱りつけてしまうことがある。地域の民生委員より介護保険制度の話を聞いたA氏は,このままでは双方がだめになってしまうと考え,民生委員に紹介してもらった地域の地域包括支援センターに来所した。

〈初回面接〉

地域包括支援センターの相談員（社会福祉士）と話をする。A氏は,Bさんの様子を細かく説明し,「自分では手に負えない,市のほうで何とかしてほしい」と訴える。Bさんの話が一段落すると,妻を失い,職もない自分への苛立ちから,つい母親にあたってしまう自分自身が情けないと話し始めた。

相談員は,A氏の現在の苦しい状況や気持ちに共感を示しながら,A氏とBさんの双方が落ち着いた生活を送れるよう,協力していくことを確認する。そのうえで,まずはBさんの要介護認定を行うこと,Bさんにつらくあたってしまいそうなときはいつでも連絡してほしいこと,これ以上Bさんを介護することができない

と感じた場合は，Bさんは施設に緊急的に一時入所できることを伝える。さらに，A氏と同様に配偶者と死別し，家事能力を身につけたい男性のための講習会とグループ活動があることを紹介した。A氏は両者への参加を希望した。

〈経過〉

Bさんは，医師からアルツハイマー型の認知症であるとの診断をうけ，要介護認定により要介護1と判定された。しばらくは通所介護と訪問介護サービスを利用して様子をみることになった。また，介護保険制度枠外の住民参加型サービスを利用して家事援助と食事サービスを定期的に利用することになった。地域包括支援センターの相談員は，本事例が虐待の可能性をもつことから，Bさんの担当となった居宅介護支援事業所の介護支援専門員，訪問介護事業所のサービス提供責任者，住民参加型サービス機関のコーディネーターと頻繁にサービス担当者会議を開催し，A氏やBさんの状況について話し合い，当面はA氏を精神的に支援しながらBさんの在宅介護を支えて様子をみていくことを確認した。一方，A氏は，週に1,2回はセンターの相談員に電話し，Bさんとの葛藤や苦悩を相談していたが，訪問介護員や介護支援専門員と日常的に相談できる体制が整い，Bさんの生活や介護も軌道にのってきたこともあり，電話相談は月に1回程度に減少した。半年後には，講習会で出会った仲間とシルバー人材センターに登録し，週に数回，仕事を始めた。

〈解説〉

本事例は，妻や仕事をなくして意欲を失っている初老期の男性高齢者への個別援助を行う一方，アルツハイマー型の認知症で要介護1の認定を受けた母親へのケアマネジメントを展開している事例である。当初，母親への虐待を予想させる行為がみられたことから，

必要に応じて危機介入を行うことが求められたが,継続的な電話相談でA氏の不安や苦悩を和らげるとともに,関係者によるチームアプローチによってA氏と母親へ必要なサービスや相談援助を提供し,虐待を防止して早期の施設入所を回避した事例である。

参考文献

コックス,E. O./パーソンズ,R. J. [1997],『高齢者エンパワーメントの基礎——ソーシャルワーク実践の発展を目指して』小松源助監訳,相川書房(原著1994年)

柴田博・長田久雄編 [2003],『老いのこころを知る』ぎょうせい

白澤政和・橋本泰子・竹内孝仁監修 [2000],『ケアマネジメント概論』中央法規出版

バイステック,F. P. [2006],『ケースワークの原則』尾崎新ほか訳,誠信書房(原著1961年)

Column⑩ 高齢者虐待の現状と対応

(1) 現状：全国調査の結果から　心身機能の低下によって高齢者が虐待の被害者になる可能性が高まる。2011年に厚生労働省が実施した全国調査によれば，全国1742市町村から1万6599件の虐待が報告されている（養護者によるもの）。被虐待者は，「女性」が77％と4分の3を占め，年齢階級別では「80-89歳」が全体の約4割を占めていた。被虐待高齢者の約7割が要介護・要支援認定者であり，そのうちの17％が「要介護3」以下で比較的軽度の者が多かったが，認知症日常生活自立度「Ⅱ」以上の者が約7割，全体でも約5割にのぼり，被虐待高齢者の多くに認知症の可能性が認められた。虐待者についてみると，続柄では「息子」が41％でもっとも多く，「夫」(18％)，「娘」(17％)と続いている。虐待の種類（複数回答）では，「身体的虐待」(65％)がもっとも多く，次いで「心理的虐待」(37％)，「介護放棄等」(25％)，「経済的虐待」(25％)，「性的虐待」(1％)の順となっている。もっとも虐待は家庭などの密室で起きることが少なくないため，正確な実態把握は難しい。高齢者虐待は，家族間の不和や介護負担が背景にあることが多いので，背景要因をアセスメントし，虐待者に対しても相談援助や介護負担の軽減といった支援が必要である。

(2) 対応：高齢者虐待防止法（通称）の制定　顕在化する高齢者虐待に対応するために，2005年に「高齢者虐待の防止，高齢者の養護者に対する支援等に関する法律」（通称，高齢者虐待防止法）が制定された。この法律では，高齢者虐待の防止に関する国，地方公共団体および国民の責務を規定したうえで，市町村の対応として，①虐待を受けている高齢者や養護者への相談，指導，助言，②事実確認，③一時保護，④立入調査権，⑤地域包括支援センター等の関連機関との連携体制の整備等が明記されている。また，養介護施設等の従事者についても，通報義務および通報努力義務などが明示された。いずれにしても，今後は，市町村が地域包括支援センターを中心として高齢者虐待の防止・早期発見を含めた支援体制を整備していくことになる。

第11章 高齢者のケア

理念と方法

　健康で自立した元気な高齢者が増えているとはいえ，老化と死は万人に訪れる現象であり，その過程で高齢者は多様なケアを必要とする。ケアは，身体的なケアのみならず，精神的ケア，心理的ケア，社会的ケアを含む幅広い行為であり，生活に密着した営みでもある。本章では，はじめに「ケア」の理念について，「生活機能」や「生活の質」をめぐる国際的な議論の動向を踏まえて考える。そのうえで，高齢者が住み慣れた地域で暮らし続けることができる地域包括ケアの必要性を指摘し，改正介護保険法によって創設された地域包括支援センターや地域密着型サービスの展開についてふれる。第2節以降は，高齢者のケアのあり方を「認知症高齢者のケア」「ターミナルケア」「心理的ケア」に大別し，それぞれについて方法や課題を論じる。最後に，高齢者ケアの担い手について言及し，高齢者ケアが多くの専門職と機関による協働と連携によって達成されるべきものであることを確認する。

1 高齢者ケアの理念

**生活機能と自立支援：
人と環境の相互作用**

　個人差や程度の差はあるものの，高齢期には何らかの心身機能の低下は避けられない。しかしながら，高齢者の**生活機能**は，疾病や心身機能のみによって決められるわけではなく，さまざまな要因によって左右される。図11-1は，WHOが2001年に示した**国際生活機能分類（ICF）**のモデルである（障害者福祉研究会編［2002］）。このモデルは，**健康状態**が，**心身機能・身体構造，活動，参加**の3つの要因の相互作用の結果としてもたらされ，さらに**環境因子**と**個人因子**がこの相互作用に影響を与えていることを示している。したがって，各因子や因子間の関係性に働きかけることによってメカニズム全体に変化が起こりうる。高齢者ケアは，このメカニズムを理解して因子や因子間関係に働きかけることにより，高齢者の健康状態の悪化を予防・改善し，自立支援をはかることをめざしている。

生活の質（QOL）

　わが国の高齢者の寿命は，戦後，大幅に伸長したが，生命や生活の豊かさは，単に時間的な「長さ」によってのみ測られるものではなく，**生活の質**（Quality of Life）を高めてこそ，内実のある長寿といえる。近年は，寿命の伸展に邁進してきた医学の領域においても，高齢社会における慢性疾患の増大などを背景に**キュア**（治療）から**ケア**へその関心が広がっている。

　生活の質は，主観的，客観的な多元的な要素によって構成されるもので，多様な定義や指標が存在するが，①身体的活動機能と諸症状，②情動的活動機能と諸症状，③知的能力と認知的活動機能，

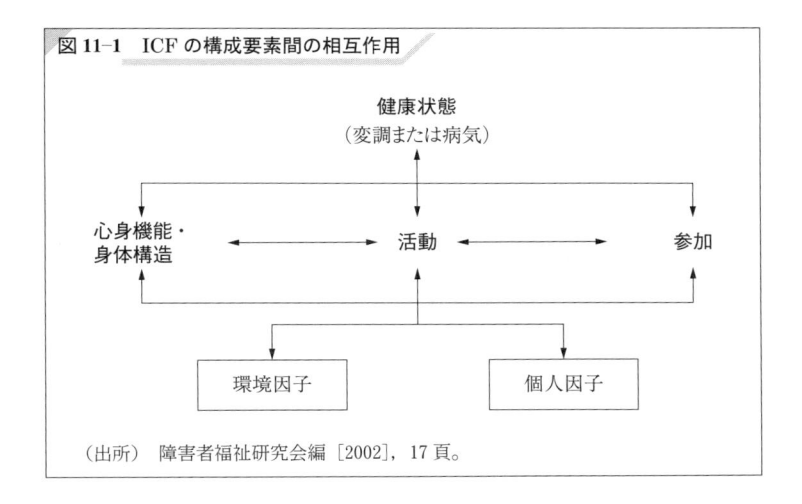

図11-1 ICFの構成要素間の相互作用

```
                    健康状態
                （変調または病気）
                       │
        ┌──────────────┼──────────────┐
        ↕              ↕              ↕
  心身機能・         活動  ←→        参加
  身体構造
        │              │              │
        └──────────────┼──────────────┘
                ┌──────┴──────┐
             環境因子        個人因子
```

（出所） 障害者福祉研究会編［2002］，17頁。

④社会的活動機能と支援ネットワーク，⑤生活満足度，⑥自覚的健康，⑦経済状態，⑧興味を追求する能力とレクリエーション，⑨性的活動機能，⑩活力・生命力といった構成要素が共通して認められる（ビレンほか［1998］）。高齢者へのケアにおいては，高齢者の生活の質を包括的にアセスメントし，その改善をはかることが基本である。

生活とケアの連続性：地域包括ケアシステムの必要性　高齢者は，これまで築いてきた人間関係や住み慣れた地域における生活を基盤にして老化に伴う変化に適応する。しかしながら，これまでは，在宅ケアの提供体制が不十分であったことから，何らかの介護が必要になった段階で遠く離れた施設への入所を余儀なくされ，既存の人間関係や人生・生活の断絶が引き起こされていた。介護保険制度では，このような弊害をなくし，高齢者が必要に応じたケアを受けながら住み慣れた地域で暮らし続けられるよう，**地域包括ケアシステム**の構築がめざされている。

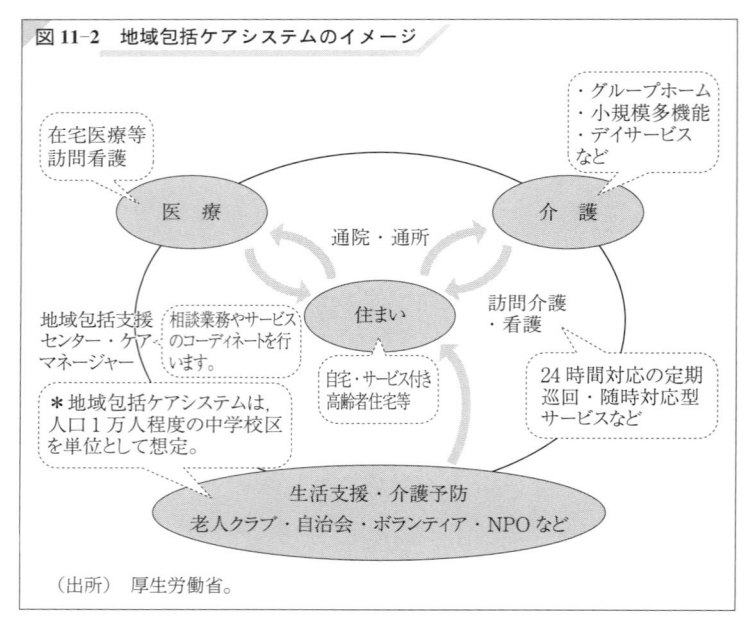

図11-2 地域包括ケアシステムのイメージ

- グループホーム
- 小規模多機能
- デイサービス
など

在宅医療等
訪問看護

医療　　通院・通所　　介護

地域包括支援
センター・ケア
マネージャー

相談業務やサービス
のコーディネートを行
います。

住まい

自宅・サービス付き
高齢者住宅等

訪問介護
・看護

24時間対応の定期
巡回・随時対応型
サービスなど

＊地域包括ケアシステムは，
人口1万人程度の中学校区
を単位として想定。

生活支援・介護予防
老人クラブ・自治会・ボランティア・NPOなど

（出所）厚生労働省。

　2010年にまとめられた『地域包括ケア研究会報告書』において，地域包括ケアは，「ニーズに応じた住宅が提供されることを基本としたうえで，生活上の安全，安心，健康を確保するために，医療や介護のみならず，福祉サービスを含めたさまざまな生活支援サービスが日常生活の場（日常生活圏域）で適切に提供できるような地域での体制」と定義されている。図11-2のとおり，地域包括ケアシステムには，サービス付高齢者住宅などニーズの変化に柔軟に対応できる住宅や，地域での見守り活動などのインフォーマルな生活支援が盛り込まれていることが特徴である。また，地域包括支援ネットワークの強化にむけて，支援困難事例等の検討をとおして多職種・多機関による課題の共有を図り，政策提言につなげる場としての**地域ケア会議**の必要性があらためて提起されている。

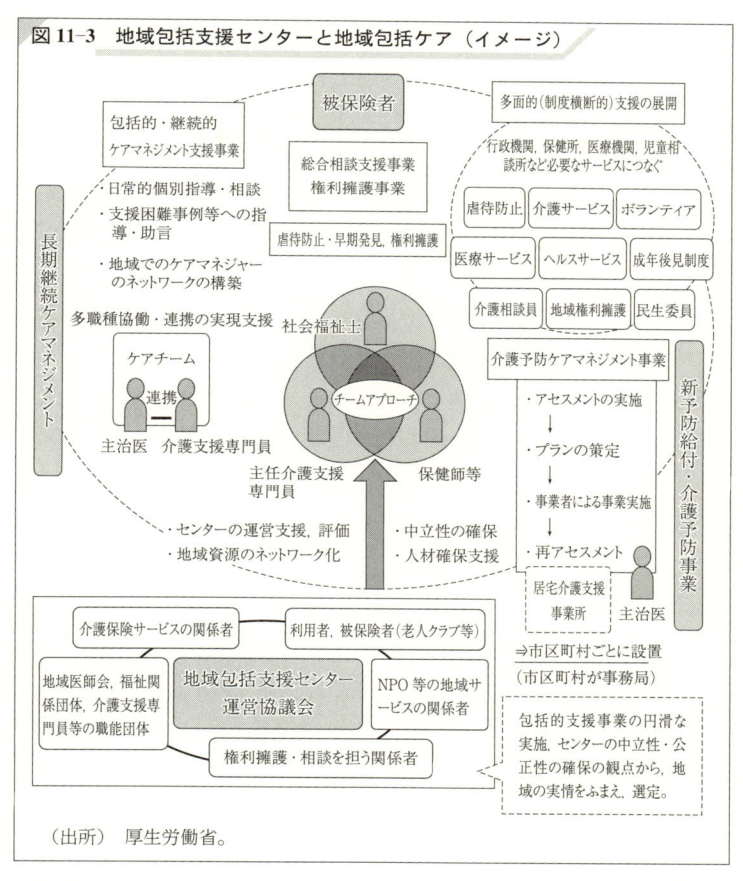

図11-3 地域包括支援センターと地域包括ケア（イメージ）

包括的・継続的ケアマネジメント支援事業
・日常的個別指導・相談
・支援困難事例等への指導・助言
・地域でのケアマネジャーのネットワークの構築
・多職種協働・連携の実現支援

被保険者

総合相談支援事業
権利擁護事業
虐待防止・早期発見, 権利擁護

多面的（制度横断的）支援の展開
行政機関, 保健所, 医療機関, 児童相談所など必要なサービスにつなぐ

虐待防止　介護サービス　ボランティア
医療サービス　ヘルスサービス　成年後見制度
介護相談員　地域権利擁護　民生委員

長期継続ケアマネジメント

ケアチーム
連携
主治医　介護支援専門員

社会福祉士
チームアプローチ
主任介護支援専門員　保健師等

・センターの運営支援, 評価
・地域資源のネットワーク化
・中立性の確保
・人材確保支援

介護予防ケアマネジメント事業
・アセスメントの実施
↓
・プランの策定
↓
・事業者による事業実施
↓
・再アセスメント

居宅介護支援事業所　主治医

新予防給付・介護予防事業

介護保険サービスの関係者
利用者, 被保険者（老人クラブ等）
地域医師会, 福祉関係団体, 介護支援専門員等の職能団体
地域包括支援センター運営協議会
NPO等の地域サービスの関係者
権利擁護・相談を担う関係者

⇒市区町村ごとに設置（市区町村が事務局）

包括的支援事業の円滑な実施, センターの中立性・公正性の確保の観点から, 地域の実情をふまえ, 選定。

（出所）厚生労働省。

　地域包括システムの構築にあたっては，各自治体に創設された**地域包括支援センター**が中核的な役割を担うことが期待されている（図11-3）。地域包括支援センターでは，社会福祉士，主任介護支援専門員，保健師等の3つの専門職種によって，①**包括的・継続的ケアマネジメント支援事業**，②**総合相談支援事業・権利擁護事業**，③**介護予防ケアマネジメント事業**が実施されている。①包括的・継続的

ケアマネジメント支援事業では、支援困難事例などへの助言・指導やネットワーク構築を通して地域の介護支援専門員の実践を後方支援する。②総合相談支援事業・権利擁護事業は、行政や医療機関など地域にあるさまざまな制度や資源を活用または組織化して、虐待防止を含めた権利擁護をはかる実践である。③介護予防ケアマネジメント事業は、要支援高齢者や近い将来に介護を必要とする可能性の高い特定高齢者に対するケアマネジメント・サービスである。加えて、介護保険制度では、高齢者の状況や変化に応じたサービスが、**日常生活圏域**と呼ばれる住み慣れた地域において継続的、包括的に利用できるよう、**小規模多機能型居宅介護サービス**などの**地域密着型サービス**も導入されている。

2 認知症高齢者のケア

病気の理解とケアの基本

認知症は、加齢に伴って発生率が高くなり、65歳以上の高齢者における推定値は15%とされ、団塊の世代が75歳以上になる2025年には470万人に上ると推計されている。高齢者が増加することは認知症高齢者の増加を意味し、誰にもたいへん身近な病気である。そして、高齢になることによって認知症が増加するということは、家族の介護力も低下している環境の中で、**認知症高齢者のケア**が多く必要とされることとなり、今や、高齢者ケアの中でもっとも重要な課題となっている。

認知症はさまざまな疾患が原因となるが、アルツハイマー型認知症がもっとも多く、約半数を占める。次いで血管性認知症やレビー小体型認知症が多い。さらに前頭側頭型認知症があり、それぞれの

疾患に応じたケア方法が行われるようになった。

　高齢者に多い「せん妄」や「うつ」は，認知症に間違えられやすい症状であるが，これらは改善が可能である。また，認知症を呈する疾患の中には，甲状腺機能低下症やビタミンB_{12}欠乏症，正常圧水頭症などがあるが，これらも治療可能なものである。認知症の症状が見られたときに，もう快復できないものと決めつけるのではなく，早期の鑑別・治療が重要である。また，アルツハイマー型認知症と診断されても，現在はその進行を遅らせたり，状態を改善する治療薬も開発されており，その意味でも，より早く，適切な診断を受けることが重要になっている。

　認知症に対するケアの基本は，認知症の行動や症状に対する対症療法的なアプローチではなく，"認知症をもったその人"としてケアを考えることが重要である。これまでは，1つひとつの症状や行動に対する対処として，ケア方法を考えてきたが，その症状や行動をもった人としてとらえ，その人にとって，その症状や行動はどのような意味があるのか，その人のどのような気持ちによって起こってくるのかなど，全体を見てケア方法を考える必要がある。それは，キットウッドの述べる，**パーソン・センタード・ケア**，すなわち個別性を大切にするケアであり，認知症を，性格や精神性と同じように，それらすべてを含めたその人の個性としてとらえ，1人の人として尊重することを第一にしてケアする方法である。

認知症の方の自己決定

　認知症は，病気によって，徐々に自分の意思を伝えられなくなるが，最初から病識がないとか，自分がわからなくなるのではない。コラム⑪に認知症になった人の著書を紹介したが，認知症の人たちの気持ちを想像するのではなく，本人たちからの声として聞くことができるようになった。認知症の人とのコミュニケーションは，認知症の方は，その表

し方が少しずつ周りの人に理解しにくくなるだけであることを知って，こちらが理解しようという姿勢を持ち続けることが重要である。そうすることによって，認知症が重度になっても，互いのコミュニケーションはかなり可能である。

　認知症の方に，その病名をきちんと説明することも議論されるようになった。これまでは，認知症の人に病名を直接話すなどということは考えてこなかったのである。しかし，認知症は病気であり，きちんとした説明を受けるのはその人の権利であり服薬の検討を進めるうえでも重要である。その人の尊厳を考えるならば，本人や家族に対し，より丁寧なわかりやすい説明が必要なのである。

　家族やその人の性格，サポート体制など全体の条件を見ながら，病名の伝え方，伝えたあとの認知症高齢者とその家族への関わりを考えなければならない。知ったことによって動揺したり，不安になったり，戸惑っている家族や本人へのアドバイス，状態が変化することによって起こってくるさまざまな課題を，そのつど相談に乗ることができるということを示していかなければならない。

　認知症は，その病気がわかったときから徐々に進行し，最後は死に向かう病気である。すなわち，病名を知るということは，徐々に自分は死に向かうということを知ることなのでもある。このことを知ってケアに臨まなければならない。

　認知症高齢者の自己決定権を助けるための法律として，2000年には**成年後見制度**が実施された。1900年に施行された，禁治産・準禁治産の制度と違って，本人の意思が生かせるように，元気なときに後見人を選出する任意後見制度や判断能力が不十分な人のための補助類型など，対象となる人によってカテゴリに分けられている。また，成年後見制度を補完するものとして，福祉サービスの利用や申込みなどを代行する**日常生活自立支援事業**もあり，これらの活用

方法も，本人や周囲の者は知らなければならない。

ただし，自己決定には，このような法的な対応も重要になっているが，基本はケアする者の意識であり，認知症の人の意思を尊重すること，聴こうとする姿勢をもち，その人の意思を確認し続けていくことが第一である。

日常生活へのケアと健康管理

認知症の人の日常生活へのケアは，身体的な障害によって自立した生活が営めなくなるのではなく，判断力や認知機能の低下といった中核症状の上に，身体状態の不調やストレス，不安感，さらには居心地の悪い住環境や介護環境などが要因となって周辺症状（BPSD）が起こり，自律した生活ができなくなってくることに課題がある。

食事や排泄などの毎日のケアによって，快適な生活が過ごせるようにすることは，新たな疾患を予防するばかりでなく，認知症の周辺症状を穏やかにすることができる。また，認知症の人の多くは高齢者であることから，認知機能の面だけに状態の悪化を来しているのではなく，身体状態も同様に変化していることの理解が重要である。易感染状態であったり，平衡感覚の低下によって転倒の危険性が高まるなど，さまざまに影響が及んでいる。

認知症高齢者は，何らかの身体症状や不快感があったとしても，それを周囲の者が理解できず，適切に把握できないために，気づいたときには重症化してしまったり，時には間違った対処をしてしまうことがある。いつもと違うという日頃の些細な変化をすばやくとらえる観察能力が求められる。

認知症の行動・心理症状へのケア

認知症の症状は，誰にも起こってくる記憶障害，判断力の障害，問題解決能力の障害，実行機能障害，構成障害，失語などの高次

脳機能障害を**中核症状**としている。これに対して，それらから2次的に起こるものに，**周辺症状**あるいは，BPSD（**認知症の行動・心理症状**）と呼ばれるものがある。

　この周辺症状は，さまざまな行動や症状を引き起こし，認知症高齢者本人の苦痛や，介護者の負担を増す原因になってしまう。そして，身体状況や周囲の人々のケアも含めた環境の変化によってさまざまに出現してくる。

　BPSDを起こしやすい要因には，孤立や不安，不適切な住環境やケア・コミュニケーション，身体的合併症，睡眠障害，不適切な治療などが考えられる。このことはまた，これらの要因を取り除くこと，適切なケアによって周辺症状を起こさないようにすることができるということである。本人のおかれている環境や健康状態を把握し，個々にあったケアを実践することで，本人の情緒的安定や，介護負担を軽減することが可能なのである。

3 ターミナルケア

高齢者のターミナルケアの現状

　高齢者の最期を考えるときにもっとも大切なケアは，高齢者が，年齢によって，あるいは何らかの疾病によって，死が近い状態にあるとき，その人が最期までその人らしく生き，自分の人生を良かったと思って最期を迎えられるケアにある。

　わが国では，亡くなる人の8割は65歳以上である。このことは，**ターミナルケア**は高齢者ケアの中に含まれており，高齢者ケアはターミナルケアを抜きには論じられないということである。

　1970年半ば頃までは，人は自宅で亡くなる割合のほうが高く，

とくに高齢者は多くが自宅で亡くなっていた。その後，1977年には逆転し，2011年には病院・診療所で亡くなる人は8割を超えている。社会における人々の意識も，「人は病院で亡くなるもの」となっている。このことは，ひとり暮らし高齢者や老夫婦世帯が多くなってきていることを考えれば，在宅で亡くなることはますます困難になる。

今後，病院・診療所での死亡が少なくなるとしたら，それは，在宅への移行ではなく，介護施設などが最期の場所として選ばれていくということが考えられる。特別養護老人ホームばかりではなく，介護老人保健施設やグループホームにおける**看取り**のあり方を検討していくことが求められている。

在宅での看取り

人々は，それまでの住みなれた場所のほうがリラックスでき，安心して，自分らしく亡くなることができるとするならば，看取りは在宅で行われることが本人の望むところといえよう。また，家族にとっても，在宅での看取りは，日頃の生活の延長線上に看取りを迎えることができる。看取りの過程に起こってくる困ったことや不安なことに対しては，適切な対応がなされ，十分な介護ができたなら満足のいく看取りにつながっていくものとなろう。

しかしながら，人が亡くなるときは，多くに呼吸苦が起こり，食事摂取が困難になって，全身状態が低下し，何らかの医療者の関わりが不可欠になってくる。**在宅での看取り**を果たすためには，家族が自分たちだけで看取りを果たすことは困難であり，往診してくれる医師や訪問看護師などの関わりが重要になる。また，必要なときの短期入院・入所あるいはショートステイの利用などが重要となってこよう。在宅だけで看取りを果たそうとするのではなく，在宅と施設とが連携しつつ看取りを考え，本人と家族へのサポート体制を

整えていくことが大切になる。

施設における看取り　施設における看取りはまだ少ないものの，2011年の調査では65〜79歳が1.7%，80歳以上では8.8%と徐々に増えている。

　特別養護老人ホームやグループホームは，多くが看護師の夜勤はなく，医療設備も不十分である。医療体制の不十分な中での看取りということは，本人の苦痛や不安を取り除くケアが難しいともいえる。また，介護職員は看取りに対する恐れがあったり知識も十分とはいえない。しかしながら2006年には特別養護老人ホームに，2009年には介護老人保健施設とグループホームに看取り介護加算がつくようになり施設での看取りケアを推進するための体制づくりが進められてきている。また本人や家族も施設での看取りを希望するようになってきた。施設に働く専門職としては，このような本人や家族の意思を受けとめつつ時には適切な治療によって，身体状態が改善する場合も少なくないことを知って，医療と福祉の連携の下，真のニーズを見極めていくことが求められている。

残された家族へのケア　残される人へのケアは，看取り後に始まるのではなく，介護を行っているそのときからケアが行われなければならない。高齢者の看取りのあとに残されるのは，子どもであったり，配偶者であろう。残される人の悲嘆を少なくするためには，亡くなることに対し，少しずつ覚悟をつけていってもらうほうがよいとされている。

　また，看取りのときに直接関わることによって家族は悲しみが柔らぎその後の心の支えになる。とくに，施設に預けたことで直接介護ができなかったというような，罪償感をもっているような場合は，それを軽減することにもなり，その後の残された家族の生き方に影響する。

最期のケアを一緒に行うことができなかった場合には、少なくとも、**死後のケア**に参加してもらうような対応も重要になる。そして、時には亡くなった高齢者を一緒に思い出す時間をつくることで、癒されることになる。

4 高齢者の心理的ケア

> 心理的ケアの必要性

高齢者ケアの中でも、心理的なケアはもっとも遅れた領域の1つである。その背景には、伝統的な心理療法が言語を媒介とした面接を通して行われるため、老化や疾患によって面接に耐えうる十分な体力がなかったり、言語や認知の障害をもつことの多い高齢者が対象になりにくかったことがあげられる。しかしながら、近年になり、人は高齢になり死を迎えるまで発達する存在であることを提唱する生涯発達心理学の領域も確立されるなど、高齢者の心理的ケアに関する関心と重要性の認識は高まっている。以下では、高齢者の心理的ケアとして代表的な、①**回想法**、②**リアリティ・オリエンテーション**を取り上げ、最後に、③その他の多様な高齢者の心理的ケアについて言及する。

> 回 想 法

高齢者に回想や昔話が多いことは一般的に知られているが、これまで"後ろ向き"などと否定的にとらえられることの多かった回想に対して、精神科医のバトラーは、回想は高齢者にとって意味のある生の営みであるとして、心理的なケアの中に回想を積極的に組み入れることを提唱している (Butler [1963])。

回想法には、英語で表現される**ライフレビュー** (Life review) と**レミニッセンス** (Reminiscence) が含まれる (野村 [1998])。前者は、

高齢者が自分のライフストーリーを援助者に語り，整理することによってその意味を問い直し，人生と自己の統合を促す治療的なアプローチである。これに対して後者は，系統的なライフレビューにとらわれない幅広い臨床的応用を含むアプローチで，認知や言語に障害のある高齢者への心理的ケアをはじめ，治療を主たる目的としないレクリエーション活動などにも用いられる。

　回想法には，個人を対象に行う場合とグループを対象に行う場合がある。個人を対象とする回想法では，高齢者の関心やペースに合わせられる利点をもつ。一方，グループで行う場合は，メンバーが共通の体験に関する回想を共有し合うことにより，メンバーの共感性や社会性を高める効果をもっている。ただし，メンバーの構成により，話題の選定やサブリーダーの配置などに留意しなくてはならない。とりわけ，対象者が認知症高齢者である場合は，視覚や嗅覚などの五感を積極的に刺激する素材の選定，末期になっても保たれることの多い長期記憶への働きかけ，サブリーダーによる補助といった配慮が求められる。なお，いずれの場合も，対象となる高齢者のアセスメントを行ったうえで，目標を明確にし，きめ細かいモニタリングを行い，効果評価を行っていくことが必要である。

リアリティ・オリエンテーション

リアリティ・オリエンテーション（Reality Orientation，以下，RO）は，場所や時間といった見当識に障害をもつ人々を対象に，現実認識の維持や改善をはかる心理的ケアの方法である（ホールデン/ウッズ［1994］）。認知症高齢者のみならず，閉鎖的な環境で長期入院・入所をしている高齢者は，現実社会との接点が希薄化しやすく，2次的な認知障害に陥りやすい。したがって，ROを通して時間，季節，場所と自分自身に関わる現実感覚を呼び覚まし，自分と周囲の関係性を認識し，社会的な交流のある生活をすごせるよう支

援する。

ROには，①日常生活の中でスタッフと高齢者が日常的な相互作用を通して現実認識を高めていく**24時間RO**と，②特定の場所や時間を設定して行う**ROセッション**の2種類がある。さらに，②については，個人を対象とする場合と小グループを対象にして行う場合がある。24時間ROは，特別な場所や時間を要さず，高齢者の状況に応じて働きかける方法を個別化できるという利点がある。たとえば，部屋に飾られた季節の花やテレビの番組などを題材に，季節や月日，社会的出来事などを意識的に問いかけながら，現実認識を高めていく。一方，ROセッションは，多忙な日常ケアから離れて，時間的，空間的に余裕のある場面において実施できる点や，小グループで行う場合は，メンバー間の相互作用を通じて意欲や社会性が高められるといった利点がある。

他方，ROの実施には注意も必要である。ROは，詰問やテストではない。間違いをむやみに否定したり，高齢者の認知レベルに合わない質問をすることは，高齢者の負担となったり侮辱につながることもある。高齢者の認知機能や意思を十分に理解したうえで，非言語的コミュニケーションも活用しながら，楽しい会話といたわりのある態度で働きかけていくことが必要である。

多様な心理的ケア

音楽，芸術，園芸，動物など高齢者が慣れ親しんだ活動を通して高齢者の心理的ケアを行うさまざまなアプローチがある。これらの活動には，①生理的効果，②心理的効果，③社会的効果，などの治療的効果があることが知られており，このような特性を利用して高齢者の心身機能の維持・改善や生活の質を高めることが期待される（柴田・長田編[2003]）。なお，上述した諸活動はレクリエーションとして取り入れられる場合が多いが，厳密な心理的ケアを実践するためには，実

践者が専門的な知識や技法を習得し，①アセスメント，②目標の設定，③介入，④効果評価，を参加する高齢者個々人に対して実施する。

 このほか，対象者やその家族に疾患や予後などについての教育的な情報提供を行いながら，必要な心理的支援や社会的サービスの利用支援を行うとともに，メンバー間の相互支援を促す**セルフヘルプ**活動を組み入れる**心理社会教育的アプローチ**が，高齢者や介護者の心理的ケアに取り入れられている。また，ROの誤用や乱用による反省に基づき，認知症高齢者の感じるありのままの世界を現実として共感的に受容する**バリデーション（正当化）・セラピー**（フェイル[2001]）や，1人の人間としての高齢者をケアの中心に据えることを強調するパーソン・センタード・ケアなども提唱されている（ベンソン編［2005］）。

5 高齢者ケアにおける連携と協働

 高齢者ケアは，単一の職種ではなく，多くの保健・医療・福祉専門職の**協働**（collaboration）によって成り立っている。具体的な職種としては，社会福祉士，介護福祉士，精神保健福祉士，介護支援専門員，医師，看護師，保健師，薬剤師，栄養士，訪問介護員（ホームヘルパー），理学療法士，作業療法士などがある。これらの専門職は，同一の機関に所属している場合もあれば，異なる機関に所属していることもある。複数の機関が関与している場合は，機関間の**連携**が必要になる。また，専門職以外にも，民生委員や地域のボランティアが高齢者ケアに関わることも少なくない。さらに，専門職やボランティアとともに，高齢者本人を中心としてその家族や友人

もケアにおいて重要な役割を果たしている。したがって，高齢者ケアでは，多機関による連携と立場や役割の異なる多数の人々の協働が不可欠であり，これらの人々が各高齢者に対してチームを形成してケアを行う**チームアプローチ**が重要になる。

多機関による連携と多職種による協働を成功させるためには，①目的や目標に関する共通認識の保持，②連携や協働の重要性の認識と意欲の醸成，③他の専門職や機関のもつ異なる価値観や役割を含めた多様性の理解と受容，④連携と協働の束ね役となるリーダーとリーダーシップ，⑤情報の共有に基づく円滑なコミュニケーション，⑥公平で透明な関係性，⑦利用者・家族の参加と決定，などを基盤としたシステムづくりが重要になる。このうち，連携と協働を束ねるリーダーとしては，介護保険サービスの利用者に関しては介護支援専門員がその役割を果たすことが求められている。また，機関間の連携については，地域包括ケアシステム構築の責務をもつ市町村によって設置される地域包括支援センターが中核的な役割を担うことが期待されている。

参考文献

柴田博・長田久雄編［2003］，『老いのこころを知る』ぎょうせい

障害者福祉研究会編［2002］，『ICF・国際生活機能分類――国際障害分類改定版』中央法規出版

野村豊子［1998］，『回想法とライフレヴュー――その理論と技法』中央法規出版

ビレン, J. E. ほか編［1998］，『虚弱な高齢者のQOL――その概念と測定』三谷嘉明ほか訳，医歯薬出版（原著1991年）

フェイル, N.［2001］，『バリデーション――痴呆症の人との超コミュニケーション法』藤沢嘉勝監訳，筒井書房（原著1993年）

ブライデン, C.［2004］，『私は私になっていく――痴呆とダンスを』馬籠久美子・檜垣陽子訳，クリエイツかもがわ

ベンソン, S. 編［2005］，『パーソン・センタード・ケア――認知症・個別

ケアの創造的アプローチ』稲谷ふみ枝・石崎淳一監訳，クリエイツかもがわ（原著 2000 年）
ボーデン，C. [2003]，『私は誰になっていくの？——アルツハイマー病者からみた世界』檜垣陽子訳，クリエイツかもがわ（原著 1998 年）
ホールデン，U./ウッズ，R. [1994]，『痴呆老人のアセスメントとケア——リアリティ・オリエンテーションによるアプローチ』川島みどり訳，医学書院（原著 1988 年）
水野裕 [2008]，『実践パーソン・センタード・ケア——認知症をもつ人たちの支援のために』ワールドプランニング
Butler, R. N. [1963], The Life Review: An Interpretation of Reminiscence in the Aged. *Psychiatry*, 26, 65-76.

Column ⑰ 『私は私になっていく』：語り出した認知症をもつ人たち

　国際アルツハイマー病協会の主催する第20回国際会議が2004年に京都で開催された。この会議でとくに注目を集めたのが，会議の正式な報告者として登壇し，その体験や主張を世界に向けて堂々と語る認知症をもつ当事者たちであった。

　その先駆的存在が，わが国でも2冊の自著が翻訳・出版されているクリスティーン・ブライデンである。オーストラリアの高級官僚であり，3人の娘をもつシングルマザーであった彼女が，認知症の代表的疾患であるアルツハイマー病と診断されたのは，1995年，彼女が46歳の時であった。その後，認知機能の低下が進む中で，1冊目の著書『私は誰になっていくの？——アルツハイマー病者からみた世界』（ボーデン［2003］）を執筆・出版し，認知症を患う当事者として自分が壊れてなくなってしまう不安や苦悩を吐露しつつ，キリスト教の信仰によって支えられ癒しをえていくプロセスを描いた。その後，97年には症状の改善が認められ，98年に前頭側頭型認知症と再診断される。また，その年に再婚して名字がブライデンに変わった。2冊目の著書では，夫との二人三脚で認知症をもつ当事者として世界を舞台に啓発活動を展開する中で，認知能力が失われても，魂や精神性（スピリチュアリティ）は残されるという確信が，タイトルにあるように『私は私になっていく』（ブライデン［2004］）として綴られている。

　近年，わが国においても勇気をもってその体験を告白する認知症の人々が現れている。私たちは彼らを通してはじめてその世界を多少なりとも理解することができる。「当事者から学ぶ」ことが，ケアや支援を考える際の原点である。

第**4**部

これからの高齢者福祉

高齢者の生きる世界も高齢者層自体も多様化している中で、これからの高齢者福祉はどのように変化していくのだろうか。第4部では改めて「老い」をとらえ直すと同時に、今後とも人口高齢化が進むことや、国家財政の負担をあまり大きくしないことが要請される情勢の中で、高齢者の生活を支える福祉政策の改革はどのように進めたらよいのかを考えてみたい。

　第12章では、「サクセスフル・エイジング」など新しい高齢者像をとらえる概念を紹介し、また他方でまだまだ残る高齢者への偏見の自覚化を促す。そして積極的、主体的に老いを選択する可能性について考える。第13章では、今ある年金や介護の政策、サービスと援助実践が、今後の超高齢社会で安定的に有効に機能するためには何が必要か、望ましい改革の方向を検討する。

第12章 新しい高齢者像

　人生50年といわれていた昭和の初期以前の時代には，人口の年齢構成からいえば高齢者は少数派であった。同時に，豊富な経験をもつ「相対的な高年齢者」には希少価値があり，「長老」という言葉にも見られるように，尊ばれていたともいわれる。しかし，大衆長寿社会とも形容されるような長寿高齢の時代となった現在では，高齢者像も変容してきていると考えられる。
　本章では，はじめに，高齢者に対する偏見であるエイジズムについて述べ，次に，老年期をとらえる視点としての生涯発達，幸福な老いの過程であるサクセスフル・エイジングに関して紹介する。そして，私たちが積極的，主体的に，どのような加齢過程を選択する可能性があるかについて考えてみたい。

1 エイジズム

エイジズムとは何か

エイジズムという言葉は，アメリカの国立老化研究所の初代所長であるバトラーが，1969年に『Gerontologist』という学術雑誌の中ではじめて用いた言葉だといわれる（Butler［1969］，パルモア［1995］）。バトラーは，人種差別や性差別とは異なった年齢に基づく偏見，ステレオタイプおよび差別を，エイジズムという用語で表現した。パルモアは，エイジズムを，ある年齢集団に対する否定的ないし肯定的偏見もしくは差別と規定している。日本より高齢化社会の到来が早かったアメリカでは，すでに1960年代に高齢者の社会問題に専門的な関心が寄せられていたと考えられる。本格的高齢社会となった現在の日本の高齢者像を考える際，エイジズムは一考に値する課題といえよう。

　パルモアは，スティーンによる未刊の著作からの引用として，「高齢者は自分自身の意志がはっきりしないので瞬間口ごもると，その即座に彼は『もうろくした』と馬鹿にされてしまう。……略……高齢者は自分が『高齢者である事実』を『認める』べきだとされている。高齢者が単語を聞き落としたり話を聞き損なったりすると，実はそれは難聴のためであっても，『年』のせいにされてしまう。……略……多くの若い人が生活にまつわる不平不満をもらすのは当然とされるが，ひとたび高齢者がそうした不平をもらすと，高齢者は『気むずかし屋』と呼ばれてしまう。社会が高齢者を被扶養者，無力者，無能力者として認定しているにもかかわらず，高齢者は『子供のようだ』と馬鹿にされる」という**否定的エイジズム**の例を紹介している。上述したように，パルモアはエイジズムには**肯定**

的エイジズムも存在することを指摘している。肯定的エイジズムとは，高齢者を実際より健康度や経済的水準が高いとする偏見であるが，高齢者のみを対象とした保健福祉医療制度や援助プログラムなどの妥当性とも関連するため，否定的エイジズムのみならず，それに注目する必要性が高まってきていると考えられる。エイジズムはいずれも，文化的な違いを超えて私たちがともすれば自分自身の「高齢者像」の中に抱き，高齢者に対する振る舞いとして表しがちなことではないであろうか。

> エイジズムの例

工業デザイナーのムーアは，26歳であった1980年から3年間，アメリカの14州，116都市とカナダの2州で，3つの階層の高齢女性に変装して過ごした経験を報告している（ムーア［1988］）。この著書には多くの興味深い出来事が述べられているが，80歳以上に見えるように変装した場合と26歳そのままの姿の場合とでは，また高齢女性に変装した場合でも，社会経済的階層が異なったと認められることによって，周囲の扱いが異なっていたようである。すなわち，高齢女性に変装しているときには，店などでの買い物の際にレジの列に割り込まれたり，店員から疎まれたり，無視されたりすることが多く，高齢女性に変装した場合でも，社会経済的階層が高く見えるほうが，周囲の扱いは良好であったということである。こうした例からも，少なくとも1980年代の北米では，エイジズムがそれほど珍しいことではなかったことが示唆される。

パルモアは，アメリカでは，coot（もうろく），crone（年とった雌羊），geezer（おいぼれ），hag（強欲），old buzzard（古びたがらくた），old crock（能なし），old duffer（考えが古い），old forey（好色老人），old maid（オールドミス），old fashioned（時代遅れ），old fangled（古い頭），out to posture（隠居），over the hill（下り坂），

wash up（がたがきた），などという高齢者を意味する俗語があると述べている（パルモア［1995］）。日本では，これほどに多くの高齢者蔑視につながる言葉は思いつかない。高齢者像には時代による差とともに，文化差があることも無視しえないことであろう。しかし，現在の日本においてエイジズムが問題にはならない，と言うことはできないのではなかろうか。

エイジズムの評価

エイジズムおよびそれに関連する状態は，いくつかの方法によって評価することができる。パルモアの作成した「加齢の事実をめぐるクイズ」（The Facts on Aging Quiz: FAQ）は，エイジズムをもたらすような基本的誤解がどの程度かを判断することが可能である。FAQ は，「ほとんどの高齢者は，性欲がなく性的不能である（×）」「高齢者の中で，寡婦と寡夫の数はほとんど同じくらいである（×）」「記憶喪失，見当識障害，混乱などの認知障害は，老年期になると避けられない（×）」など，3部，各部25問の質問項目から構成されている（括弧内は正答）。

エイジズムをとらえるためには，Semantic Differential Method（SD法）によって，「老人」のイメージを測定する方法も用いられている。SD法は，反対の意味をもつ形容詞などの対を両側に配した尺度上で，「老人」といった言葉（概念）に対する評価を求める方法である。日本でも児童や大学生，中高年者を対象とした調査が行われており，「老人」の印象は，児童期がもっとも肯定的で，青年期には否定的傾向が強まるが中高年者では再び肯定的になるという結果や，高齢者でも青年期と類似した結果がみられることが明らかにされている。未公開のデータではあるが，筆者がさまざまな年齢の人に SD法を用いて「若者」と「老人」の印象を比較したところでは，一貫して相対的に「老人」の印象が否定的な傾向が認め

表 12-1　日本語版 Fraboni エイジズム尺度短縮版（FSA）

質問項目

（1）多くの高齢者（65歳以上）はけちでお金を貯めている。
（2）多くの高齢者は，古くからの友人でかたまって，新しい友人をつくることに興味がない。
（3）多くの高齢者は過去に生きている。
（4）高齢者と会うと，時々目を合わせないようにしてしまう。
（5）高齢者が私に話しかけてきても，私は話をしたくない。
（6）高齢者は，若い人の集まりによばれた時には感謝すべきだ。
（7）もし招待されても，自分は老人クラブの行事には行きたくない。
（8）個人的には，高齢者とは長い時間を過ごしたくない。
（9）高齢者には地域のスポーツ施設を使ってほしくない。
（10）ほとんどの高齢者には，赤ん坊の面倒を信頼して任すことができない。
（11）高齢者は誰にも面倒をかけない場所に住むのが一番だ。
（12）高齢者とのつきあいは結構楽しい*。
（13）できれば高齢者と一緒に住みたくない。
（14）ほとんどの高齢者は，同じ話を何度もするのでイライラさせられる。

（注）　*は逆転項目。
（出所）　原田ほか［2004］。

られている。

　こうした方法に対して，個人のもつエイジズムをより直接評価するために，エイジズム尺度が開発されている。例として，**Fraboniエイジズム尺度**の日本語版を表12-1に示す（原田ほか［2004］）。この尺度の特徴は，認知的側面だけでなく，高齢者に対する態度や感情の側面におけるエイジズムの成分を評価するための質問項目が含まれているといわれている。

エイジズムへの対策　　パルモアは，エイジズムを取り除くための方策を，個人的活動と組織的行動に分けてリストに示している。個人的活動としては，自分自身を知ることによって，誤解やステレオタイプな見方と闘いうる事実を知ることに

なる，あるいは，自分自身の態度や行動を探求し，エイジズムを示すものがあればそれらを排除する，エイジズムに関連するような事実があれば，とくに何らかの偏見が含まれていれば，それを親族や友人，同僚に知らせる，などをあげている。組織的行動としては，高齢者への偏見をなくすために，老化の事実についての情報を収集し，広める，エイジズムに反対する広告を出し，機会均等を支持するようにする，トークショー番組やいろいろな形のマスメディアを用いてエイジズムに反対するように，人々を教育し説得する，などである。

　エイジズムや高齢者像は，日常の社会生活のさまざまな側面で高齢者に影響を及ぼすとともに，医療や保健福祉政策策定にも関連するという点で重要である。多少図式的にすぎるかもしれないが，エイジズム形成の流れは以下のように考えられよう。まず，高齢者や老年期，加齢に対する正しい知識が浸透していないことにより，現実と掛け離れた高齢者像が形成される。そして，その高齢者像が，確認されぬままに，翻って高齢者の現実であるかのごとく誤って認識されるようになり，このことが，高齢者に対する差別や偏見をもたらす。歴史が示すように，偏見を解消することはきわめて困難である。イメージも，実際には修正することは容易ではない。上記の流れの中で，高齢者に関する正しい知識を普及することが，実際にはもっとも着実な方法といえるかもしれない。あわせて，他の年齢の人が，高齢者と接し，交流することによって，高齢者の実像を実感する機会を増やすことも有用であろう。

　パルモアは，老年学の新しい役割を訴えたモリスの考え，老化（加齢）の肯定的，積極的側面にもっと注目すること，活動的な高齢者が果たしうる役割についてもっと広く探求すること，高齢者を社会の中に再統合すること，高齢者の関心，利益と他の年齢のそれ

とを結びつなぐようにすること，を紹介し同意を示している（パルモア［1995］）。モリスの見解は，1980年代に提唱されたものであるが，現在の日本の高齢者の問題を考える際にも参考になる内容といえよう。

2 老化と生涯発達

> 老化と精神的成熟

老化は，生物学的には，成熟以降の衰退であり，その究極は死であると考えるのが一般的である。老化現象は，生物に不可避で普遍的にみられる。ヒトの身体的機能も，いくつかの例外を除いて，青年期を頂点として成人期を通して低下することは明らかである。とくに，老年期における衰退は顕著である。そうであるとすれば，人生80年時代ともいわれる日本では，多くの人が人生のほぼ4分の3にあたる60年もの間を衰退期として過ごすことになる。

このように，成人期に身体的側面が老化するのに対して，心理的側面に関しては，老化による衰退という考え方を，そのままあてはめることができるであろうか。老化が成熟以降の衰退であるとすれば，心理的老化を考える際には，その前提となる心理的成熟について明確にしておかなくてはならないであろう。心理的，あるいは精神的，人格的成熟に関しては，多様な立場や説が提唱されているので，ここに完全に網羅することは困難である。しかし，たとえばシュルツの紹介した7つの代表的な立場，オールポートの「成熟した人間」，ロジャースの「完全に機能している人間」，フロムの「生産的人間」，マスローの「自己実現する人間」，ユングの「個性化した人間」，フランクルの「自己超越した人間」，パールズの「"いま，

ここ"にいる人間」は，手がかりとなるものであろう。

　これらの立場に共通していることは，心理的成熟の時期が，個人差はあるものの，成人前期ではなく，中期以降であると考えられる点にあるように思われる。もちろん，すべての提唱者が成熟の時期を明示しているわけではないし，成熟年齢を実証的に明らかにしているわけではない。しかし，身体的に成熟する20歳前後に，同時に心理的成熟に達すると考えることに無理があることには，大きな異論はないであろう。このように考えるとき，心理的側面に関して成人期は，必ずしも老化，衰退だけの時期ではないとする視点が開けてくる。

> 生涯発達の考え方

　発達心理学の分野では，**生涯発達**という立場が強調されるようになってきている。以前の発達心理学の研究は，受精，出生から心理的成熟に至る過程を中心としていた。これは，子どもが望ましい成長・発達を遂げ，成人に至るのを支援することが重視された時代の要請を背景にしたものであろう。平均寿命が短いことの原因が，主として乳幼児死亡率が高いことにあるという周知の事実に照らしても，人生50年時代以前には，身体的側面はもとより，心理的側面においても，子どもが順調に成人になるということこそが，第一の課題であったことはいうまでもない。それが，現在の日本のように，人生80年時代に至り，100歳を超える長寿者が5万人以上にも達し（2013年現在），栄養状態，医療，社会環境，教育が整備され，一定の教養を身につけて成人になり，しかも長寿を達成することがそれほど困難ではなくなった社会では，老後の生活をいかに幸福に送り，そして満足して死ぬか，という課題が主要なものになってきた観がある。

　生涯発達という考え方の主唱者であるバルテスらは，出生から死に至る過程のすべてで，獲得と喪失が認められることを指摘してい

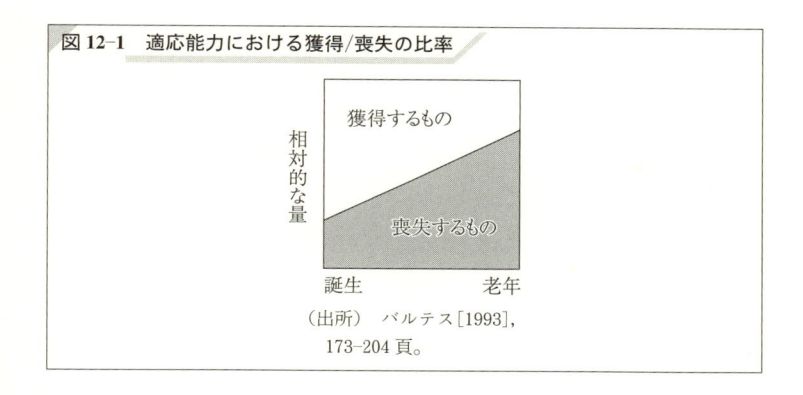

図 12-1 適応能力における獲得/喪失の比率

（縦軸：相対的な量、横軸：誕生→老年、獲得するもの／喪失するもの）

（出所）バルテス[1993]，173-204頁。

る（Baltes et al. eds. [1990]）。すなわち，出生から成熟までが獲得，成熟から死までは喪失という二分法ではなく，図 12-1 に示すように，すべての年齢において獲得と喪失の力動的相互作用が存在すると考えられる。

このような生涯発達の立場には，実証的な裏づけも見出されてきているが，発達を考える立場の1つにすぎないともいえる。あるいはまた，単なるレトリックではないかという批判もありえる。しかし，仮にそうであったとしても，生涯発達の過程として人間の一生をとらえることは，成人期を衰退の時期とし，さらに高齢者を老いて衰えた人であるとする認識から解放する可能性をもつものといえよう。

ポジティブな高齢者像　心理機能において，高齢者に老化現象が認められることは不可避であり，当然のことでもある。高齢になると，個人間，個人内の個人差はともに拡大するといわれているので，もとより一般化できるわけではないが，高齢者の中には，より若い人と比較しても遜色のない，もしくは上回る機能を保持している人がいることも事実である。柴田博は，94

歳の現役エンジニア，88歳の農学博士，84歳の現役ピアニスト，83歳の団体役員，86歳の漫画家，87歳の生活評論家，81歳の思想家，86歳のボランティア団体代表という8人の高齢者に面接した記録をまとめている（柴田［2006］）。このように広く知られている人ではなくても，高齢になっても社会活動を通して貢献している人は増えてきているように思われる。すなわち，老いて衰えて社会のお荷物という高齢者像から，活動的で生産的，積極的な高齢者像へと変化する兆しが見えてきていると考えられる。柴田も指摘するように，**社会貢献**は肯定的高齢者像の鍵となるように思われる。そうであるとすれば，高齢者の肯定的側面が活かせるように社会・物理的環境を整備することは不可欠であろう。同時に，高齢者自身も，自分の個性や能力に積極的に眼を向け，それを活かす姿勢をもつことが望まれる。換言すれば，高齢者自身のもつ高齢者像，すなわち高齢者の自己像も肯定的なものとなることが重要である。

3 サクセスフル・エイジング
●サクセスフル・エイジングの考え方

どのように年齢を重ねるかということも，高齢者像に関連すると考えられる。活動理論と離脱理論の論争にみられるように，幸福に老いる条件は，老年学の主題の1つだといえる。高齢者のsuccessfulな状態が学問的に取り扱われるようになったのは，1950年代以降といわれる。その後，87年にロウとカーンが，通常と比較して疾病による心身の老化が少ない状態を **successful aging** と定義した（Rowe and Kahn［1987］）。さらに彼らは，この考え方を発展させ，successful agingの要素として，avoiding disease and disability（疾病や疾病と関連した能力障害を回避すること），high cognitive

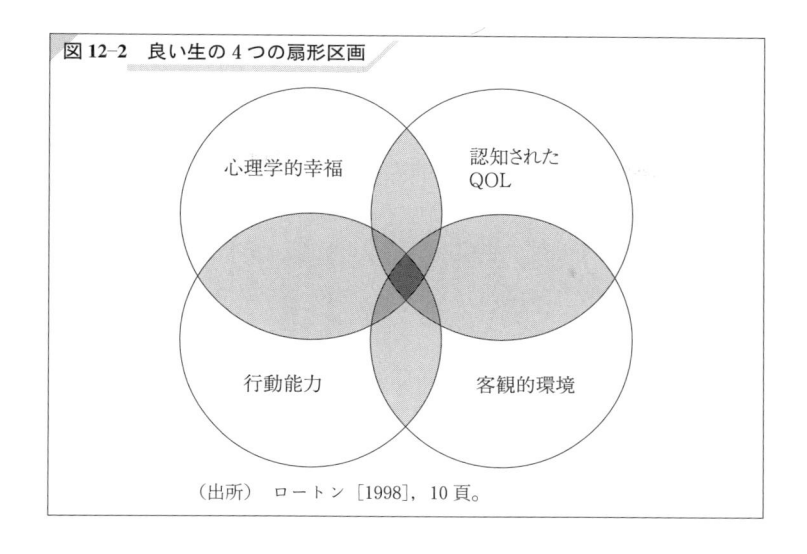

図12-2 良い生の4つの扇形区画

- 心理学的幸福
- 認知されたQOL
- 行動能力
- 客観的環境

(出所) ロートン [1998], 10頁。

and physical function(認知および身体的機能が高く維持されていること），engagement with life(生活に積極的に関わっていること）をあげている。クロウサーらが提唱した positive spirituality を加えるという見解（Crowther et al. [2002]）にも触れつつ柴田は，ロウとカーンの構成概念が社会参画や社会貢献を含むようになったが，主観的幸福感や満足感という主観的要素を含んでいないことを指摘している（柴田・長田・杉澤編［2007］）。心理学的立場からいえば，客観的身体状態や社会的状況が良好であっても，必ずしも幸福ではないことや，その逆に客観的条件が不良であっても幸福であるということがありうるので，successful aging を総合的にとらえるならば，主観的要素は不可欠と考えられる。

バルテスらは，successful aging の要素として，寿命，身体的健康，精神的健康，認知的能力，社会的能力と生産性，personal control，生活満足感をあげている（Baltes et al. eds. [1990]）。また，

ロートンは，老年期の良い生活の要因を図12-2のように示している。これらに共通する要素を考えてみると，一定以上に寿命が長く，日常生活を自立して送ることができる心身の健康状態が維持されており，自分自身あるいは社会に有益な活動が維持されており，適切な客観的環境が整っており，それを自分自身が認識し制御でき，受け入れており，そして，主観的に満足し幸福である，という高齢者像を描くことができよう。

4 あなたは，どのような老いを迎えるか
●新しい老人像

　本章の最後として，以上を要約し，新しい老人像とそれに基づく将来の老いの過程について若干の考察をしたい。古来，情報源や経験に基づく知恵の宝庫として尊敬を集めていた時期もあった高齢者は，情報化社会になった近現代には，社会の動向についていけない役に立たない存在，あるいは高齢社会になり，医療や福祉の費用のかさむお荷物であるかのごとく扱われるようになった。エイジズムは，こうした時代の代表的な問題といえよう。

　しかし，生涯発達の考え方や，それに沿った実証的研究成果にみられるように，加齢，老年期，高齢者は，衰退と喪失の時期とのみとらえることが不適切であるという見方も台頭してきた。同時に，社会生活を自立して送ることのできる高齢者は多数派であり，社会貢献が高齢者にとって重要であることも認識されるようになってきている。こうした中で，高齢者と社会との関係は，社会が高齢者に何らかの生き方を要請したり強制したりするのではなく，社会的文脈の中で，最適な生き方を高齢者自身が主体的に選択することや，高齢者が社会環境の変革を積極的に求めることに主軸が移動してき

ているように思われる。

　心身の健康の維持，安定した経済的状況，良好な人間関係，適切な生活環境などは，幸福な老いを送るための必要条件である。これに対して，セルフ・コントロールの能力や自己効力感のような自分自身の能力や行動の可能性への信頼感，そして肯定的高齢者像をもち，社会の中で最適な生き方を選択することは，幸福な老いのための十分条件ではなかろうか。こうした意味からも，高齢者自身も含めて，エイジズムや消極的，否定的な高齢者像を取り除くことは，まずもって有用なことであろう。老化による機能低下は不可避ではあるが，それを補償することは可能であり，高齢者の能力や機能には維持されている側面もあるという事実を理解し，歪んだ高齢者像に惑わされず，自分自身の老化と発達の状態を正しく認識し，これを前提として自分の望む生き方を可能な限り積極的主体的に選択し創出することが，今後，高齢者にますます必要とされるのではなかろうか。

参考文献

関東経済産業局編［2006］，『コミュニティビジネス資料集』

柴田博［2006］，『生涯現役「スーパー老人」の秘密——彼らの食事・運動・生活に迫る！』技術評論社

柴田博・長田久雄・杉澤秀博編［2007］，『老年学要論——老いを理解する』建帛社

シュルツ，D.［1982］，『健康な人格——人間の可能性と七つのモデル』上田吉一監訳，中西信男・古市裕一訳，川島書店

原田謙・杉澤秀博・山田嘉子・杉原陽子・柴田博［2004］，「日本語版Fraboni エイジズム尺度（FSA）短縮版の作成——都市部の若年男性におけるエイジズムの測定」『老年社会科学』26（3）：308-319

バルテス，P. B.［1993］，「生涯発達心理学を構成する理論的諸観点——成長と衰退のダイナミックスについて」鈴木忠訳，東洋・柏木惠子・高橋惠子編集・監訳『生涯発達の心理学 1 巻 認知・知能・知恵』新曜社

パルモア, E. B. [1995],『エイジズム——優遇と偏見・差別』奥山正司・秋葉聰・片多順・松村直道訳, 法政大学出版局

本間正明・金子郁容・山内直人・大沢真知子・玄田有史 [2003],『コミュニティビジネスの時代——NPO が変える産業, 社会, そして個人』岩波書店

ムーア, P. A. [1988],『変装——A true story 私は三年間老人だった』木村治美訳, 朝日出版社

ロートン, M. P. [1998],「虚弱な高齢者の QOL の多次元的な見方」三谷嘉明訳, Birren, J. E., Lubben, J. E., Rowe, J. C. and Deutchman, D. E. 編『虚弱な高齢者の QOL——その概念と測定』三谷嘉明ほか訳, 医歯薬出版

Baltes, P. B. and Baltes, M. M. eds. [1990], *Successful Aging*, Cambridge University Press.

Butler, R. N. [1969], "Age-ism: Another Form of Bigotry," *The Gerontologist*, 9: 243–246.

Crowther, M. R., Parker, M. W. and Achenbaum, W. A. et al. [2002], "Roe and Kahn's Model of Successful Aging Revisited: Positive Spirituality the Forgotten Factor," *The Gerontologist*, 42, 613–620.

Rowe, J. W. and Kahn, R. L. [1987], "Human Aging: Usual and Successful," *Science*, 237, 143–149.

Rowe, J. W. and Kahn, R. L. [1988], *Successful Aging*, A Dell Trade Paperback.

Column⑫ コミュニティビジネス

　コミュニティビジネスとは，地域の身近な課題に対応するために，地域住民が主体となってビジネスの手法（実際の担い手はNPO，生協や農協，株式会社など多様）で取り組むことにより，課題を解決するとともに，新たな雇用を生み出すなど地域を活性化する事業である。事業分野は福祉，子育て支援，環境，情報など多様で，担い手も若者，主婦，退職後の男性などさまざまである。

　高齢者にとってコミュニティビジネスは2つの意味で注目される。1つは高齢者へのサービスの担い手として，現に高齢者への給食，移送，出張理容，買い物代行サービスなどが行われている。他方，退職後の高齢者にとっては新しい社会との関わり方であり，自分の得意なことを生かして地域に貢献し，人間関係を広げる喜びを味わっている人も少なくない。以下の事例をみると，この2つの側面が表裏一体であることも納得されるだろう。

　例1：定年後に自分たちが地元で楽しく暮らせる準備をしておきたいということで，気の合う仲間が「くつろげる空間」をめざして喫茶店を開店。こだわりのコーヒーやランチを提供するほか，専門家集団による無料のよろず相談，ミュージシャンによるライブ演奏，無農薬野菜の販売など多様な事業を行っている。

　例2：大型店舗の開設で地域の商店街の店舗数が減ってきた時点で，地元商店街がお金を出し合って株式会社をつくり，近所の病院内の売店とレストランの業務を受託，それからしだいに学校給食，高齢者への配食サービス，地域の行事の仕出し弁当などを受託，食材は地元で調達し，雇用も創出している。利益も追求するが，むしろ地域貢献を重視している。

　例3：シニアのためのパソコン教室。巣立ったシニアが新たに講師となって講習を担う。その後，市のボランティアセンターの維持管理を引き受けたり，自治体のIT講習なども受託し，コミュニティビジネス起業講座も開設している。

第13章 介護ガバナンスと福祉レジーム

超高齢社会に向けて

　日本社会が「超高齢社会」に向かう中で，高齢者のためのサービスと援助実践が，本書の各章において示されたような望ましいあり方で展開されていくための条件はどのようなものなのだろうか。その条件としては，1つには，介護保険制度の導入とともに再編成された介護サービスのガバナンス，すなわち介護サービスの管理と調整の仕組みが，さらなる改革を経て有効に機能するようになるということが考えられ，もう1つには，高齢者福祉の基礎をなす年金・医療等の社会保障制度が安定的に運営され，その生活保障機能が維持されるということが考えられる。本章では，近年の社会保障制度改革の影響を考慮しながら，介護ガバナンスの構造とその変化を分析し，その望ましい改革の方向を考える。

1 介護ガバナンスと福祉レジームへの着目

2012年1月に国立社会保障・人口問題研究所が公表した「日本の将来推計人口」(出生中位・死亡中位推計)によれば,日本の人口の高齢化率(総人口に占める65歳以上の高齢者の割合)は,今後,上昇を続け,15年には26.8%,35年には33.4%,55年には39.4%に達すると予測されている。この予測によれば,55年には,人口の5人に2人が高齢者であるという前例のない高齢社会が出現する(内閣府[2012],1-4頁)。

本書の各章では,高齢期の生活を支えるのに必要なサービスや援助実践について,その現状と課題が明らかにされ,その望ましいあり方が示されている。それでは,日本の社会が「超高齢社会」に向かう中で,高齢者のためのサービスと援助実践が,そこに示されているような望ましいあり方において展開される仕組みが整えられつつあるのだろうか。あるいは,近年改革が進められている年金・医療などの社会保障制度は,今後どのように変化していき,そのような変化が高齢者福祉の将来にどのような影響を及ぼすのか。これらの問題について,主に高齢者介護に焦点を合わせて検討するのが本章の課題である。

この課題に取り組むにあたって,本章では,「介護ガバナンスの構造」と,「福祉レジーム」という分析の視点と枠組みを採用する。

ガバナンスという概念は,政治・行政・企業経営などに関する論議や社会科学において多様な意味で使われているが,ここでは,「国家の法制度および統治機構に基礎をおきつつ個人や市民組織・企業・政府機関などの諸主体が行う管理と調整の作用」をさす概念

として用いる。2節では，この概念を用いて高齢者介護に関するサービスの管理と調整の仕組みとしてどのようなものが存在していて，それがどのように変化しつつあるのかを検討する。

次に3節では，近年の社会保障制度改革の内容を検討し，それらの改革が福祉レジームの構造的変化に結びつくものかどうかを分析するとともに，今後の改革の課題を明らかにする。「福祉レジーム」とは，エスピン-アンデルセンという社会政策学者が導入した概念であり，「国家，市場，家族の間の相互の結びつきと依存関係の中で福祉が生産され配分されるあり方」をさす（Esping-Andersen [1999], pp. 34-35）。ここでは，近年の年金・医療制度改革が，社会保障制度の生活保障機能を低下させる一方で，日本の福祉レジームの1つの特徴である「分立型」の社会保障制度体系と「男性稼ぎ手モデル」を維持する結果をもたらしているという点に着目しつつ，制度改革と福祉レジームの関連を検討する。

最後に4節では，以上の検討結果が，高齢者福祉の将来にとってもつ意味を検討し，今後の介護ガバナンスの望ましいあり方について考えてみたい。

2 介護ガバナンスの構造とその変化

介護保険の導入とガバナンス構造の再編

日本では，2000年4月から介護保険制度が実施されたが，それにより，介護ガバナンスの構造が根本的に再編成された。その後も，細かな制度変更は随時実施され，とくに2005年6月の介護保険法改正によりかなり広範な制度変更が行われた。以下では，集権と分権，サービスの利用決定，福祉ミックスの編成，サービスの

質の確保，サービス利用者の権利という5つの観点から，介護保険制度のもとでの介護ガバナンスの構造とその変化について検討することにしたい。

> **集権と分権**

介護保険制度の導入の主要な目的の1つは，全国どこに住んでいても，一定水準の介護サービスが利用できる状況を実現することにあったので，制度の発足にあたっては，被保険者や受給者の範囲，サービスの種類，給付の限度額，要介護認定の基準，事業者指定の基準，介護報酬，利用者負担等について，原則的に全国一律の基準が定められた。市町村が介護保険事業の運営において独自性を発揮する余地も残されていたが，制度設計の基本的な部分について変更することは認められなかった。この点からみる限り，介護保険制度の実施に伴って介護ガバナンスの構造が集権化したとみることができる。

2005年の介護保険法改正に伴う制度変更は，いくつかの点で分権化につながる内容を含んでいた。その代表的なものは，**地域密着型サービス**という新たなカテゴリーのサービスの導入であった。それらのサービスの事業者指定と介護報酬単価については，一定の範囲内で市町村が独自の基準を定めることが認められた。「地域密着型サービス」の中には，小規模多機能型施設，認知症高齢者グループホーム，小規模介護専用型有料老人ホームなど，量的な拡大が予想されているものが多く，その点からみても注目される制度変更であった。

また，介護保険制度の枠外の制度変更ではあるが，**三位一体改革**（国庫補助金廃止，地方自治体への税源委譲，地方交付税改革を一体的に行う改革）の一環として，福祉施設の整備費用に対する補助金が，税源委譲と引替えに廃止されたり，経費の使用について市町村の独自性が発揮しやすい交付金（地域介護・福祉空間整備等交付金）に改め

られたりしたことも分権化につながる重要な制度変更であった。

サービスの利用決定　この点に関しては、介護保険制度の導入に伴って、**措置制度**から**契約制度**へのサービス利用制度の変更という大きな変化が生じた。介護保険実施前においては、自治体が、誰にどの程度の量のサービスを提供するかを決定していたが、介護保険制度では、利用者と事業者の契約に基づいてサービスの提供が開始されることになった。利用者は、市町村が実施する要介護認定の審査に基づいて定められた制限の範囲内で、どのようなサービスをどれだけ利用するかを決めることができるようになった。

福祉ミックスの編成　福祉ミックスに関わる主要な変化を3点にまとめておこう。

第1に、サービス利用制度の「契約制度」への変更と対応させて、サービス供給体制に擬似市場（準市場ともいう）のメカニズムが導入された。利用者による事業者の「選択」と事業者間の「競争」のメカニズムによるサービスの質の向上と効率化の実現が期待されたのである。ここで**擬似市場**（quasi-market）という概念を用いるのは、①営利企業ばかりでなく非営利組織が市場に参加している、②政府による規制・介入の程度が大きい、③公的な費用が相当程度投入されているという点で、一般の商品の市場とは、異なる性質をもっているためである（平岡［2000］、44-47頁）。ただし、常に利用者による選択が保証されているわけではない。施設サービスについては、都道府県が供給量（利用定員）を制限できる仕組みが設けられていて、全国的に需要が供給を大幅に上回っている状態にあり、利用者による選択は実質的に制限されている。さらに2005年の介護保険法改正により、認知症高齢者グループホームや、有料老人ホームによる介護サービスについても供給量の規制ができることとなっ

た。

　なお,このような擬似市場のメカニズムが有効に機能するように,民間営利・非営利の事業者の参入規制の大幅な緩和が実施された。この点については,次項で論じる。

　第2点は,政府・自治体と民間非営利組織との関係に関わる変化である。介護保険制度実施前の高齢者福祉における政府・自治体と民間非営利組織との関係（公私関係）は,自治体が社会福祉法人の経営する施設に独占的にサービス提供の委託を行うことにより,これらの法人を保護し,かつ統制下におくという関係によって特徴づけられていた。介護保険実施後は,少なくとも在宅サービスの分野では,かつての「公私関係」は成立しなくなり,営利企業やNPO法人等の民間非営利組織が,自治体行政の直接的な指示を受けることなく独自の事業を展開できるようになったのである。

　第3点は,国家と家族の関係に関する変化である。家族が高齢者をどのように介護するかという点については,事業者が介護を行う場合と違って,家族の判断に委ねられていて,法律上の基準や規制はないといってよい。しかし,多くの要介護高齢者が介護サービスを利用し,家族介護について専門家の助言を受ける機会も増えてくると,間接的にであれ,家族介護に対する政府の介入の余地が生じてくる。また,2005年には高齢者虐待防止法が成立し,家庭内で虐待が発生した場合に政府が介入するための制度的枠組みが整備された。

サービスの質の確保

　介護サービスの擬似市場では,選択と競争のメカニズムがサービスの質を高めるために有効に機能することが期待されている。しかし,現実的にはこのメカニズムが必ずしも有効に機能しないため,サービスの質の確保のための市場以外の仕組みが必要となり,サービスの質の確保が介

護ガバナンスの主要な目標の1つとなっている。この点に関してもさまざまな変化がみられるが、重要なポイントを3点にまとめてみたい。

第1は、**参入規制**の緩和に関する点である。介護保険制度の導入時に、在宅サービス（認知症高齢者グループホームや有料老人ホームの介護サービスを含む）の分野で、参入規制の大幅な緩和が行われた。営利・非営利を問わず事業者は、構造・設備・人員等の一定の基準を満たせば、地方自治体から事業者としての「指定」を受けてサービスを提供し、介護報酬の支払いを受けられるようになった。ただし、施設サービスについては、設置・運営主体の制限が維持され、営利企業やNPO法人等による設置・運営は認められていない。

第2点は、事後規制のあり方に関する問題である。介護保険制度の実施にあたって事前規制を緩和した一方で、それに対応した事後規制の仕組みが整備されていなかったため、制度実施後の数年の間に、不正請求や営利本位の不適切なサービス提供の事例が全国で多数発生した。この問題への対応のために、2005年の介護保険法改正の際には、事業者指定の更新制の導入や自治体の指導監督・処分の権限の強化等の事後規制策の強化がはかられた。

第3点は、法的規制以外の方法によるサービスの質の確保に関する点である。この点に関する政府の基本的な方針は、法令による規制は、従来どおり構造・設備・人員等客観的な基準を設けられる側面を中心とし、サービス内容や援助方法等に関する部分は、介護報酬の設定による誘導、ケアマネジメントによる利用者支援、苦情解決制度、利用者への情報提供、事業者の自主的改善努力の促進などさまざまな方法で対応するというものである。

介護報酬の設定による誘導とは、質の高いサービスを提供できる体制が整っているかどうかによって介護報酬の額に差をつけ、サー

ビスの質の向上を促すことをさす。2006年度の介護報酬の改定に際しては、この観点が重視され、専門性の高いケアマネジメントを実施する事業所、ヘルパーに対する計画的な研修の実施や介護福祉士の一定割合の配置等により人材の質の確保に努める事業者などに、介護報酬を加算する制度が導入された。

このほかのさまざまな仕組みの中で、とくに近年になって政府が重視しているのが、介護サービス情報の公表制度と第三者評価制度である。**介護サービス情報の公表制度**は、事業者にサービス内容や運営状況についての一定範囲の情報の公表を義務づけるものであり、2005年の介護保険の改正により導入され、06年度からスタートした。**第三者評価制度**は、社会福祉サービスに関して実施されているもので、第三者機関がサービス内容や運営状況等についての評価を行い、その結果を事業者の改善努力や利用者の事業者選択に役立てるという趣旨の制度である。介護保険でカバーする福祉系のサービスについては、事業者がこの制度によって評価を受けることが推奨されている。なお、例外的に認知症高齢者グループホームなど一部のサービスについては、外部評価の受審が義務づけられている。

利用者の権利

介護保険制度の導入の是非をめぐる政策的論議の過程では、従来の高齢者福祉制度の場合とは違って、介護保険の給付には権利性を伴うのであり、そのことが、介護保険制度のメリットであるということが強調された。確かに、保険料の納付という被保険者の義務を果たしている限り、一定の基準に基づいて給付を受ける法的な権利（実体的給付請求権）は、かつての高齢者福祉制度の場合に比べて明確になったといってよい。法的な**権利保障**は、介護ガバナンスの重要な構成要素となっている。

しかしながら、実質的にその権利保障が制限される状況も生じて

いる。第1に,前述のように,施設サービスの供給不足によりサービスの選択が制限されている。また,家族による援助が受けられる場合には,家事援助を中心とする訪問介護サービスを受けることが認められていない。2005年の介護保険法の改正以降は,軽度者について「介護予防」に寄与しないサービスの利用が制限されたり,認知症高齢者グループホーム等についても供給量の規制が行われたりするなど,サービスの利用にさらなる制限が加えられることになった。

なお,介護保険制度のもとでは,サービスについての十分な情報を受ける権利やサービスの利用過程でサービス内容や事業者を選択する権利などの「手続的権利」については,介護保険制度実施前の状況に比べて,大幅な前進がみられたといってよいだろう。

介護ガバナンスの構造の特徴

以上みてきた介護ガバナンスの構造の特徴は,どのような点にあるといえるのだろうか。

第1に,その多元性・複合性に注目する必要がある。サービスの提供のあり方の管理や調整を,政府―自治体―サービス提供機関(事業者)という縦の系列に沿って一元的に行う仕組みはもはや存在していない。誰にどのようなサービスが提供されるかは利用者と事業者の契約によって決まるのであり,そこには擬似市場のメカニズムが作用する。サービスの利用決定過程では,ケアマネジャーなど第三者が一定の影響力を発揮することが多い。

サービスの質の確保は,介護ガバナンスの重要な目標となっており,そのためのさまざまな仕組みが設けられている。そのような仕組みの中では,政府・自治体ばかりでなく,ケアマネジャー,第三者評価・外部評価を実施する民間の評価機関など,多様な主体が関与しており,サービスの質に対してさまざまな形で影響を及ぼして

いる。2006年度以降は，介護報酬の設定を通した誘導という方法が重視されるようになっている。

　第2に，諸外国と比較した場合のサービスの質の確保に関する日本の仕組みの特徴は，①主として客観的な構造・設備・人員等に関わる法的規制の仕組みとサービスの内容等に関わる情報提供・評価等の仕組みが制度的に分離していて，2本立てになっている，②介護報酬の設定による誘導という方法が用いられている，という2点にあるように思われる。

　もっともサービスの質の確保については，全体的にみて，まだ統一的で安定的な制度が構築されているとはいえない状況であることは確かである。利用者への情報の提供については，さまざまな仕組みが設けられているが，十分に機能しているとは言い難い。介護報酬の設定による誘導という方法がどの程度有効性を発揮するかは，まだ明らかでない。

　第3に，保険制度の枠内であるとはいえ，介護サービスに対する受給権を保障する仕組みが導入されていることも，介護ガバナンスの構造のもう1つの特徴といえる。ただし，介護保険制度スタート後のいくつかの制度変更は，実質的にその受給権を制約する方向で行われており，受給権の保障という原則が揺らいでいるという状況にある。

　第4に，介護ニーズをもつ当事者である高齢者（とその家族）が，介護ガバナンスの構造の中で占める位置に注目したい。当事者に受給権が認められ，サービスの提供のあり方に影響力を発揮しうる存在として位置づけられたことの意義は大きい。ただし，そのような影響力の発揮は，市場における「消費者」として，その「（消費者）主権」を実現させることを通して行われる。介護サービスに関する政策や事業運営に関する意思決定の場で，政治的「主権者」として

影響力を行使するための仕組みは特段に用意されていない。

3 社会保障制度の動揺から福祉レジームの構造的変化へ？

相次ぐ制度改革と生活保障機能の低下

日本では，1980年代から今日に至るまで，社会保障制度の中心をなす年金・医療制度に関して，制度改革が繰り返し実施されてきた。それらの改革には，①そのほとんどが，給付水準の引下げと負担増（拠出増・患者負担引上げ）を伴うものであったこと，②分立する制度間の財政調整という方法がしばしば用いられたこと，という特徴がみられる（平岡［2006］，143頁）。近年の主要な改革である2004年の**年金制度改革**と，06年の**医療制度改革**は，基本的にはこのような方向性を引き継ぎながら，より抜本的な改革を実施するという目標を掲げて実施されたものである。

2004年の年金制度改革では，基礎年金の国庫負担割合を引き上げるとともに，①今後も不可避となる保険料の引上げについて，保険料を段階的に引き上げたうえで一定水準で固定することにより，制度の安定性に対する不安を解消する，②**マクロ経済スライド**という新たな年金額の決定方式を導入し，労働力人口の減少と平均余命の延びに対して年金の実質価値の引下げで対応できる仕組みをつくり財政の安定化をはかる，という従来みられなかった2つの新たな政策手段が導入された。

2006年の医療制度改革では，①分立する医療保険制度を将来的に都道府県を単位として再編・統合することをめざして，都道府県内の市町村の共同事業の拡大等の措置を取る，②75歳以上の高齢者で構成する独立した高齢者医療制度を設立する，③「社会的入

院」の解消のために，療養病床を大幅に削減する，などの制度改革が実施された（大道［2007］）。

これらの改革の評価については，意見が分かれているが，少なくとも客観的に予測できることは，この制度改革によって，年金・医療制度による生活保障機能が低下するということであろう。生活保障機能をある程度まで犠牲にしてでも，制度の財政的な**持続可能性**（sustainability）を高めるというねらいがこれらの改革にはみられたといってよい。

なお，年金・医療制度による生活保障機能が低下すれば，社会保障制度の中では，生活保護制度の役割が大きくなることになるが，2005年度に老齢加算が廃止されるなど，生活保護制度の生活保障機能も縮小の方向にある。

生活保障機能の縮小がとくに顕著な形で現れる可能性があるのは，「マクロ経済スライド」により年金の実質価値が低下した場合である。それがどの程度まで現実化するかは，今後の物価上昇率，賃金上昇率，保険料拠出者数の減少率，平均余命の伸び率に依存するので，確実な見通しは立てにくいが，これらのパラメーターの値に関する比較的標準的な仮定を用いて鎮目真人［2006］が行った推計の結果によれば，生活扶助基準との対比における老齢基礎年金（モデル年金）の給付水準は，1960年代の水準にまで低下するという。

高齢者の負担増による問題解決

ここ10年ほどの間に行われた社会保障制度の改革の特徴は，現役勤労者世代の税・社会保険料負担が限界に達しているという認識のもとで，高齢者の負担増により問題の解決がはかられることが多いという点である。2002年・06年の医療制度改革では，高齢者の患者負担が大幅に引き上げられた。介護保険制度と，新たな後期高齢者の医療制度の創設は，高齢者の大幅な負担増によって可能

になった。

持続可能性を低める要因

このような改革を行っても，年金・医療制度の持続可能性を低める要因がなくなったとはいえない。

第1に，これらの改革が前提にした年金・医療制度の財政面での将来見通しの実現可能性に疑問がもたれている。

第2に，制度への不信感と保険料の引上げに起因する保険料未納・滞納問題がいっそう深刻化する可能性がある。

第3に，雇用の非正規化や事業所による適用逃れによる被用者保険の加入者の減少という問題が継続するおそれがある。この第2・第3の問題は，「雇用者（被用者）の社会保険制度が収縮しはじめ，被雇用者（無職者，自営業者）の社会保険は財政が脆弱なまま膨張しており，そうじて空洞化している」（大沢［2007］，169頁）という事態を引き起こしている。

構造的改革への取組みの遅れ

その一方で，厳しい財政的な制約の中での社会保障制度の運営の合理化のために不可欠な構造的な改革への取組みが遅れがちである。

第1に，社会保障制度の一元化への取組みが遅れている。日本の**国民皆保険・皆年金体制**は，職域・地域別に設立された制度に国民を加入させることで成立する「分立型」の制度体系を基礎としている。産業構造の変動と人口高齢化の進展の中で財政基盤の弱い制度の存続が困難になるという問題に対して，これまで制度間の「財政調整」によって対応してきたが，それも困難になり，制度の一元化が避けがたい状況になっている。

第2に，医療制度に関して，高齢者医療制度，薬価制度，医療提供体制，診療報酬体系の改革を中心とする「抜本改革」の構想が

1997年の時点で政府(厚生省)・与党によって明確にされていたが,まだ部分的にしかその構想に沿った改革が実施されていない(尾形[2006], 33頁)。医療制度については「抜本改革」という発想自体に無理があるという批判もある(尾形[2006], 52頁;二木[2001])が,改革への取組みの遅れが,医療制度の持続可能性の見通しを不確実にしていることも確かであろう。

第3に,社会保障制度の**男性稼ぎ手モデル**(male-breadwinner model)からの脱却に向けての改革が進んでいない。2004年の年金制度改革の際に導入された離婚時の年金権分割の仕組みは,離婚女性の生活保障という点では前進であるが,年金制度の個人単位化につながるような改革は回避された(大沢[2007], 163-68頁)。パートタイマーへの厚生年金の適用拡大の問題,および国民年金制度の第3号被保険者問題の解決も見送られた。

福祉レジームの構造的変化の可能性

それでは,以上みてきたような制度改革と政策展開の結果は,福祉レジームの構造的変化を引き起こしてきたのだろうか。

社会保障の制度体系に即してみれば,直接的に制度の一元化につながる改革は実施されておらず,「分立型」の制度体系の根幹は変わっていない。

一方,給付水準に関してみれば,たしかに2004年の年金制度改革は,将来的にかなり大幅な給付水準の引下げを見込んだものであるが,鎮目真人([2006], 21-26頁)の指摘するように,基本的な政策目標や政策手段を変化させたものではなく,給付・負担の計算式のパラメーターを変更する改革であるという側面が強い。このことは,06年の医療制度改革に関してもあてはまると考えられる。

ただし,社会保障の給付水準の低下は,生活保障における国家の役割の低下と,市場・家族の役割の拡大を意味するので,福祉レジ

ームの構造的変化につながる可能性も否定できない。マクロ経済スライドが導入されたため，人口・経済に関わるパラメーターの変化次第では，年金制度の生活保障機能が大幅に低下し，多くの高齢者が公的扶助に依存する状況が生じる可能性もある（一圓［2005］）。これは，自由主義的な福祉レジームにみられる現象であり，日本の福祉レジームの転換を意味することになるだろう。

　一方，ジェンダー的な観点からみた場合の福祉レジームの性格については，「男性稼ぎ手モデル」からの根本的な転換のきざしはまだみられないといってよいだろう。

4 高齢者福祉の将来

　それでは，以上でみてきた諸変化は，高齢者福祉の将来にとってどのような意味をもつのだろうか。そして，高齢者のためのサービスと援助実践が望ましいあり方において展開されていくために介護ガバナンスはどのように改革されるべきなのだろうか。

社会保障制度の安定と制度一元化に向けての改革

　近年の社会保障制度改革は，制度の持続可能性を確保することを目標として掲げて年金・医療制度の生活保障機能を縮小させたが，その目標の達成には疑問がもたれている。その一方で，もはや存続が困難になっている「分立型」の制度体系を一元化する方向での改革は進んでいない。

　このような状況は，高齢者福祉の将来を脅かす要因となっている。現行の介護ガバナンスの仕組みは，大多数の高齢者が保険料と利用者負担を支払えることを前提条件にしている。たとえば，多くの低所得の高齢者の料金を免除せざるをえなくなれば，一部の営利事業

者等がそれを利用して過剰なサービスを提供することを防止するための措置を強化せざるをえなくなり，利用者の自由な選択の尊重という原則が崩れていくといった問題が生じる。

　超高齢社会において社会保障制度の生活保障機能を維持するためには，無用なコストを生み出す制度の矛盾や欠陥や制度間の格差を解消し，負担増に対する人々の合意を形成することが重要である。その点からみて，制度の一元化に向けての改革は不可欠である。

サービスの質の確保の仕組みの確立

　介護ガバナンスの仕組みの中で，もっとも不確定的な要素が多く，安定的に機能するシステムとなりえていないのが，サービスの質の確保の仕組みである。今後のさらなる改善に向けての基本原則として次の3点を指摘しておきたい。

　第1に，最低限の質の確保は，行政の責任において行う必要がある。行政による指導監査等の機能強化が重要であり，そのことは，構造・設備・人員等の外形的側面だけなく，サービスの内容に関わる点にもあてはまる。それを可能にするためには，福祉・介護に関する専門資格・職務経験を有する職員が，指導監査等にあたる仕組みをつくる必要がある。

　第2に，介護報酬の設定による誘導という手法は，厚生労働省による裁量の幅が大きい点や経費を要しない点から，今後ますます活用されるであろう。しかし，その効果は確実なものではないので，事後的な政策効果の検証が求められる。

　第3に，サービスの質の確保をはかるための多様な仕組みの中に，いかにして高齢者福祉・介護に関する専門性を反映させるかという観点と，いかにして市民・当事者の参加の機会を設けるかという観点の双方が重要である。両方の観点をいかにバランスよく取り入れていくかという点に関する判断が必要になる場合もある。

第4に，選択と競争のメカニズムに基礎をおく現行のサービス供給体制では，十分な情報に基づいて質の高いサービスを利用者が選択すれば，そのことがサービスの質を高める強力なメカニズムになるはずである。利用者の選択に資する情報を効果的に提供できているかという観点から，情報公表制度・第三者評価等の仕組みを見直す必要がある。

地方自治体の計画調整機能の強化と当事者参加

　2005年の介護保険法改正による制度改革では，地域密着型サービス，地域包括支援センター，介護予防事業等に関して，市町村の役割の強化がはかられた。このほか，ニーズの把握と評価，サービスの質の確保，新たなプログラムの開発，連携・調整の仕組みの構築，人材の養成確保など市町村の果たすべき役割は多い。市町村の計画調整機能のさらなる強化が望まれる。また，介護サービスの擬似市場における当事者の「消費者主権」に限度があることを踏まえ，当事者が，介護に関わる政策決定の場に政治的「主権者」として関与する機会を保障することも重要であろう。

「対等なパートナーシップ」に基づく福祉ミックス

　介護保険制度のもとで，民間非営利組織が，行政に依存することなく独自の事業を展開し，対等な立場で行政との協力関係を築けるようになったことの意味は大きい。今後は，このような協力関係のさらなる広がりが期待できるが，補助金などの支援を受けることで民間組織が行政に対して従属的な立場に陥ることもありうる。イギリスでは，**対等なパートナーシップ**（equal partnership）の原則を守るために，政府・自治体と民間非営利組織の間で「コンパクト」（Compact）という協定を結び，対等性の原則を確認するという取組みが行われている。日本でも，福祉ミックスの編成における「対等なパートナーシップ」の原則を確立することが必要と考えられる。

参考文献

一圓光彌［2005］,「岐路に立つ日本の社会保障」『社会福祉研究』第94号

大沢真理［2007］,『現代日本の生活保障システム――座標とゆくえ』岩波書店

大道久［2007］,「医療保険制度改革と高齢者ケアの課題」三浦文夫編『図説高齢者白書（2006年度版）』全国社会福祉協議会

尾形裕也［2006］,「日本の医療制度改革の現状と展望」『社会政策研究6』東信堂

鎮目真人［2006］,「公的年金改革の類型と2004年年金改革による制度のゆくえ」『社会政策研究6』東信堂

内閣府［2012］,『高齢社会白書（平成25年版）』

二木立［2001］,『21世紀初頭の医療と介護――幻想の「抜本改革」を超えて』勁草書房

平岡公一［2000］,「社会サービスの多元化と市場化――その理論と政策をめぐる一考察」大山博ほか編『福祉国家への視座――揺らぎから再構築へ』ミネルヴァ書房

平岡公一［2006］,「社会保障政策の展開と福祉国家体制の再編」藤村正之編『講座社会変動9 福祉化と成熟社会』ミネルヴァ書房

Esping-Andersen, G. [1999], *Social Foundations of Postindustrial Economies*, Oxford University Press.

索　引

◆アルファベット
ADL（日常生活動作）　27, 123, 160, 161
BADL（基本的日常生活活動動作）　17, 29, 163
BPSD（認知症の行動・心理症状）　212
FIM　17
Fraboni エイジズム尺度　229
MDS-HC　159
MMSE　17
NPO　120, 141
QOL　→生活の質
RO セッション　217
SD 法　228

◆あ　行
アイデンティティ　191
アウトリーチ　190
明るい長寿社会づくり推進機構　137
悪性新生物（がん）　21, 140
アクティブ・エイジング　65
アセスメント　161, 190, 193, 216, 218
アセスメント票　159, 161
アルツハイマー型認知症　208, 209
アルツハイマー病　23, 221
安全・安否確認サービス・ニード　136, 137
家規範　36, 40, 45
家制度　3, 5, 35, 36
生きがい　94-98, 100, 101, 103, 108, 110
医原病　24

医師　218
遺族基礎年金　83, 84
遺族共済年金　88
遺族厚生年金　86
遺族年金　76, 87
1.57 ショック　57
医療サービス・ニード　136, 139
医療制度改革　251, 252, 254
医療費　64
医療扶助　89
インテーク　190, 193
インフォーマル・サービス　115
インフォーマル・サポート　43
インフォームド・コンセント　32
ウェルナー症候群　19
うつ　20, 22, 23, 209
運営適正化委員会　197
エイジズム　110, 225-230, 236, 237
　肯定的――　226
　否定的――　226
栄養士　218
エストロゲン　15
エスピン-アンデルセン，G.　243
援助計画　190
エンパワーメント・アプローチ　189
老い　2, 123
岡村重夫　112, 135
奥田道大　112
オタワ憲章　26
オールポート，G. W.　231
恩給制度　77

◆か 行

介　護　45-47, 64, 130
介護ガバナンス　241-244, 246, 248-250, 255, 256
外国人労働者　64
介護サービス　25, 241
介護サービス計画（ケアプラン）　194
介護サービス情報の公表制度　248
介護サービス調査票　161
介護サービス・ニード　135, 158
介護支援サービス（ケアマネジメント）　159, 171, 173, 185, 186, 188, 193, 199, 247, 248
介護支援専門員（ケアマネジャー）　140, 163, 184, 185, 193-196, 208, 218, 219, 249
介護認定　170
介護認定審査会　163, 170
介護費用　64
介護福祉士　121, 122, 174, 218, 248
介護扶助　89
介護報酬　183, 247-250, 256
介護保険（制度）　25, 45, 139-141, 146, 159, 167-171, 173, 177, 181-185, 196, 198, 205, 208, 219, 241, 243-247, 249
介護保険事業計画　157, 170, 175
介護保険事業支援計画　175
介護保険施設　47, 137-139, 174
介護保険法　116, 119, 136-138, 141, 143, 144, 163, 168, 193, 197, 203, 248
介護保険法改正　243-245, 247, 249, 257
介護予防（事業）　28, 29, 64, 107, 139, 146, 163, 173, 175, 194, 196, 249, 257
介護予防ケアマネジメント（事業）　176, 194, 207, 208
介護予防健診　29
介護予防支援　173, 181
介護予防小規模多機能型居宅介護　143
介護予防短期入所生活介護　143
介護予防・地域支え合い事業　137
介護予防通所介護　143
介護予防認知症対応型共同生活介護　143
介護予防認知症対応型通所介護　143
介護予防訪問介護　138, 143
介護療養型医療施設　171
介護老人福祉施設　144
介護老人保健施設　139, 213
概日リズム（サーカディアンリズム）　14
回　想　188, 215
回想法　215, 216
階層補完モデル　43
改訂長谷川式簡易知能評価スケール（HDS-R）　17, 18
皆年金体制　78
核家族　36, 38, 112, 122
確定給付企業年金　78
確定拠出年金　78
家　事　44
家事援助サービス・ニード　136, 138, 158
過疎化　112
家　族　4, 33, 34, 36, 95, 102, 105, 114, 160, 246
課題特定モデル　44
語　り　188
カッツ，S.　27
カッツ・インデックス　17
活動的平均余命　27
活動理論　104
ガバナンス　242
寡婦年金　83, 84
空の巣期　103
加　齢　60, 108
加齢変化　14

カーン, R. L.　234, 235
がん　→悪性新生物
感覚器官の老化　186
看護　130
看護サービス・ニード　136, 139
看護師　218
関節疾患　29
感染症　24
器官　14
企業年金　76, 78
擬似市場　245, 246, 249, 257
基礎年金　75, 78
キットウッド, J.　209
機能主義的アプローチ　189
基本的日常生活活動動作　→BADL
虐待　44, 121, 199, 200, 208
キュア　204
求職者給付　72
橋　14
教育扶助　89
共済年金　78, 88
協働　218, 219
虚弱期　43, 44, 130, 135, 168
虚弱老人　156, 157
居宅介護支援　140, 172, 173, 181
居宅介護支援事業者　174
居宅介護支援事業所　140, 193
居宅サービス　171-173
居宅サービス計画ガイドライン　159
居宅サービス提供事業者　174
近居　38
近代化　53
筋力トレーニング　29
近隣のネットワーク　42
苦情解決制度　175, 247
クラス・アドボカシー　197
グループ・ハウジング　49
グループホーム　144, 213, 214
クロウサー, M. R.　235

ケア　28, 29, 203, 204
　死後の――　215
　日常生活の――　211
　残された家族への――　214
ケアサービス　168
ケアハウス　173
ケアプラン　173, 181, 184, 193
ケアマネジメント　→介護支援サービス
ケアマネジメント実践記録様式　159
ケアマネジャー　→介護支援専門員
系　14
軽費老人ホーム　145
契約制度　245
ケース・アドボカシー　197
血圧　15
血管性認知症　23, 208
結晶性知能　16
幻覚症状　20
健康（状態）　27, 99, 102, 204
健康寿命　4, 27, 28
健康増進・疾病予防サービス・ニード
　136, 138
健康増進法　27
健康日本21　27
権利保障　248
権利擁護（アドボカシー）　197
権利擁護事業　207, 208
高額介護サービス費　181
高額介護予防サービス費　181
後期高齢者　28, 60, 61, 63, 65, 98, 108,
　146, 178, 179
後期高齢者医療制度　147, 252
合計特殊出生率　57
高血圧症　21
後見　197
高脂血症　22
高次脳機能障害　211
公衆衛生　27
厚生年金　74, 75, 78, 84, 85

厚生年金基金　78
公的年金　76, 91
公的扶助　77, 88, 89, 255
更年期障害　15
高年齢雇用継続給付　73, 75
幸福な老い　→サクセスフル・エイジング
高齢化　51, 52, 60
　──の地域差　57
高齢化社会　57
高齢化対策　58
高齢化率　52, 57, 58, 94, 242
高齢期　104
高齢者　4, 5
　──とのコミュニケーション　186
　──の生きがい　93, 102, 107, 137
　──の就労意欲　103
　──の女性比　57
　──の自立　6, 7
　──の心理的ケア　215, 217
　──の生活機能　204
　──の多様性　94
　──への偏見　187
高齢者医療制度　141, 146, 251, 253
高齢社会　51, 52, 54, 94, 242
高齢社会対策基本法　52
高齢者家族の高齢化　36
高齢者虐待　122, 201
高齢者虐待の防止, 高齢者の養護者に対する支援等に関する法律（高齢者虐待防止法）　137, 201, 246
高齢者クラブ　125
高齢者, 障害者等の移動等の円滑化の促進に関する法律（バリアフリー新法）　138
高齢者世帯　75, 76, 89, 127
高齢者像　227, 230, 237
高齢者総合相談センター（シルバー110番）　141

高齢者総合的機能評価（CGA）　17
高齢者大学　124
高齢者の生きがいと健康づくり推進事業　137
高齢者の医療の確保に関する法律（高齢者医療法）　138, 146
高齢者能力開発情報センター　137
「高齢者のための国連原則」　31
高齢者夫婦世帯　36, 42, 137
高齢者福祉　2, 6, 123
高齢者抑うつ尺度（GDS）　17
国際障害者年　114, 115
国際生活機能分類（ICF）　204, 205
国民皆保険・皆年金体制　5, 253
国民健康保険　146
国民健康保険団体連合会　175, 183
国民年金　78, 81, 84
国民年金基金　79
心のケア・ニード　136, 140
個人情報の保護　196
個人年金　76
国庫負担　82
国庫補助事業　141
骨粗鬆症　15
孤独死　42, 121
子との交流頻度　40
子との同居（世帯, 率）　5, 38, 44
コ・ハウジング　49
個別援助技術　185, 188-190
コーホート　37, 38, 60
コーポラティブ・ハウス　49
コミュニティ　112
コミュニティ・ケア　112
コミュニティビジネス　125, 239
雇用者家族　36
雇用保険　71-73, 75
ゴールドプラン　114, 165
コレクティブ・ハウス　49

◆さ　行

在職退職年金　74
在職老齢年金　74, 75
在宅介護率　45
在宅サービス　45, 193
在宅福祉　114
　——の3本柱　114
在宅福祉サービス　121
細　胞　14
作業療法　139
作業療法士　218
サクセスフル・エイジング　95, 225
サービス・ニード　134, 136
サービスの質の確保　256
差　別　122, 226
サポート　43
　手段的——　43
　情緒的——　43
サポート・ネットワーク　43
参加協働型学習　125
3世代世帯　34
3臓器死説　25
参入規制の緩和　247
三位一体改革　244
死　13, 25, 26
ジェネラリスト・アプローチ　188
支援困難事例　206
資源利用支援サービス・ニード　136, 140
自己決定　190, 196, 197, 211
自己決定権　210
自　殺　23
鎮目真人　252, 254
死生学　26
施設サービス　171-173, 182
失業保険　72
疾　病　130
私的扶養　91
児童委員　118, 121, 122

児童福祉法　121
死に場所　47
柴田博　233-235
死亡一時金　83
死亡率　53, 56
冷水豊　135
社会貢献　234
社会参加活動　93, 100, 102, 103, 105, 108, 110
社会資源　196
社会資源開発　192
社会的交流・活動サービス・ニード　136, 137
社会的ニード（ソーシャルニード）　133, 134
社会的入院　146, 169, 251
社会的扶養　91
社会福祉関係8法改正　114
社会福祉基礎構造改革　114
社会福祉協議会　105, 107, 121, 127, 141, 177, 192, 197
社会福祉士　121, 122, 207, 218
社会福祉士及び介護福祉士法　121
社会福祉施設　119, 189
社会福祉法　114, 115
社会福祉法人　246
社会保険　71, 77, 169
社会保障制度　242
社会保障制度改革　241, 243, 255
尺度（スケール）　151
従属人口　62
従属人口指数　62, 64
住宅のバリアフリー化　138
住宅扶助　89
集団援助技術　185, 188, 191
集団・組織診断　192
集団・組織の団体間調整　192
周辺症状　212
終末期　140

住民参加型活動　119
住民参加型サービス　193
住民組織化　192
主観的幸福感　95
儒教思想　187
手段的自立得点　17
手段的日常生活活動動作（IADL）　17, 160
出産扶助　89
出生率　53, 56, 67
　──の低下　54, 57
主任介護支援専門員　207
主任児童委員　121
寿命　72
シュルツ，D.　231
準同居　38
障害基礎年金　83
障害共済年金　88
生涯現役社会づくり　110
障害厚生年金　86
障害年金　76
生涯発達　232, 233, 236
小規模介護専用型有料老人ホーム　244
小規模多機能型居宅介護（事業）　136, 143, 144, 208
小規模多機能型施設　173, 244
少産少死　54, 56
少子化　57, 67
少子化対策　57, 64
少子高齢化　54, 114
少子高齢社会　51
食事サービス　138, 193
食事ニード　151, 152
女性労働力　64
所得代替率　85
ショートステイ（短期入所生活介護）　114, 144
白澤政和　135

自立　28
自立期　44, 168
　──の高齢者　40
自立支援　196
資力調査（ミーンズテスト）　89
視力・聴力障害　22
シルバー人材センター　104, 137
シルバーパワー　65
シルバーマーケット　65
事例調査　151
人口学的変化　35, 36
人口減少　6, 54
人口高齢化　52-55, 58, 61
人口転換（理論）　53, 54
　第2の──　54
人口爆発　54
心疾患　21
心身機能　7, 204
心身機能障害　130
心臓　25
親族　34
心弁膜症　15
心理社会（教育）的アプローチ　189, 218
診療補助　139
衰弱　24, 29
睡眠障害　22
スティーン，E.　226
ストレーラー，B. L.　19
スーパービジョン　187
生活機能　16, 203
　──の自立　28
生活機能低下　15, 20, 22, 24
生活支援員　197
生活習慣病　13, 20, 21, 27, 138
生活7領域から考える自立支援アセスメント・ケアプラン　159
生活の質（QOL）　13, 22, 27, 30, 134, 190, 195, 203-205

生活の自立　134
生活扶助　89
生活扶助基準　252
生活扶助基準額　89
生活保護（制度）　34, 71, 77, 89, 252
生活保障機能　252
生活モデル　189
生活問題　112
生業扶助　88
生産年齢人口　62
成人病　21
精神分析　189
精神保健福祉士　218
制度の持続可能性　252
成年後見制度　139, 185, 197, 210
セイフティネット　77, 89
性別役割分業　5, 42, 44
世界最長寿　27
世　帯　34, 36, 44
世代間交流　124
世代間闘争　66
世帯構成　35
接触頻度　40
セルフヘルプ　218
セルフヘルプ・グループ　191
世話的な援助　41
前期高齢者　60, 65
せん妄　209
専門職　118, 121, 122
前立腺肥大　15
臓器提供　25
総合相談支援事業　207, 208
葬祭扶助　89
喪失体験　16
相談援助　185, 186, 189
総報酬制　85
測定尺度　156, 157
組　織　14
ソーシャルアクション　192

ソーシャルインクルージョン　115
ソーシャルサービス・ニード　134, 150
ソーシャルサポート　99
ソーシャルワーカー　125
ソーシャルワーク　185, 186, 188
措置（制度）　145, 169, 245
措置委託費　145

◆た　行
第1号被保険者（介護保険）　177, 179-181
第1号被保険者（国民年金）　81
体格指数　22
第3号被保険者　81
第三者評価制度　248
退職共済年金　88
退職者医療制度　146
対等なパートナーシップ　257
第2号被保険者（介護保険）　178, 180, 181
第2号被保険者（国民年金）　81
多産少死　53, 55, 57
多産多死　53, 55
多世代共生のまちづくり　49
多段階免除制度　82
脱　水　22
ターミナル期　130, 136, 168
ターミナルケア　140, 212
団塊の世代　3, 57, 125
短期入所生活介護　136, 143
短期入所療養介護　136, 139
男女共同参画社会　42
単身世帯　99
男性稼ぎ手モデル　243, 254, 255
単独臓器死説　25
地域援助技術　185, 188, 192
地域還元型学習　125
地域ケア会議　206

地域支援事業　137, 139, 146, 175
地域社会　102, 105, 110
　　——の組織化　192
地域社会診断　192
地域住民　115, 118, 121, 122
地域組織化　192
地域福祉　111, 112, 114, 115
　　——の推進　111, 115, 120
地域福祉計画　116, 192
地域福祉権利擁護事業　139, 197
地域包括ケア　128, 203, 206
地域包括ケアシステム　193, 205, 206, 219
地域包括支援センター　128, 138, 141, 176, 189, 194, 198, 199, 201, 203, 207, 219, 257
地域密着型介護予防サービス　172
地域密着型介護老人福祉施設　144
地域密着型サービス　116, 128, 171-174, 203, 208, 244, 257
地域密着型施設　137
チームアセスメント　161
チームアプローチ　200, 219
中核症状　212
超高齢社会　241, 242
調査票　151, 152, 157
長寿社会開発センター　137
治療モデル　189
通所介護（デイサービス）　114, 136, 137, 143, 144, 171, 184, 192
通所リハビリテーション　139
積立方式　91
ツングの自己評価うつ尺度（SDS）　17
低栄養　22, 23
定期巡回・随時対応型訪問介護看護　143
デイサービス　→通所介護
定年退職制度　8

デモグラント　76
転倒・骨折　22, 24, 29
東京都老人総合研究所　28, 157
同居の中の核分離　38
同居率　37
統計調査　151, 152, 157
当事者　221
糖尿病　22
動脈硬化　15, 22
特定非営利活動促進法（NPO法）　119
特別養護老人ホーム　144, 168, 169, 171, 173, 213, 214
都市高齢者　105
閉じこもり　22
ドーナツ化現象　57
ドメスティック・バイオレンス　121
共働き　41, 67

◆な　行

中野いく子　112-114
ナラティブ・アプローチ　189
24時間RO　217
ニーズアセスメント　159
2世帯住宅　38
日常生活活動動作　→BADL
日常生活圏域　116, 128, 158, 208
日常生活自立支援事業　140, 197, 210
日常生活動作　→ADL
日常生活用具給付　144
ニード　131-134, 156, 161
　　潜在的——　132
　　知覚された——　132
　　表明された——　132
ニード把握調査　157, 158
ニード把握方法　150-152
尿失禁　22, 23
　　機能性——　24
　　腹圧性——　24

尿路感染症　15
任意後見制度　197, 210
任意後見人　197
認知症　20, 22–24, 29, 140, 144, 156, 157, 160, 187, 196, 197, 199, 201, 208–211, 216, 218, 221
認知障害　216
認知症高齢者　61
　　――のケア　208
認知症高齢者グループホーム　244, 245, 248, 249
認知症対応型共同生活介護（グループホーム）　136, 138, 143
認知症対応型通所介護　136, 143
認知症対応型老人共同生活援助事業　143
寝たきり　22, 24, 156, 157
年　金　71–73, 76
　2階建ての――　77
年金制度改革　251, 254
年金費用　64
年少従属人口　63
年少人口　62
年齢差別禁止法　8
脳機能　25
農　業　105
脳血管疾患　21, 24, 29
脳梗塞　23
脳　死　25
脳出血　23
農村高齢者　104, 105
ノーマライゼーション　114, 115

◆は　行
肺　25
倍加年数　58
配偶者　44
　　――との死別　42
配食サービス・ニード　158

バイステック，F. P.　158, 189
バイタルサイン　17
白内障　15
バーセル・インデックス　17
パーソン・センタード・ケア　209, 218
パート・アルバイト　73, 74
バトラー，R. N.　215, 226
パラサイトシングル　41
バリアフリー　108, 138
バリデーション（正当化）・セラピー　218
パールズ，F.　231
バルテス，P. B.　232, 235
パルモア，E. B.　226–230
晩婚化　67
ひとり暮らし　34, 36, 102, 105, 127, 137
ひとり暮らし高齢者　33, 42, 44, 100, 106, 125, 213
ひとり暮らし女性　42
被保護世帯　89
肥　満　22
病　院　168, 169, 189
病院死　47
評価票　→アセスメント票
被用者年金　78
標準賞与　84
標準報酬月額　84, 85, 88
日和見感染　24
夫婦世帯　44, 102, 105
フォーマル・サポート　43
賦課方式　91
複合喪失　185, 186, 189, 191
福祉教育　123, 124
福祉区　116
福祉コミュニティ　111–116, 118, 120, 122, 123, 125, 127, 192
福祉事務所　120, 141, 189

福祉組織化　192
福祉ミックス　245
福祉レジーム　242, 243, 254, 255
不整脈　15
ブライデン，C.　221
ブラッドショウ，J.　132
フランクル，V.　231
ふれあい・いきいきサロン　106, 107, 125, 193
ブレスロー，L.　21
プロダクティブ・エイジング　65
フロム，E.　231
分立型の社会保障制度体系　243
平均寿命　3, 27, 35, 36, 53, 54, 60
平均余命　53
ベビーブーム　56
　　第二次――　56
ベビーブーム世代　57
ヘルスプロモーション　26, 27
ヘルパー研修　174
偏　見　122, 226, 230
包括的・継続的ケアマネジメント支援事業　207
法定後見制度　197
法定後見人　197
訪問介護（ホームヘルプ）　114, 136, 138, 143, 144
訪問介護員（ホームヘルパー）　171, 218
訪問看護サービス・ニード　158
訪問看護師　213
訪問診療　139
訪問入浴介護　136
訪問リハビリテーション　139
保健師　218
保健福祉事業　176
保険料　77, 82, 84
保険料免除　82
保護率　89

保　佐　197
補　助　197
ホスピス　140
ホームヘルパー　→訪問介護員
ホームヘルプ　→訪問介護
ボランティア（活動）　65, 95, 100, 110, 114, 115, 118-120, 122, 123, 193, 218
ボランティア元年　118

◆ま　行
マクロ経済スライド　251, 252, 255
マスロー，A. H.　231
三浦文夫　132, 134
看取り　213, 214
見守り支援ネットワークづくり　193
民間非営利組織　246, 257
ミーンズテスト　→資力調査
民生委員　118, 120-122, 141, 198, 218
民生委員法　120, 121
ムーア，P.　227
メタボリック症候群　22
面　接　158
モニタリング　191, 193, 216
モリス，R.　230, 231
問題解決アプローチ　189

◆や　行
夜間対応型訪問介護　136, 143
薬剤師　218
役割喪失　103
有病率　28
有料老人ホーム　173, 245
ユング，C. G.　231
要介護　25, 28, 29
要介護期　43, 130, 136
要介護高齢者　61, 125
養介護施設　201
要介護度　193
要介護認定　170

要介護認定調査　160, 163
要介護認定調査票　161
要介護老人　156
養護老人ホーム　144, 176
要支援　25, 28, 29
予　防
　　第1次――　28
　　第2次――　28, 29
　　第3次――　28, 29

◆ら　行
ライフコース　3, 36
ライフレビュー　215
リアリティ・オリエンテーション
　　215, 216
理学療法　139
理学療法士　218
罹患率　28
離脱理論　104
リハビリテーション　30, 191
リハビリテーションサービス・ニード
　　136, 139
流動性知能　16
利用者保護サービス・ニード　136, 139
療養病床　252
隣　居　38
レミニッセンス　215
連　携　218
ロウ，J. W.　234, 235
老　化　14, 19, 20, 130, 231
　　生理的――　19
　　病的――　19
老化エラー蓄積説　19
老化プログラム説　19
老　後　2, 5
老　視　15
老人介護支援センター　145
老人居宅介護等事業（ホームヘルプサー

ビス）　138, 143, 156
老人クラブ　106, 137, 144, 191
老人大学　105
老人短期入所事業　143
老人デイサービス事業　143
老人日常生活用具給付等事業　143
老人病院　168, 169
老人福祉　141-143
老人福祉センター　137, 145, 191
老人福祉法　122, 137, 138, 141-143,
　　145, 168, 176
老人福祉法等の一部を改正する法律
　　152
老人保健施設　171
老人保健制度　168, 169
老人保健福祉計画　152, 156, 157, 165
老人保健法　138, 141, 145, 146, 176
老人用電話　137
労働力人口　64
労働力率　72
老年学　230, 234
老年従属人口　63
老年症候群　13, 20, 22
老年人口係数　52
老夫婦世帯　213
老齢基礎年金　74, 82, 83, 252
　　――の繰上げ・繰下げ支給　83
老齢厚生年金　74, 85
　　特別支給の――　74, 87
老齢・退職年金　76
老齢福祉年金　84
ロジャース，C. R.　231
ロートン，M. P.　30, 236
ロートンとブロディのIADL尺度
　　17

◆わ　行
ワークシェアリング　65

索　引　269

● 編者紹介

直井 道子（なおい みちこ）
東京学芸大学名誉教授

中野いく子（なかの いくこ）
一般財団法人 社会福祉研究所 理事・研究員

和気 純子（わけ じゅんこ）
首都大学東京都市教養学部人文社会系教授

高齢者福祉の世界〔補訂版〕
An Introduction to Social Welfare Policy and Program for the Elderly, revised ed.

ARMA
有斐閣アルマ

2008年12月25日　初　版第1刷発行
2014年 4 月10日　補訂版第1刷発行
2020年 2 月20日　補訂版第3刷発行

編　者	直　井　道　子
	中　野　いく子
	和　気　純　子

発　行　者　　江　草　貞　治

発　行　所　　株式会社　有　斐　閣
　　　　　　　郵便番号　101-0051
　　　　　　　東京都千代田区神田神保町2-17
　　　　　　　電話　(03)3264-1315〔編集〕
　　　　　　　　　　(03)3265-6811〔営業〕
　　　　　　　http://www.yuhikaku.co.jp/

印刷・株式会社理想社／製本・大口製本印刷株式会社
© 2014, Michiko Naoi, Ikuko Nakano, Junko Wake. Printed in Japan
落丁・乱丁本はお取替えいたします。
★定価はカバーに表示してあります。

ISBN 978-4-641-22025-6

JCOPY　本書の無断複写（コピー）は、著作権法上での例外を除き、禁じられています。複写される場合は、そのつど事前に（一社）出版者著作権管理機構（電話03-5244-5088、FAX03-5244-5089、e-mail:info@jcopy.or.jp）の許諾を得てください。